Werner Gross

Hinter jeder Sucht ist eine Sehnsucht

W0086645

HERDER / SPEKTRUM

Band 4365

Das Buch

Ungestillte Sehnsucht und Hunger nach Erleben finden ihren Boden im grauen Alltag der Normalität. Es fehlt die Erfahrung des Außergewöhnlichen. Und diese Erfahrung holt man sich dann – nicht nur mit Alkohol oder mit den harten Drogen, sondern mit Verhaltensweisen, die durchaus „akzeptiert" sind. Diejenigen, die die Arbeit nicht loslassen können, diejenigen, die sich einen Video nach dem anderen „reinziehen", die extreme Sportarten betreiben und die Gefahr suchen: Sie alle sind auf der Suche nach einem anderen, intensiveren, „besseren" Leben, nach schnellem Genuß und Spaß. Doch die wirkliche Sehnsucht bleibt. Und ehe man sich versieht, ist man in einem Kreislauf, den man nicht verlassen kann: noch mehr Arbeit, noch mehr Essen, noch mehr Nervenkitzel …

Wie man lernen kann, mit dem Alltag und den „kleinen Fluchten" besser umzugehen, zeigt der erfahrene Psychotherapeut Werner Gross, der einige dieser „Versuchungen" selbst erfahren hat und damit auch aus eigener Erfahrung spricht: Das Leben kann spannender, sinnvoller und lebenswerter erfahren werden, ohne in den Kreislauf des „Immer-Mehr" zu geraten.

Der Autor

Werner Gross, geboren 1949, Diplom-Psychologe, Klinischer Psychologe/Psychotherapeut (BDP). Leitet seit 1979 eine psychologische Praxis in Frankfurt am Main. Lehrbeauftragter für Psychologie an der Fachhochschule Fulda von 1982–1987 und an den Universitäten Potsdam, Frankfurt und Mainz 1994–1995.

Buchveröffentlichungen:

Gruppentherapie – Hilfe für wen? (1978), Finde ich meinen Körper, so finde ich mich (1984), Der heilsame Schmerz (1988), Sucht ohne Drogen (1990), Psychotherapie statt Pillen (1990). Bei Herder/Spektrum: Was erlebt ein Kind im Mutterleib (Band 4051).

Werner Gross

Hinter jeder Sucht ist eine Sehnsucht

Die geheimen Drogen des Alltags

Herder

Freiburg · Basel · Wien

Gedruckt auf umweltfreundlichem,
chlorfrei gebleichtem Papier

2. Auflage

Alle Rechte vorbehalten – Printed in Germany
© Verlag Herder Freiburg im Breisgau 1985
Überarbeitete und erweiterte Neuausgabe 1995
Herstellung: Freiburger Graphische Betriebe 1996
Umschlaggestaltung: Joseph Pölzelbauer
Umschlagmotiv: © Bertani-Option/Superbild
ISBN 3-451-04365-3

Inhalt

schung – Kinder und Computer – Der maschinelle Charakter –
Kontaktstörungen – Checkliste – Literatur

die Angst ist, geht's lang – Der Reiz des Risikos – Psychologische
Bedeutung – Literatur

Was nicht fremd ist, findet befremdlich!
Was gewöhnlich ist, findet unerklärlich!
Was da üblich ist, das soll euch erstaunen.
Was die Regel ist, das erkennt als Mißbrauch.
Und wo ihr den Mißbrauch erkannt habt,
Da schafft Abhilfe!

Bert Brecht

Was ist Sucht?

Süchtig – ohne Drogen

Ich habe in meinem Leben nicht besonders viel Erfahrung mit „Drogen" im herkömmlichen Sinn gehabt. Abgesehen vom pubertätsbedingten Zigarettenqualmen, ein paar wenigen Rauscherlebnissen mit Alkohol oder Haschisch und Marihuana ist da gar nichts zu vermelden. Trotzdem hatte ich schon relativ früh das Gefühl, daß ich ein „Leidensverwandter" sei. Ich konnte nicht nur Süchtige verstehen und mit ihnen gut umgehen, sondern hatte selbst – wenn ich auch weder Drogen noch Alkohol oder Nikotin zu mir nahm – jede Menge süchtiges Verhalten drauf: ob Essen oder Einkaufen, Fernsehen oder Spielen, alles bekam ziemlich schnell einen rauschhaften, einen süchtigen „touch".

Am meisten verwunderte mich das beim Arbeiten, denn ursprünglich hielt ich mich – wie wohl die meisten Leute – für eher arbeitsscheu. Arbeit war immer eher eine Last als eine Lust für mich. Aber manchmal, während meines Psychologiestudiums zum Beispiel oder als ich als Journalist arbeitete, wenn ich diese Barriere überwunden hatte, packte mich eine regelrechte Arbeitswut: Ich war total überwältigt von meiner Gier, noch schneller, noch hastiger, noch intensiver zu arbeiten. Das war dann eine Mischung aus Euphorie und Angst und steigerte sich an bestimmten Tagen so sehr, daß ich fast rund um die Uhr tätig war, kaum schlief, wenig aß und mich wie in einem Rausch befand: Ich nahm den Rest der Welt kaum wahr. Auf Leute konnte ich mich nicht richtig einlassen. Ich konnte mich nicht entspannen oder schlafen. Ich war wie auf einem sich immer schneller drehenden Karussell. Das einzige, was mich interessierte, war die Arbeit.

In solchen Situationen hatte ich das Gefühl, ich könnte „über Leichen gehen" – wenn es nur die Arbeit voranbrachte. Meine Hektik machte es mir allerdings oft schwer, bei einer

Sache oder einem Thema zu bleiben. Ich war flatterhaft und konnte mich schwer konzentrieren. Ich war wie besessen von dem Drang nach Aktivitäten. Sie waren in dieser Situation der Maßstab meines Lebens. Wenn ich versagt hätte, die Arbeit also nicht gut genug gewesen wäre, wäre ich tief abgestürzt in Depressionen – doch das geschah relativ selten.

Aber dieser ganz nahe Abgrund machte die Angst aus, war der Stachel, der mich immer weiter trieb. Auf der anderen Seite lockte der „Größenwahn": Phantasien über Begeisterungsanfälle von Hörern oder Lesern meiner Reportagen, jede Menge Preisverleihungen und eine mich in extreme Höhen hochjubelnde Laudatio schossen mir in Rauschzeiten durchs Hirn. Manchmal wurde ich mehr von meiner Angst vorwärts geschoben, manchmal mehr von Lobhudeleien gezogen. Je nach Anlaß und innerer Seelenverfassung war's mal ein „Horror-Trip", mal eine Art „Glückspsychose" – fast immer aber ein innerer Kampf wie auf Leben und Tod.

Solche Erlebnisse dauerten manchmal nur ein paar Stunden, manchmal aber auch Wochen. Wenn ich dann runter kam, war ich total erschöpft und entweder zufrieden und fühlte mich wie neugeboren oder unzufrieden und so, als hätte ich nicht genügt – Tenor: „Setzen, Fünf". Im nachhinein glaube ich, daß das so eine ähnliche Erfahrung ist, wie wenn man sich in einem Drogenrausch befindet. Ich sagte in meiner Studentenzeit auch immer: „Ich brauche eure Drogen nicht. Ich habe meine Trips auch ohne."

Und noch etwas stellte ich relativ bald bei mir fest: Es gab bei mir so etwas wie eine Sehn-Sucht nach Extremen. In der Psychologie hat man dafür ja auch schon einen Begriff: „Reizsucher". Nur meine Reize waren früher ziemlich extrem: mal ging ich eine Woche betteln, mal machte ich ein Überlebenstraining mit, mal fastete ich drei Wochen (siehe dazu: „Leben von Luft und Liebe") oder zog mich für einige Zeit in die Abgeschiedenheit eines Klosters zurück. In den Rundfunk- oder Zeitschriftenredaktionen war ich deshalb eine Zeitlang als eine Art „Psycho-Wallraff" verschrieen. Was mich daran reizte, war die Grenzerfahrung: Wie weit kann ich mit mir gehen? „Testing-the-lines" nennen das die Psychologen. Man könnte das auch Suche nach Über-sich-hinauswachsen, nach Entgrenzung und Ekstase, nach „außer sich sein" nennen. Letzten Endes ist das auch oft ein Grund für Leute, sich mit Drogen zu betäuben: Weil die Situation, in der sie sich befinden, nicht so ist, oder weil sie nicht so sind, wie sie sich das wünschen, greifen sie zu einem Ersatz, der kurzfristig Hilfe ist, langfristig aber zum Verhängnis wird. Beim Fernsehen, Tanzen oder Spielen war das ganz anders als beim Arbeiten. Ich merkte, daß ich mich einfach damit „zudröhnte", um vor dem Frust des Alltags wegzulaufen, aus Langeweile, weil ich nicht wußte, wie ich meine Zeit sinnvoller und befriedigender verbringen könnte oder auch zur Belohnung. Mal zog ich mir einen Film rein, um mich selbst zu vergessen, drehte das Tapedeck so auf, daß mir fast das Trommelfell platzte oder ich spielte nächtelang mit Freunden oder gegen Maschinen, obwohl es von einem gewissen Punkt an überhaupt keinen Spaß mehr machte, sondern nur noch wie ein Trott war: einfach weiter, immer mehr, mehr, mehr ... *

All das zusammen brachte mich relativ bald auf den Gedanken, daß ich zwar kein Drogenabhängiger war, aber irgendwie doch süchtig. Nur war mir nicht ganz klar, wie das aussah, denn es gab in der Psychologie dafür keine Bezeichnung, kein Etikett. Sucht und Drogen, das war irgendwie gekoppelt, und außer Drogensucht gab es nichts. Schon 1975 schrieb ich deshalb meine erste Rundfunksendung über diesen Themenbereich der alltäglichen Suchtformen, des süchtigen Verhaltens. Seit dieser Zeit hat mich das Thema immer wieder beschäftigt, und es begegnete mir sehr oft in meiner psychotherapeutischen Arbeit. Ich habe inzwischen eine ganze Serie von Reportagen, wissenschaftlichen Berichten und Büchern ** darüber geschrieben.

An der Fachhochschule Fulda habe ich ein Seminar über „alltägliche Suchtformen" geleitet, und inzwischen bin ich mir etwas klarer darüber geworden, woher dieses „süchtige Verhalten" kommt, wie es sich entwickelt und wie man lernen kann, es zu verändern.

---

* Anmerkung: Mein Umgang mit dem Essen ist in dem Kapitel „Leben von Luft und Liebe – 3 Wochen Fasten" beschrieben.
** Z. B. „Sucht ohne Drogen", „Was ist das Süchtige an der Sucht?"

Süchtig sind immer die anderen

Wenn man den Begriff Sucht hört, denkt man gewöhnlich an Heroinfixer, Kokainisten, Alkoholiker oder Tablettenabhängige. Jeder hat da seine eigenen Bilder: Dem einen fallen die altchinesischen Opiumhöhlen ein, dem anderen der tote Fixer im Bahnhofsklo. Die einen denken an den Penner, der frühmorgens unrasiert an der Trinkbude seinen „Zitterschluck" hastig hinunterkippt, um überhaupt dem Tag begegnen zu können, die anderen sehen den merkwürdigen Arbeitskollegen vor sich, der manchmal nach Schnaps riecht und immer mit dem „Flachmann" in die Pause geht. Wieder andere haben von dem „Kokser" in der Zeitung gelesen, der „Amok gelaufen" ist. Relativ wenigen fällt dagegen die angepaßte Tablettenabhängige ein, die, wenn's schwierig wird, ihre „Rosa Brille für den Alltag" aus der Pillenschachtel nimmt.

So gesehen sind die Süchtigen wirklich eine Minderheit – wenn sie auch so klein gar nicht mehr ist:

Fast 2,5 Millionen behandlungsbedürftige Alkoholiker, 1,5 Millionen Tablettenabhängige und zwischen 100 000 und 150 000 meist junge Leute, die von den illegalen Drogen wie Heroin, Opium, Kokain oder den sogenannten Designerdrogen abhängig sind. Und solange man sie ausgrenzen und dingfest machen kann, gilt für viele der schöne Spruch:

Süchtig – das sind die anderen.

Selbst süchtig zu sein, das weisen die meisten Menschen heftig von sich. Indes – da gibt es alltägliche Formen der Sucht, von denen sehr viel größere Teile der Bevölkerung betroffen sind, als man wahrhaben will. Noch relativ offensichtlich ist der Suchtaspekt beim Rauchen. Immerhin fast jeder dritte der 18 Millionen deutschen Raucher würde gern von der Zigarette loskommen. Schon schwieriger ist es für viele zu akzeptieren, daß Essen zur Sucht werden kann. Und viele tippen sich an den

Kopf, wenn man ihnen sagt, daß auch ihre Art zu arbeiten, fernzusehen, zu spielen oder zu kaufen süchtig entgleisen kann. Aber sie kann.

Wie schrieb doch der Psychoanalytiker und Psychiater Victor von Gebsattel: „Jede Leidenschaft kann süchtig entarten." Damit genau das nicht passiert, ist es wichtig, früh genug zu erkennen, wann ein bestimmtes Verhalten zur Sucht zu werden droht – und was man dagegen unternehmen kann.

Wo Genuß zur Sucht wird – Vom normalen zum süchtigen Verhalten

„Die Götter sind gerecht:
Aus unseren Lüsten erschaffen sie
das Werkzeug, uns zu geißeln."

(Shakespeare: König Lear)

Es beginnt immer ganz harmlos. Wir alle kennen solche Situationen: Da trinkt „man mal einen über den Durst", frißt sich so richtig proppesatt (weil's so gut schmeckt) oder hockt den ganzen Abend vor der Glotze. Der eine berauscht sich an einem Wagnerkonzert, der andere braucht dazu Tabak (oder gar Haschisch) und ein dritter joggt für das „High" sein durch den Park. Da arbeitet man ein paar Nächte durch, weil etwas „ganz dringend" fertig werden muß, oder man zieht sich – weil man sich so dünnhäutig fühlt – die Bettdecke über den Kopf, um die Welt zu vergessen.

Niemand käme auf den Gedanken, die oben aufgezählten Verhaltensweisen etwa als Sucht zu bezeichnen, falls sie nicht tagtäglich oder jede Woche vorkommen und der oder die Betreffende wirklich Spaß dabei hatten. Kommen diese Mechanismen allerdings regelmäßig vor und werden sie benutzt, um dadurch Konflikten ständig auszuweichen oder vor ihnen davon zu laufen, ist die Sache schon nicht mehr ganz so einfach. Diese Art der „Problemlösung" führt selten sehr weit, aber ist das schon Sucht? Oder Abhängigkeit? Oder nur Gewohnheit? Oder ganz normal?

Jeder von uns schleppt mit sich eine ganze Reihe Konflikte und Probleme herum, die im Augenblick nicht lösbar sind oder lösbar zu sein scheinen. Jeder Mensch hat seine Mechanismen entwickelt, um mit diesem Streß fertig zu werden, einer echten Konfliktlösung auszuweichen oder sie zumindest aufzuschieben. Die meisten dieser Mechanismen sind gesellschaftlich weit verbreitet, werden als „normale" Verhaltensweisen akzeptiert und fallen nicht weiter auf:

- Peter trinkt Alkohol, „um sich zu entspannen".
- Maria schiebt sich, wenn's dick kommt, ein Stück Sahnetorte rein.

- Jens raucht wie ein Schlot, wenn er Druck im Büro hat.
- Dieter setzt sich ins Auto und rast auf der Autobahn.
- Inge rauscht sich mit ihrem Walkman zu.
- Hans dreht den Fernseher an, um sich abzulenken.
- Gerhard stürzt sich bei Problemen mit seiner Freundin in die Arbeit.

Allen diesen Situationen gemeinsam ist das Ausweichen: sich nicht mit den Schwierigkeiten, die da sind, auseinandersetzen und sie bewußt und willentlich anzugehen und direkt zu lösen.

Rolf Hanten nennt das in seinem Buch „Normal und Süchtig" denn auch „ausweichendes Verhalten".

Ausweichen gehört zu dem Repertoire unseres Verhaltens: Nicht mehr hinsehen müssen, sich mit etwas anderem beschäftigen, ist ein legitimer und oft auch ein sinnvoller Mechanismus, um nicht verbissen an einem Problem zu hängen, sondern sich zu erlauben auszuspannen und erfrischt mit einer neuen Sichtweise an das Problem heranzugehen. Genauso wie der Versuch, die Probleme direkt lösen zu wollen oder sie einfach einmal hinzunehmen, ist das Ausweichen sinnvoll und hat seine Berechtigung.

Wo also fängt die Gewohnheit, wo die Abhängigkeit oder die Sucht an?

Übergänge

Gerade bei den in diesem Buch behandelten stoffungebundenen Süchten ist es wichtig, einen Blick auf die Übergänge vom normalen zum süchtigen Verhalten zu werfen. Schließlich kann der Arbeits-, Kauf- oder Eßsüchtige nicht völlig „abstinent" leben wie ein Alkoholiker oder Junkie. Diese Tätigkeiten gehören nun einmal zum Leben. Jeder muß einen normalen, einen maßvollen Umgang mit Essen, Arbeit, Liebe und Spiel erlernen. Aber was ist schon „normal"? Einen Anhaltspunkt bieten folgende Beschreibungen, die verschiedene Stadien eines Verhaltens charakterisieren:

- Gebrauch
- Genuß
- Mißbrauch

- ausweichendes/abweichendes Verhalten
- Gewöhnung
- Abhängigkeit
- Sucht

Der *Gebrauch* ist eine sinnvolle und hilfreiche Verwendung von Dingen zur persönlichen, gesellschaftlichen und natürlichen Weiterentwicklung.

Dagegen beschreibt *Genuß* etwas, das wir nicht unbedingt brauchen, das wir aber gern haben, weil es uns aufgrund seiner angenehmen Wirkung eine kurzfristige Befriedigung gibt.

Unter *Mißbrauch* versteht man eine körperlich, psychisch oder sozial schädliche Verwendungsweise von Dingen oder ein selbstschädigendes Verhalten. Hierbei kommt es auf die Häufigkeit und Regelmäßigkeit an: Einmaliger Mißbrauch hat kaum Folgen. Der häufige Mißbrauch bestimmter Mittel oder Verhaltensweisen ist fast immer Ausdruck ungelöster Probleme, von denen abgelenkt werden soll: Mißbrauch steht in engem Zusammenhang mit ausweichendem Verhalten.

Ausweichendes Verhalten liegt z. B. dann vor, wenn man Krach in seiner Ehe hat und sich deshalb in Alkohol flüchtet, oder wenn man Probleme mit seinem Vorgesetzten hat und sich deshalb ins Essen flüchtet. Jeder von uns schleppt eine ganze Reihe von Konflikten und Problemen mit sich herum, die im Augenblick nicht lösbar sind oder zumindest nicht lösbar zu sein scheinen. Gefühle von Streß und Hilflosigkeit sind die Folge. In solchen Situationen kann ausweichendes Verhalten oft ein legitimer und auch sinnvoller Mechanismus sein. Er verhindert, sich in ein Problem zu verbeißen und verschafft eine Erholungsphase. An dieser Stelle entscheidet sich dann, ob danach erneut eine Problemlösung angestrebt wird oder ob weiterhin ausweichende Verhaltensweisen gezeigt werden. Das ausweichende Verhalten an sich ist weder positiv noch negativ. Es wird zum *abweichenden* oder *auffälligen Verhalten*, wenn es nicht den gesellschaftlichen Normen und Werten entspricht. Heroin spritzen oder Haschisch rauchen stellt in unserem Kulturkreis abweichendes Verhalten dar, während andere Formen ausweichenden Verhaltens wie z. B. übermäßiges Essen, Rauchen oder Alkohol trinken akzeptiert bzw. toleriert werden.

Wenn sich ausweichende Verhaltensweisen durch ständige Wiederholung einschleifen, dann kommt es zur *Gewöhnung*. Die psychische Bindung an diese Verhaltensweisen wird fester. Das Verhalten kann jedoch durch willentliche Anstrengung noch verändert werden.

Steigt der Grad der psychischen oder körperlichen Bindung an das Suchtmittel oder das süchtige Verhalten, dann ist *Abhängigkeit* die Folge. Abhängigkeit bezeichnet den Zustand einer krankhaften Interaktion zwischen einer Person einerseits und einer Substanz bzw. der Fixierung auf bestimmte Verhaltensweisen andererseits. Abhängigkeit zeigt sich nicht ausschließlich in der Menge oder der Art des Suchtmittelmißbrauchs, sondern vor allem darin, daß diese Mittel oder Verhaltensweisen zur dauernden Problembewältigung eingesetzt werden. Die zunehmende Bindung an das Suchtmittel schränkt die Handlungsfreiheit der Person ein. Die psychische oder körperliche Abhängigkeit von einem Suchtmittel setzt einen Prozeß in Gang, der als Sucht zu bezeichnen ist und sich durch eine besondere Eigendynamik auszeichnet.

Sucht bzw. Suchtkrankheit bezeichnet einen krankhaften Endzustand der Abhängigkeit von einer Droge, einem Genußmittel oder einer Verhaltensweise. Der süchtige Mensch leidet unter dem Zwang, sich das Suchtmittel/das süchtige Verhalten in steigender Dosis zuzuführen. Durch noch so großen Willensaufwand ist er nicht in der Lage, sich direkt von der Sucht zu befreien. Enthaltsamkeit ruft panische Angst, Aufregung und Vernichtungsgefühle hervor. Zittern, Schlaflosigkeit und Zustände der Verwirrung sind die unmittelbaren Folgen versuchter Abstinenz. Diese Entzugserscheinungen drängen den Suchtkranken, sich das Suchtmittel um jeden Preis zu beschaffen. Sein Ziel ist nicht mehr die berauschende, aufputschende oder dämpfende Wirkung des Suchtmittels, sondern die Verhinderung bzw. Beendigung der Entzugserscheinungen.

Drogensucht, Tablettenabhängigkeit und Alkoholismus sind bisher als Suchtkrankheiten anerkannt. Diese Anerkennung ist Voraussetzung dafür, daß die Behandlung der Abhängigkeit – also die Suchttherapie – von den Krankenkassen oder anderen Kostenträgern bezahlt wird.

Kleines Lexikon der Begriffe

Wer von Sucht spricht, denkt in der Regel an Alkoholismus, Drogen- oder Tablettenabhängigkeit. Seit einiger Zeit tauchen Begriffe wie „stoff*un*gebundene Suchtformen", „nicht-stoffliche Abhängigkeiten" oder „Sucht ohne Drogen" etc. in der Suchtdiskussion auf. Man meint damit Spielsucht, süchtiges Essen, Arbeitssucht, Liebe und Sex als Sucht etc.

Gerade in den Massenmedien werden diese Suchtformen wellenweise – wie Modethemen – immer wieder heftig diskutiert. Spielsucht, Sexsucht, aber auch Kaufsucht oder Arbeits- und Eßsucht werden immer wieder zu Medienthemen.

Sucht ohne Drogen – gibt es das?

Neben der modischen Seite hat das Thema natürlich auch einen wirklichen, ernsten Kern, der sich bedenklich zu entwikkeln droht und unabhängig ist von jeweiligen Zeittrends: Menschen, die unter einem solchen süchtigen Verhalten leiden, haben in vielem eine ähnliche Beziehung zum Mittel ihrer Sucht, wie Alkoholiker oder Tablettenabhängige zu ihrer Droge. Sie zeigen Verhaltensweisen und berichten von Erfahrungen, wie sie von Drogensüchtigen bekannt sind: Sie benutzen ihr süchtiges Verhalten, um vor Konflikten wegzulaufen, sich „zuzumachen". Sie erleiden einen Kontrollverlust und steigern die Dosis ihres süchtigen Verhaltens. Mehr und mehr kreist das Erleben und Verhalten der Betroffenen um das Objekt ihrer süchtigen Begierde: Glücksspiel, Essen, Arbeit, Sex oder andere alltägliche Dinge. Sie haben regelrechte Entzugserscheinungen, wenn sie an der Ausführung des süchtigen Verhaltens gehindert werden.

Die seelischen Grundstrukturen dieser Süchtigen scheinen in vielem Ähnlichkeiten mit Alkoholikern, Heroinsüchtigen oder Tablettenabhängigen zu haben, aber handelt es sich bei diesen stoff*un*gebundenen Suchtformen wirklich um Sucht? Mit Sicherheit nicht in jedem Fall – aber grundsätzlich ist es möglich, daß man auch ohne die Zuführung einer biochemischen Substanz süchtig sein kann. Denn soviel ist in der neueren Suchtforschung unumstritten:

Nicht die Droge selbst macht abhängig, sondern der Gefühls-, Erlebnis- und Bewußtseinszustand, den man damit erreicht, ist das, was sich Süchtige immer wieder herzustellen versuchen. Das kann ein lustvolles ekstatisches Gefühl sein, wie anfangs bei Heroin und Kokain, oder – vor allem im späteren Stadium – die Flucht vor Unlustgefühlen, die etwa durch die drohenden Entzugserscheinungen entstehen würden.

Endorphine: Die Biochemie der Ekstase

Was die stoff*un*gebundenen Suchtformen angeht, weiß man inzwischen, daß der Körper in der Lage ist, sein Suchtmittel selbst zu produzieren. Man nennt diese hausgemachten Suchtstoffe „Endorphine" (d. h. innere Morphine). Diese körpereigenen Drogen, die wir in uns selbst in Extremsituationen herstellen können, filtern Angst und Schmerz, verhelfen zu „übermenschlichen" Leistungen und regulieren anscheinend in hohem Maß unsere Lustgefühle und unsere Stimmung. Manche Wissenschaftler sprechen deshalb vom selbstproduzierten „Substrat des Glücks".

Bei Spielsüchtigen, Arbeits- oder Sexsüchtigen scheinen die Endorphine die Rolle zu spielen, die bei Fixern das Heroin und bei Alkoholikern der Alkohol übernimmt: Der Körper stellt sich selbst eine „Biochemie der Ekstase" her. Nun ist bei weitem nicht jeder, der am Spielautomaten steht, mit dem Aktenordner ins Bett geht oder „Mondscheinbesuche" am Kühlschrank macht, gleich süchtig. Erst dann, wenn damit Konflikte in anderen Lebensbereichen zugedeckt werden, besteht die Gefahr, obwohl die Übergänge zwischen Gebrauch – Genuß – Mißbrauch – Gewöhnung und Abhängigkeit fließend sind. (Siehe dazu: „Wo Genuß zur Sucht wird".)

Was ist das Süchtige an der Sucht?

Aber es ist gerade bei dieser Inflation der Süchte wichtig, klare Kriterien für süchtiges Verhalten zu haben. Was also ist das Süchtige an der Sucht?

Suchtdefinitionen

Sucht – ob mit oder ohne Drogen – kann definiert werden als unabweisbares Verlangen nach einem bestimmten Gefühls-, Erlebnis- oder Bewußtseinszustand. Das Ziel von süchtigem Verhalten ist entweder, Lustgefühle herbeizuführen und/oder Unlustgefühle (Unruhe, Trauer, Wut etc.) zu vermeiden. Man unterscheidet drei *Ebenen* der Sucht:

1. Körperliche Abhängigkeit
2. Psychische Abhängigkeit
3. Zunehmende Beeinträchtigung der alltäglichen und sozialen Lebensführung

Suchtkriterien

Folgende Kriterien geben Hinweise darauf, ob ein Verhalten süchtig ist:

1. Kontrollverlust
Der nicht-abhängige „Normalkonsument" kann nach dem zweiten oder dritten Glas Alkohol aufhören zu trinken. Der süchtige Trinker erleidet einen Kontrollverlust. Er ist nicht mehr in der Lage, den Konsum des Suchtmittels zu kontrollieren. Ebenso hört der Spielsüchtige, der die erste Münze in den Automaten geworfen hat, erst mit leeren Taschen mit dem Spielen auf.

2. Entzugserscheinungen
Wenn die Süchtigen ihr Suchtmittel nicht bekommen können, zeigen sich körperliche Entzugserscheinungen wie Zittern, Schweißausbrüche etc. oder auch psychische Entzugserscheinungen wie Ängste, Wutausbrüche, Trauer, Unruhe.

3. Abstinenzunfähigkeit
Der/die Süchtige ist nicht in der Lage, ohne die Benutzung des Suchtmittels, das heißt abstinent, zu leben.

4. Wiederholungszwang
Weil Süchtige nicht mehr in der Lage sind, ohne ihr Suchtmittel zu leben, suchen sie es immer wieder. Man spricht dann von Wiederholungszwang.

5. Dosissteigerung/„more effect"
Um in den gleichen gefühlsmäßigen Erlebniszustand zu kommen, braucht der Süchtige eine immer höhere Dosis seines Suchtmittels bzw. muß sein süchtiges Verhalten steigern. Man nennt das „more effect" oder Dosissteigerung. Die Dosissteigerung kann die Menge (die Quantität) des Suchtmittels betreffen oder die Qualität (d. h. es werden immer „härtere" Drogen oder Reize notwendig, z. B. bei Sexsüchtigen das Umsteigen von „soft"-Pornos auf „hard core").

6. Interessenabsorption und Zentrierung
Immer mehr konzentriert sich auf das Leben um das Suchtmittel. Alle anderen Interessen werden unwichtig oder der Beschaffung des Suchtmittels untergeordnet. Der Fixer auf dem „turkey" (Entzug) z. B. benutzt all seine Kreativität und Intelligenz zur Suche nach dem nächsten Druck, der Spielsüchtige ist in Entzugssituationen besonders gut, sich Geld zu beschaffen, und beim Arbeitssüchtigen ist Arbeit irgendwann das ganze Leben.

7. Gesellschaftlicher Abstieg
Arbeitsplatzverlust und der Verlust der sozialen Kontakte führen zum gesellschaftlichen Abstieg. Die Süchtigen werden häufig zu „outlaws".

8. Psychischer und körperlicher Zerfall
Die Endstation des Süchtigen ist dann der psychische und körperliche Zerfall. Hier gibt es – was die Geschwindigkeit und den Grad der Selbstzerstörung angeht – große Unterschiede zwischen den verschiedenen Suchtarten. Diese Kriterien treffen sowohl auf stoffgebundene Suchtformen (Alkoholismus,

Drogen- und Tablettenabhängigkeit) als auch auf stoff*un*gebundene Suchtformen wie Spielsucht, Arbeitssucht oder Eßsucht zu.

> *„Jedes Ding ist ein Gift.*
> *Es kommt nur auf die Dosis an. "*
> (Paracelsus, 16. Jahrhundert)

Alltagsbegriff und Fachbegriff

Der Volksmund hat es schon lange entdeckt: Süchtiges Verhalten gibt es auch ohne Drogen. Denn im Alltag begegnet uns das Wort Sucht in Verbindung mit vielen anderen Begriffen, ohne daß wir uns darüber Gedanken machen. Neben den Drogensüchtigen und den erwähnten Suchtformen finden wir es zur Beschreibung unserer „kleinen Schwächen" oder unserer alltäglichen Leidenschaften:

- Macht-Sucht,   - Tob-Sucht,
- Hab-Sucht,   - Genuß-Sucht,
- Streit-Sucht,   - Eifer-Sucht

sind nur eine Auswahl von Begriffen, in denen Sucht mit alltäglichen Verhaltensweisen in Verbindung gebracht wird: eine regelrechte „Versüchtelung" der Gesellschaft. Man muß also zwei Ebenen des Suchtbegriffes unterscheiden:

1) den Alltagsbegriff und
2) den klinisch-psychologischen Fachbegriff.

Dabei hat Sucht in der Alltagssprache oft weniger den Sinn von „Krankheit". Oft wird der Begriff als Synonym für „Faszination" und „Überwältigt-Sein" verwendet. Ähnlich wie die Begriffe „toll", „wahnsinnig" oder „irre" oder – wie die jungen Leute heute sagen – „geil" bekommt auch das Wort Sucht einen fast schon positiven Klang:

„Da könnte man ja süchtig danach werden!" Gerade in der Alltagssprache wird das Wort inflationär gebraucht.

Und hier zeigt sich die Diskrepanz in der Bedeutung dieser Begriffsverwendung. Der Frankfurter Psychiater Bochnik hat gesagt, man solle Begriffe möglichst genau, aber nicht so wichtig nehmen. Schließlich sind sie nur Abbildungen von Realität.

Oft passiert gerade Experten, daß sie sich nur noch in der „Wortwelt" und nicht mehr in der realen Welt bewegen, daß sie sozusagen die *Landkarte* mit der *Landschaft* verwechseln und dann nur noch um die verschiedenen Arten von Landkarten streiten, anstatt um die Realität, d. h. die Situation der Süchtigen genauer anzusehen, zu registrieren, wo es Defizite und Probleme gibt. Und zwar unabhängig davon, ob es sich um stoffgebundene oder stoff*un*gebundene Suchtformen handelt.

Bei stoffgebundenen Suchtformen, vor allem bei den illegalen Drogen, ist das relativ einfach. Ein Fixer ist nur derjenige, der Heroin zu sich nimmt. Ein Alkoholiker ist nur derjenige, der eine gewisse Menge Alkohol regelmäßig trinkt.

Aber gerade bei stoff*un*gebundenen Suchtformen ist das problematisch. Ab wieviel Stück Torte bin ich eßsüchtig? Ab wieviel Arbeitsstunden pro Tag bin ich arbeitssüchtig? Die Frage nach der Menge dessen, was ich tue oder mir zuführe, ist jedoch nur ein Aspekt bei der Entwicklung des süchtigen Verhaltens. Hinzu kommt immer auch: wann, wie oft und zu welchem Zweck ein bestimmtes Verhalten gezeigt bzw. ein Mittel gebraucht wird. Diese Faktoren bestimmen, ob etwas normal gebraucht oder süchtig mißbraucht wird.

Hier das Ganze im Überblick:

Suchtziele: Wohin und wovor flieht der/die Süchtige? Für was ist es Ersatz?

Menge: Wie oft? In welchen Mengen? Bei welchen Gelegenheiten?

Stil: Wie wird konsumiert?

Wirkungen: a) kurzfristig   I) körperlich
                                 II) psychisch
           b) langfristig III) sozial

Aus dem bisher Gesagten ergibt sich, daß jede Aktivität süchtig entgleisen kann; dabei gibt es natürlich graduelle Unterschiede – sowohl was die Intensität des Erlebens als auch was die Intensität und Geschwindigkeit der Schädigung angeht. Es dauert normalerweise länger, bis sich jemand durch Arbeiten, Spielen, Essen oder Kaufen körperlich und psychisch zerstört, als durch Heroin, Kokain oder Opium – und der Grad der Schädigung ist normalerweise weniger massiv.

Literatur

Battegay, Raymond: Vom Hintergrund der Süchte. Wuppertal/Barmen 1978 (Blaukreuz-Verlag)
– Die Hungerkrankheiten. Bern – Stuttgart – Wien 1982 (Huber)
Gassmann, Raphael: Neue Süchte – Streit um ein gesellschaftliches Phänomen. Hamburg 1988 (Neuland-Verlag)
Goddenthow, Diether W. v.: Alles fängt so harmlos an. Freiburg 1988 (Herder)
Gross, Werner:– Sucht ohne Drogen. Frankfurt 1990 (Fischer TB)
– Was ist das Süchtige an der Sucht? Geesthacht 1992 (Neuland)
Harten, Rolf:– Normal und Süchtig. Hamburg 1988 (Neuland)
– Sucht – Begierde – Leidenschaft. München 1991 (Ehrenwirth)
Korczak, Dieter (Hrsg.): Die betäubte Gesellschaft. Frankfurt 1986 (Fischer TB)
Ludwig, R.; Neumeyer, J.: Die narkotisierte Gesellschaft? Marburg 1991 (Schüren)
Schaef, Anne Wilson: Im Zeitalter der Sucht. Hamburg 1989 (Hoffmann & Campe)
Völger, G.; Welck, K. v.: Rausch und Realität 1–3. Reinbek 1982 (Rororo)

Essen

Der langsame Selbstmord
mit Messer und Gabel

„Essen ist eine höchst ungerechte Sache:
Jeder Bissen bleibt höchstens zwei Minuten im Mund,
zwei Stunden im Magen, aber drei Monate auf den Hüften."

(Christian Dior)

Wenn Sie Ilonka irgendwo treffen würden, kämen Sie wahrscheinlich nicht auf den Gedanken, daß diese Frau Probleme mit dem Essen hat: Die 39jährige Journalistin ist zierlich, schlank, fast schmal, hat blonde, lange Haare und lustige Augen. Aber der erste Eindruck täuscht. Sie sagt: „Das Eßproblem habe ich schon, seit ich 14 Jahre alt war. Ich war vorher magersüchtig, und das ist dann umgeschlagen in eine Freßsucht. Ich habe mich dann mit 14 Jahren kugelrund gefressen, ich bin nachts dreimal an den Kühlschrank gegangen. Und im nachhinein muß ich sagen, daß ich überhaupt nicht wußte, aus welchen Gründen ich das gemacht habe. Ich bin auch am Tag öfter in die Küche gerannt, um dann einen Haps schnell zu nehmen, und dann war ich wieder ruhig. Nur – die Ruhe hat leider nie lange angehalten.

Also für mich war das Fressen nicht so etwas Orgiastisches, Freudiges, sondern das war mehr so, wie man zum Beispiel auf den Tisch klopft oder mit dem Fuß wippt aus Unruhe; das war mehr so etwas …

Es war für mich nur ein Reinwürgen, ein Reinstopfen. Was noch eine Rolle gespielt hat und wo man vielleicht von einer Lust sprechen kann, war, daß ich neugierig war, diese Speise zu essen und jenen Pudding auszuprobieren. Das war noch die einzige Lust am Essen.

Die schlimmsten Situationen bei dieser Freßproblematik, bei diesen Freßanfällen, das war erstmal, daß ich mich dann total überfressen habe. Meine Leber war total kaputt. Und wenn ich dann noch gefressen habe, dann wurde die so dick, daß die ans Rippenfell stieß, und ich hatte dann Schmerzen. Dann konnte ich mich erstmal nicht rühren, und dann konnte ich auch zwei, drei Tage lang überhaupt nichts essen."

Obwohl es zu weit mehr als zwei Dritteln Frauen sind, die an Eßstörungen leiden, gibt es auch Männer, die Probleme mit der „Droge aus dem Kühlschrank" haben. Norbert, ein 26jähriger Bauzeichner, lebt nach dem Motto: „Wer rund ist, eckt an": „Ich nehme mir selbst nie die Zeit, um in Ruhe zu essen. Ich schlinge eher das Essen runter, teils privat bedingt, weil ich mir abends Sachen vorgenommen habe mit Freunden, und auch teilweise durch den Beruf."

Nun könnte man denken: das sind extreme Einzelfälle von ein paar Menschen – mit uns anderen „Normalen" hat das ja wohl nichts zu tun: weit gefehlt!

Zahlen

Bilanz des deutschen Wohlstandslebens:

Fast jeder zweite Deutsche ist übergewichtig, jeder vierte gar schleppt 40 Pfund zuviel und mehr an Brust, Bauch und Lenden mit sich herum. Nur 25 Prozent der Bundesrepublikaner leben wirklich gesundheitsbewußt. Schon von Kleinkind an wird gemästet, die guten deutschen Mütter lieben ihre Babys „rundlich" und „pausbackig" – sprich „fett".

Die Folge: Ein Fünftel aller Kinder ist überernährt, ein wirklicher Garant für eine fette deutsche Zukunft, denn davon neigen erfahrungsgemäß 80 Prozent im Erwachsenenalter zur Fettleibigkeit: der Bauch der frühen Jahre. Ein Volk frißt sich krank.

80 Prozent aller Eltern übergewichtiger Kinder sind zwar selbst zu dick. Aber das hat in der Vielzahl der Fälle nichts mit Vererbung im herkömmlichen Sinne zu tun (wie man etwa Augen- und Haarfarbe vererben kann). Eher schon mit „Tradition". Viele Übergewichtige stammen aus Familien, in denen es üblich war, tüchtig zu essen. Häufige „Lebensregel" der jeweiligen Eltern: Essen und Trinken hält Leib und Seele zusammen! Unter Berufung auf diese „Weisheit" werden Unlustgefühle, Spannungen, Konflikte „heruntergeschluckt". So lernt man, Probleme übers Essen zu vergessen.

Wenn es auch keine exakten Zahlen über die Verbreitung von schweren Eßstörungen in der Bundesrepublik gibt, so bewegen sich die Schätzungen doch zwischen drei und vier Millionen. Es handelt sich zu 80–90 Prozent um Frauen; Christa Merfert-Diete spricht nicht zuletzt deshalb von der „Sucht der Braven". Man unterscheidet heute vor allem drei Formen von Eßstörungen:

a) Eßsucht (Adipositas),
b) Eß-Brech-Sucht (Bulimie),
c) Magersucht (Anorexie).

Eßsucht

Eßsucht (Adipositas) ist dadurch gekennzeichnet, daß es durch eine übermäßige Nahrungsaufnahme zu einem erhöhten Körpergewicht kommt (Fettleibigkeit). Ab einer Überschreitung des Idealgewichts um 25 Prozent oder einem Anteil des Fettgewebes von mehr als 20 Prozent beim Mann und mehr als 25 Prozent bei der Frau spricht man von Fettsucht. Rein organische Ursachen lassen sich nur bei einem Prozent der Fettsüchtigen finden. Eßsüchtige sind unfähig zum kontrollierten Umgang mit Essen. Die natürliche Eßbremse, das Sättigungsgefühl, ist nicht intakt. Der Körper meldet zu spät oder nicht nachhaltig genug, wenn er genug hat. Durch heroische Anstrengungen kommt es kurzfristig zum Normalgewicht – aber selten auf Dauer. Eßsüchtige leiden unter starken Scham- und Schuldgefühlen („Wer den Speck hat, braucht für den Spott nicht mehr zu sorgen").

Eine Unterform der Adipositas ist die *latente Eßsucht*. Hierbei merkt man den Eßsüchtigen nicht an, daß sie Suchtprobleme beim Umgang mit dem Essen haben. Mit eisernem Willen kontrollieren sie Eßverhalten und Körpergewicht. Auch hier ist das Essen zum zentralen Lebensinhalt geworden. Latent Eßsüchtige leiden unter ständiger Angst vor Gewichtszunahme, die in der Phantasie der Betroffenen zur maßlosen Gefahr hochstilisiert wird. Körperliche Erkrankungen sind als Folge von latenter Eßsucht selten. Dafür sind die psychischen und sozialen Störungen massiv. Durch die eiserne Disziplin, die keinerlei Entspannung mehr zuläßt, geht jede Lebensfreude verloren. Oft ist die latente Eßsucht ein Übergangsstadium zur Eß-Brech-Sucht, und zwar dann, wenn die Kontrolle immer wieder zusammenbricht, oder zur Magersucht, dann, wenn die Selbstdisziplin in Selbstkasteiung ausartet und die Euphorisierung (das „Fasten-high") zum Ziel wird.

„Eßsucht" und deren Folge, die Fettsucht – oder wissenschaftlich ausgedrückt „Adipositas" – gilt in deutschen Landen mitnichten als Sucht. Es wird als ganz normal angesehen, daß man gern, gut und viel ißt, sich – wie man so sagt – „als guter Futterverwerter" auszeichnet: Essen – die Sucht, die durch den Magen geht. Sabine, 29 Jahre alt und Malerin, beschreibt ihre – wie sie sagt – „Freßtouren" so: „Da hab' ich dann halt im Bett gelegen, möglichst von morgens bis abends, wenn's ging. Da war ich auch meistens total ausgepowert. Und dann habe ich mir irgendwie alles mögliche reingezogen; ich weiß das zum Teil eigentlich gar nicht mehr, weil das so nach meinem Gefühl irgendwie abgelaufen ist. Also Schwergewicht waren halt immer so Süßigkeiten gewesen: Eis, Torten und all solche Sachen. Und ich bin dadurch dann beruhigt worden. Es hat mich – würde ich sagen – in so eine Art von euphorischen Zustand versetzt. Ich bin denn auch friedlich geworden. Also ich habe das sehr stark irgendwie gemerkt, wie sich meine Psyche gerade durch so Süßigkeiten verändert. Mir ist das dann auch gut gegangen.

Das war eben so eine Harmonie, so ein Einklang mit der Umwelt und mit mir selbst. So ein Gefühl hatte ich dabei – aber aufgrund von einer Betäubung, so wie ich mich vorher durch andere Sachen betäubt habe. Es war irgendwie ein harmonisierender Betäubungseffekt. Es war auch wie eine psychische Schutzhaut, so ein Panzer oder so, auch wenn es ein Zuckerpanzer war. Aber da kam halt so an schlimmen oder negativen oder beunruhigenden Sachen nicht mehr so viel an mich dran. Das war – so als Zustand – kurzfristig sicherlich angenehm, nur eben hinterher nicht."

Hinterher nämlich beim Blick in den Spiegel oder dem Griff an die eigenen Lenden kommt dann das schlechte Gewissen: der Bauch ein Zeichen der Resignation und ein Polster für die zu harte Welt.

Schließlich fängt das Problem nicht erst da an, wo Rock- und

Hosennähte platzen und Hemdknöpfe springen, sondern schon bei der Art und Weise, wie man ißt. Die Übergänge zwischen normal und freßsüchtig sind fließend, besonders in einem Land, wo man dem leiblichen Wohl gern mit fetten Speisen fröhnt: Seid fett zueinander!

Kein Zweifel: Die hungrigen Deutschen sind wahre Freßmolche. Wenn sie abends ihren Fernsehapparat ausschalten und mit vollem Bauch ins Bett plumpsen, dann haben sie sich 16 Stunden überernährt. Nicht mitgerechnet das mitternächtliche Brüllen des Magens und die Mondscheinbesuche am Kühlschrank.

Im Jahre 1993 sank der durchschnittliche Fleischverbrauch der Deutschen – aus Angst vor Salmonellen und Rinderwahn – zwar geringfügig auf 63 kg pro Kopf. Dies ist aber immer noch eine stattliche Zahl, vor allem im Zusammenspiel mit 34 kg Zucker, 27 kg Fetten und Ölen und 73 kg Kartoffeln, die die Deutschen jährlich verzehren.

Auch wenn wir alle verschieden gute „Futterverwerter" sind, entsteht Übergewicht – von physiologischen Ausnahmen abgesehen – durch Falsch- und Überernährung. Das Eßverhalten ist also – außer bei bestimmten körperlichen Erkrankungen – der Schlüssel zu den überflüssigen Pfunden:

Folgen übermäßigen Essens

Da fast jeder zweite Bundesbürger unter einer ernährungsbedingten Fettsucht leidet, ist er damit erhöhten Gesundheitsrisiken – Zucker-, Hochdruck-, Stoffwechselkrankheiten, Arterienverkalkung, Herz-Kreislauf-Störungen – ausgesetzt. Starke Fettsucht kann das Bewußtsein trüben, Gelenke stärker abnutzen, ihre Beweglichkeit einschränken und einen Zwerchfelldurchbruch des Magens mitbedingen. Übergewichtige sind bei Operationen mehr gefährdet als andere. Überflüssige Pfunde spielen bei Zucker- und Hochdruckkrankheiten eine mitverursachende Rolle und belasten Frauen in der Schwangerschaft und bei der Entbindung mit einem erhöhten Risiko.

„Selbstmord mit Messer und Gabel" ist deshalb auch nicht nur eine leere Phrase, sondern Übergewicht vermindert wirklich die Lebenserwartung. „48 Prozent aller Todesfälle sind auf ernährungsbedingte Erkrankungen zurückzuführen", hält die Pressestelle der Heilberufe in Stuttgart für erwiesen.

Gicht, Diabetes, Gallensteine, Karies und Herzerkrankungen sind nur eine Auswahl der Folgen von Überernährung. Dabei ist der physiologische Grund für diese Überernährung eigentlich ganz einfach:

Werden dem Körper mit der Nahrung mehr Kalorien zugeführt als zur Aufrechterhaltung der Körperfunktionen und zur körperlichen und geistigen Arbeitsleistung des Organismus erforderlich sind, dann wandert der Kalorienüberschuß ins „Depot". Fettpolster werden angelegt.

Professor Raymond Battegay, Chefarzt der Basler Psychiatrischen Universitätspoliklinik, meint denn auch: „Die Überernährung ist sehr gefährlich, weil vor allem das Kreislaufsystem überlastet wird durch die Notwendigkeit, auch das viele Fettgewebe mit Blut zu versorgen. Dann muß der Körper auch sehr viel mitschleppen. Stellen Sie sich vor, daß man 20, 30, 50 Kilogramm Übergewicht mittragen muß. Wir hatten Patienten – ich erinnere mich jetzt an einen Mann von 220 kg. Wenn Sie sich vorstellen, daß ein Mensch von 70 Kilogramm den Rest an Gewicht wie bei einem Gepäckmarsch mitschleppen müßte, so können Sie sich die Erschöpfung vorstellen und die Beanspruchung des Kreislaufes, des Herzens, die damit verbunden ist. Es besteht also ein viel größeres Risiko, schließlich an einem Myokardinfarkt oder an einem Bluthochdruck, an einer Hypertonie, zu erkranken bei diesen Menschen."

Die psychische Seite der Medaille

Soweit die rein physiologische Seite des Problems. Die psychologische und psychosoziale Seite in den Griff zu bekommen, ist weitaus schwieriger. Professor Battegay: „Wir beobachten immer wieder, daß diese Frauen – es sind in der Mehrzahl doch Frauen, aber auch diese Männer – leiden unter dem Anblick, den sie bieten. Sie getrauen sich oft nicht mehr so sehr wie die Durchschnittsbevölkerung in die Öffentlichkeit, leiden unter einem zusätzlichen Mangel an Selbstwerterleben. Und vor allem in ihren Ehen kommt es doch zu Spannungen wegen ihres Aussehens. Ausnahmsweise kann ein Mann einer solchen Frau das schätzen, daß sie so beleibt ist, aber doch ist es für die meisten Partner dann eine Belastung, wenn eben die Gattin – oder aber umgekehrt der Gatte – so beleibt sind, daß die Ästhetik dadurch gestört wird."

Man kann sagen, bei Dicken funktionieren die Signale der Appetit- und Sättigungsregulation nur schlecht, und Freßsüchtige können sich kaum noch zurückhalten, wenn ihr Appetit angeregt wird; sie haben einen ähnlichen Kontrollverlust wie ein Alkoholiker.

Die Betreffenden wissen nicht mehr, wann sie genug haben. Und es kann ja gar keine Kontrolle mehr vorliegen, wenn das Verschlucken eines Objektes gleichzeitig bedeutet, daß dieses Objekt gar nicht mehr da ist. Es ist auch noch ein anderer Mechanismus zu erwähnen: Menschen, die narzißtisch geschädigt sind, also im Grunde genommen immer dazu neigen, auch gekränkt zu sein, haben die Tendenz zu ungeheurer Wut. Sie verzehren die Objekte im Grunde mit einer großen Aggressivität. Und in der Gruppentherapie mit Adipösen, die seit einigen Jahren in der Baseler Psychiatrischen Universitäts-Poliklinik durchgeführt wird, haben die Therapeuten beobachten können, daß diese Frauen ungeheuer aggressiv gegeneinander werden konnten oder aggressiv über Angehörige sprachen oder sich aggressiv mit den Leitern dieser Gruppe auseinandersetzten.

Die Situationen, in denen das Essen zum Fressen wird, sind allerdings individuell sehr verschieden. Da gibt es die *„Belohnungsfresser"*, die sich mit einem opulenten Mahl für eine gute Leistung belohnen, und die *„Frustfresser"*, die essen, weil etwas nicht gelingt; da gibt es jene Feinschmecker, die aus reiner *Genußgier* essen, und andere tun es aus *Langeweile,* weil sie nicht wissen, was sie sonst tun sollen. Nur was sie nicht tun: Sie essen nicht ausschließlich, wenn sie Hunger haben. Essen wird zur Ersatzhandlung für etwas anderes. Gemeinsam ist den meisten allerdings auch, daß sie es sich nicht bewußt machen. Ilonka meint denn auch: „Eigentlich steht ja hinter dem Hunger ein emotionales Bedürfnis – weil ich Angst habe vor der Nähe mit Freunden und auch Intimbeziehungen, weil ich mich vor Enttäuschungen fürchte, deswegen esse ich dann, oder – besser gesagt – ich fresse. Ich freß halt auch irgendwie, weil ich meine Gefühle nicht auslebe. Statt die auszuleben, staue ich da was an, so alle möglichen Sachen, halt auch Aggressionen und so. Da wurde mir erstmal so richtig klar, daß mein abgelagertes Fett eigentlich abgelagerter Schmerz und Gram und solche wirklich negativen Sachen waren, auch so depressive Sachen.

Das war einmal, daß ich wohl unter Leistungsmangel gelitten habe, daß ich mit meinen Leistungen nicht zufrieden war. Dann habe ich auch ganz sicher gefressen, weil ich Nähe nicht zulassen konnte und dadurch keine tiefen Freundschaften hatte und auch immer Beziehungsknatsch. Ich habe zum Beispiel meine Sexualität, meine sexuellen Wünsche, nie richtig deklarieren können. Und dann habe ich, statt das zu äußern, eben gefressen. Das war dann zum Beispiel so, daß ich mit einem Mann im Bett war und gar nicht zufrieden war mit dem, was wir im Bett überhaupt gemacht haben. Ich hatte das Gefühl, ich habe gar nicht das Recht, das zu sagen, was ich von dem Mann möchte, was mir gut tun würde, was er tut, oder was ich machen dürfte mit ihm. Und da habe ich dann als Ersatz gefressen."

Der Kummer mit dem Kummerspeck

Die Eßstörungen sind immer auch der krankhafte Ausdruck gestörter Beziehungen zu anderen. Insbesondere zu den nächsten Bezugspersonen, die für die Entwicklung der Frauen maßgeblich waren oder es noch sind. Viele Frauen sprechen davon, daß sie „sehr sehnsüchtig" seien, ohne es genauer benennen zu können. Schwierigkeiten, ihren Körper und sich selbst zu akzeptieren, haben alle Betroffenen. Ilonka sagt: „Das geht ja ganz automatisch, vor allem wenn man viel kohlehydrathaltiges Zeug frißt; dann kommt ja der Hunger, genau wie beim Alkoholiker der Durst sich steigert, wenn man eine gewisse Menge getrunken hat. Und dann ging es immer rein, immer mehr, immer mehr, weil ich ja immer mehr brauchte, denn der Hunger, der ja übrigens nicht im Bauch sitzt, sondern im Hals und in der Brust, der steigert sich ja dann. Und da kann ich bis auf Deibel komm heraus fressen, daran ändert sich nichts, der Hunger bleibt."

Und diese unendliche Gier, die erst später zum „Kummer mit dem Kummerspeck" führt, hat nach Battegay folgenden psychologischen Sinn: „Wir können die Eßsucht tatsächlich als unersättliches Verlangen, mit Hilfe von äußeren Mitteln einen inneren Zwiespalt zu überbrücken, bezeichnen. Und da kennen wir immer entweder die kontinuierliche Aufnahme äußerer Objekte oder aber die anfallartige Aufnahme, die so erfolgt, wie wenn ein Kondensator sich langsam anfüllt, und dann käme die plötzliche Entladung im Sinne eines Heißhungers, und es würde dann gegessen, bis nichts mehr reingeht, und es würde dann vielleicht sogar ein Erbrechen erfolgen, wenn eben zuviel Nahrung innerhalb einer Zeiteinheit eingenommen wird."

Die meisten Fettsüchtigen sind solche regulären Zuvielesser, die nicht wissen, wann sie genug haben. Die auch zu rasch essen, die kaum Nahrung zerbeißen.

Die Fettsüchtigen essen in der Regel rascher als der Durchschnitt der Bevölkerung. Es ist allerdings zu sagen, daß wir heute ganz allgemein gewohnt sind, schnell zu essen, weil wir dermaßen unser Programm überladen – im Beruf oder in der Freizeit – daß wir, selbst wenn es nicht nötig ist, rasch essen.

Man muß sich nur einmal die Werbung für Nahrungsmittel ansehen, um zu wissen, welche Schwierigkeiten mit Essen zugedeckt werden. Da bringt ein Schokoriegel „verbrauchte Energie sofort zurück", das „Kraftpaket" – ein Weichbonbon – hilft ebenso durch schwache Stunden. „Wir sind total verliebt, seit es jene Schokotoffees gibt", heißt es in einem der Werbeslogans.

Checkliste

– *Essen Sie regelmäßig?* Mal ja, mal nein.
– *Wie oft essen Sie am Tag?*
– *In welchen Situationen essen Sie „außer der Reihe"?*
– *Essen Sie lieber in Gesellschaft oder allein?*
– *Essen Sie dann mehr bzw. weniger?*
– *Wie essen Sie (eher schnell, hastig, langsam, genußvoll, gierig)?*
– *Was für Gefühle und Gedanken haben Sie davor?*
  dabei?
  danach?

- Bereiten Sie Ihr Essen vor? Decken Sie z. B. den Tisch, oder essen Sie öfters im Stehen?
- Essen Sie viel durcheinander? Wann? Weshalb?
- Gehen Sie während des Essens noch anderen Beschäftigungen nach (Fernsehen, Lesen ...)?
- Können Sie gut, können Sie schlecht aufhören?
- Essen Sie oft weiter, obwohl Sie schon satt sind?
- Wann können Sie nichts essen?
- Wann essen Sie nicht ausschließlich zur Befriedigung von Hunger? Was bringt Sie dazu? Warum glauben Sie, tun Sie's dann?
- Wann essen Sie besonders viel bzw. wenig (Freßorgien, Freßanfälle, Nahrungsverweigerung)?
- Setzen Sie sich beim Essen unter Druck (Begrenzen der Essenszeit bzw. -menge)?
- Achten Sie auf eine gesunde, ausgewogene Ernährung?
- Unterziehen Sie sich Fastenkuren bzw. Diäten? Wie oft?
- Erbrechen Sie manchmal bewußt und willentlich?
- Nehmen Sie Abführmittel?
- Denken Sie viel ans Essen?
- Haben Sie ständig einen vollen Kühlschrank?
- Haben Sie ein Süßigkeitendepot?
- Haben Sie manchmal das Gefühl, sofort und unbedingt etwas essen zu müssen? In welchen Situationen?
- Gibt es prägnante, typische Situationen, in denen Sie essen, ohne richtigen Hunger zu haben (Langeweile, als Belohnung, Aggression)?
- Was ekelt Sie an bzw. was mögen Sie nicht essen?
- Sind Sie mit ihrem Gewicht zufrieden?
- Sind Sie mit Ihrer Figur zufrieden? Was gefällt Ihnen an Ihrem Körper, was nicht?
- Was haben Sie davon, daß Sie so essen, wie Sie essen?
- Wie würden Sie gerne mit Essen umgehen?
- Was hindert Sie daran, so essen zu können, wie Sie es gerne hätten?

Vom Versuch, die ganze Welt aufzuessen: Bulimie

So eine rein deutsche Krankheit ist die Freßsucht gar nicht. In den USA, aber auch in Deutschland greift in den letzten Jahren eine Krankheit mit dem Namen „Bulimie" oder „Bulimarexie" um sich, was zu deutsch „Stierhunger" heißt. Bei diesem Stierhunger verfällt die Betreffende – es sind meist Frauen – in eine regelrechte Freßorgie, der sie fast nur heimlich nachgibt. Da wird innerhalb einer dieser Gieranfälle ein ganzer Laib Brot mit einem halben Pfund Butter und Wurstaufschnitt, zwei Brathähnchen, eine Riesenschachtel Pralinen, zwei Büchsen Keks und eine Familienpackung Eis verschlungen. Mitunter hat das Mahl über 20 000 Kalorien.

Aber es ist nun ganz und gar nicht so, daß die Stierhungrigen übermäßig fette Menschen wären. Die Besonderheit dieser – im wöchentlichen Durchschnitt zwölfmaligen – Anfälle ist nämlich, daß die Betreffenden während des Essens von Scham- und Schuldgefühlen so überwältigt werden, daß sie sich direkt nach dem Essen den Finger in den Hals stecken und alles wieder erbrechen, was sie eben in sich hineingestopft haben.

Die wiederkehrenden Heißhungerattacken treten fast täglich auf und dauern zwischen 15 Minuten und vier Stunden. Im Anschluß erbrechen 60 Prozent ein- bis zweimal, 30 Prozent bis zu sechsmal und der Rest noch häufiger.

In der Regel verheimlichen die Betroffenen ihre Symptomatik strikt vor anderen Personen, wodurch mit einer hohen Dunkelziffer zu rechnen ist.

In der überwiegenden Mehrzahl ist starker Leidensdruck und Krankheitseinsicht vorhanden, wobei über zwei Drittel angeben, daß die Heißhungerattacken durch „ein unwiderstehliches Verlangen zu essen" ausgelöst werden, und daß sie nach begonnener Nahrungsaufnahme „einfach nicht mehr aufhören können".

Kennzeichnend für diese Betroffenen ist weiterhin ein hoher Grad an Depressivität, Suizidalität und mangelnde Selbstkontrollfähigkeit.

Nach Schätzungen des Göttinger Ernährungswissenschaftlers Professor Volker Pudel haben zwischen drei und acht Prozent aller Mädchen und Frauen zwischen 15 und 30 Jahren Eß-Brech-Anfälle. Insgesamt leben danach in der alten Bundesrepublik etwa 300 000 Bulimikerinnen. Betroffen sind Frauen zwischen 12 und 50 Jahren.

Die „typische" Eß-Brech-Süchtige ist zwischen 20 und 30 Jahren alt, schlank, gebildet und kommt aus der gehobenen Mittelschicht. Sie ist intelligent und attraktiv, hat aber große Angst vor Kritik und Kontakt, ein sehr niedriges Selbstwertgefühl und kann sich nur schlecht durchsetzen. Ihr Verhältnis zum eigenen Körper ist seltsam verzerrt: Obwohl sie schlank ist, erlebt sie sich als dick, aufgeschwemmt, als häßliches Etwas. Auch wenn sie in einer dauerhaften Bindung lebt – was selten ist – vermeidet sie manchmal jahrelang Sexualität und Körperkontakt, weil sie sich nicht vorstellen kann, daß ein Mann diesen Körper, den sie ablehnt, schön findet. Empfindungen wie Kälte, Wärme, Müdigkeit, Hunger oder Sättigung spürt sie oft nur sehr undifferenziert, als ein diffuses Gefühl von Unbehagen. Auffallend ist der hohe Ausbildungsgrad der Betroffenen: 60 Prozent haben Abitur oder Hochschulabschluß.

Der oberflächliche Grund für Bulimie ist das widernatürliche Rollenklischee, wonach eine Frau schön, schlank und erfolgreich zu sein hat. Bulimikerinnen zeigen enorme Gewichtsschwankungen. Manche Frauen müssen drei verschiedene Kleidergrößen im Schrank haben, manche gar von Größe 38 bis 46.

Auch wenn es die alten Römer mit ihren Federkielen, mit denen sie sich nach einem opulenten Mahl im Hals kitzelten, schon vorgemacht haben, so ist doch das Ausmaß der Sucht sehr viel gefährlicher als zu antiken Zeiten: frühzeitiger Zerfall der Zähne, eine chronisch wunde Speiseröhre und Kehle, Nieren- und Leberschäden und geschwollene Schilddrüsen sind die Folge. In Extremfällen kann es zu lebensgefährlichen Herzrhythmusstörungen und zu gerissenen Magenwänden kommen. Da viele Bulimie-Opfer zusätzlich bis zu 300 Abführtabletten pro Woche einnehmen, sind Darmstörungen ebenfalls die Regel.

Ganz abgesehen von den seelischen Belastungen, die sich immer mehr steigern: Depression, Lebensleere, Isolation, totaler Negativismus, Gefühlsverarmung. Hinzu kommen dann noch finanzielle Probleme (diese Sucht kostet viel Geld), eine chronische Überforderung und der Verlust von wirklicher Freizeit und von Freunden.

Rund 20 Prozent unternehmen einen Selbstmordversuch. Die Selbsthilfegruppe für Eßgestörte ANAD stellt folgende Kriterien für das Vorliegen einer Bulimie auf:

* *Wiederholte Episoden von Bulimieattacken (Essen und Erbrechen),*
* *Mindestens drei der folgenden Symptome:*
  - *Verzehr hochkalorischer, leicht zuführender Nahrung während der Bulimieattacke,*
  - *Wahlloses Durcheinanderessen,*
  - *Beendigung des Eßanfalls durch Erbrechen,*
  - *Mißbrauch von Abführmitteln, Laxantien, Diuretika,*
  - *starke Gewichtsschwankungen (um 5 kg und mehr),*
* *Krankheitseinsicht, Angst vor Verlust der Willenskontrolle über das Essen,*
* *Depressive Verstimmungen, Schuldgefühle*

Die Ursache für das „große Fressen" ist viel zu oft ganz und gar nicht die pure Lust – viel öfter ist es der blanke Frust.

Wenn Nichts schon zu viel ist:
Magersucht (Anorexie)

Die akute Magersucht tritt in der Hauptsache bei Mädchen während der Pubertät und des frühen Erwachsenenalters (bis 25 Jahre) auf. Nach Professor Volker Pudel von der Ernährungswissenschaftlichen Forschungsstelle der Universität Göttingen sind 0,7 – 1 Prozent der Frauen bis 30 Jahre betroffen (ca. 60 000 in der alten Bundesrepublik). Nur sechs Prozent der Magersüchtigen sind Männer. Magersüchtige verweigern die Nahrungsaufnahme mehr oder weniger total. Sie gehen extrem selbstzerstörerisch mit sich um, mitunter bis zur lebensgefährlichen Auszehrung. Vor Ausbruch der Krankheit sind sie oft angepaßt und brav. Sie fallen in keiner Weise auf und erbringen hohe Leistungen in der Schule bzw. im Beruf. Dieser hohe Leistungsanspruch erhält sich auch während der Krankheit.

Da in der Pubertät das Interesse am eigenen Körper und der Wirkung auf das andere Geschlecht erwacht, ist die Pubertät für die meisten Heranwachsenden eine schwierige Zeit. Die sekundären Geschlechtsmerkmale prägen sich aus, Brust und Po werden runder. Vielfach wehren sich die heranwachsenden Frauen mehr oder weniger bewußt dagegen und beginnen zu hungern: je dünner, desto attraktiver. Bei Magersüchtigen ist strengste Askese angesagt. Sie bleiben trotzdem erstaunlich lange leistungsfähig, treiben Sport und sind gut in der Schule. Es geht ihnen darum, nicht den Körper die Oberhand gewinnen zu lassen. Sie wehren sich stark gegen jeden Reifungsprozeß, und sie erleben ihren Körper, obwohl ausgezehrt, als fett. Das Hungergefühl wird als Anzeichen für einen Sieg über den Körper erlebt – ganz abgesehen davon, daß Hungern sowieso euphorische Zustände hervorrufen kann. Die Pubertätsmagersucht hat unbewußt oft auch den Versuch zur Ursache, die Entwicklung der Geschlechtsreife aufzuhalten. Meist bleibt dann auch die Menstruation aus. Bei ca. 30 Prozent der Betroffenen geht die Pubertätsmagersucht in eine chronische Magersucht über. Sie kann lebenslang bestehen bleiben. Die jungen Frauen essen dann gerade soviel, daß das Körpergewicht etwas über dem lebensbedrohlichen Untergewicht gehalten wird. Das Essen wird (wie bei latenter Eßsucht) streng kontrolliert. Oft allerdings nimmt sich der Körper sein Recht, und es kommt zwischendurch zu Freßanfällen, denen allerdings mit Abführmitteln begegnet wird, mitunter auch mit Brechanfällen. Außerdem mißbrauchen Magersüchtige oft Appetitzügler.

Bei seelischen Problemen kann die chronische Magersucht wieder in eine akute übergehen. Im seelischen und sozialen Bereich besteht die Gefahr der Vereinsamung und der Depression. Bei fünf bis zehn Prozent der Betroffenen gibt es keine Hilfe mehr. Sie sterben an der Verweigerung der Nahrungsaufnahme, wenn ihr Zustand zu spät erkannt und behandelt wurde. Sie hungern sich – wie der „Suppenkasper" im „Struwwelpeter" von Heinrich Hoffmann – zu Tode.

Bei allen drei Formen von Eßstörungen kann es zum Symptomwechsel kommen: Eßsüchtige beginnen zu Erbrechen oder haben anorektische Phasen. Häufig kommt es zu Medikamentenmißbrauch. Neben Abführmitteln und Appetitzüglern werden auch Psychopharmaka und Alkohol häufig eingesetzt. Vielfach kommt es dadurch zu einer Sekundärschädigung, z. B. Tablettenabhängigkeit und den damit verbundenen körperlichen Problemen (Leber-, Magen-, Herz-, Kreislauf-Beschwerden).

In jeder Dicken ist eine Dünne eingesperrt

Eine Gemeinsamkeit von Menschen, die mit Essen süchtig umgehen, ist, daß ihnen ihre Sensibilität abhanden kommt, vor allem was ihre Körperwahrnehmungen angeht. In Untersuchungen ist nachgewiesen, daß sie sich selbst dicker einschätzen, als sie sind, und daß sie vor allem kein Gefühl für ihren Körper haben. Es ist so, als wären die Fettschichten ihres Körpers nicht mit den notwendigen Nervenbahnen durchzogen, oder als würden die Nervenimpulse, die dort aus Sinneseindrücken entstehen, vom Eßsüchtigen einfach nicht wahrgenommen.

Viele Dicke wissen gar nicht, wann sie richtig Hunger haben und wann sie eigentlich satt sind.

Man kann auch sagen: Sie fressen sich „zu" oder im wahrsten Sinne des Wortes „stumpfsinnig". „Nur nichts merken" ist die Devise – oder wie eine Freßsüchtige sagt: „Essen und vergessen". Ilonka: „In den Freßphasen, da habe ich viele Dinge einfach nicht mehr gemerkt. Ich habe nicht gemerkt, wenn mich jemand gekränkt hat, ich habe nicht gemerkt, wenn ich Arbeit tat, die ich eigentlich gar nicht machen wollte, ich habe nicht gemerkt, daß ich mit jemandem nicht arbeiten wollte – und wenn ich das gemerkt habe, dann habe ich gesagt: Das muß ich leisten auf Deibel komm heraus. Und natürlich hat mich das zum Beispiel auch wieder in so einen Freßanfall hineingeboxt."

Während Männer sich eher mit Alkohol, Nikotin oder – und das ist besonders beliebt – mit Arbeit zumachen, steht das Essen, respektive Fressen, bei den Frauen im Vordergrund.

Ein Unterschied allerdings besteht zwischen Alkoholikern und anderen Drogenabhängigen einerseits und den Eßsüchtigen andererseits: Alkohol und Drogen braucht man nicht zum

Leben. Das Ideale ist also, sie gänzlich zu meiden. Mit dem Essen geht das nicht so einfach, denn Essen muß man nun mal, um zu überleben.

Und genau darin liegt für viele die Schwierigkeit. Sie können kein normales und gesundes Eßverhalten entwickeln, sondern fallen von einem Extrem ins andere: Freßorgien und Fastenkuren wechseln sich ab.

Ursachen

Die Ursachen für dieses große Fressen in unseren Breitengraden sind so vielfältig wie die Menschen, die von dem Riesenhunger befallen werden:

Von persönlichen, meist psychischen oder psychosozialen Problemen über echt körperliche Organstörungen bis hin zu gesellschaftlich vermittelter Konsum- und Freßgier reicht denn auch die Palette.

Eines kann man mit Sicherheit sagen: Es gibt keine für alle Eßstörungen gültigen Ursachen. Da muß man sich schon die Mühe machen, den einzelnen genauer anzusehen und anzuhören.

Die Ursachen von Eßproblemen können in jeder Phase der menschlichen Entwicklung entstehen. Einige Mediziner glauben noch an die *Vererbung* der Fettsucht, obwohl die Beweise hier recht spärlich sind. Gesicherter sind die Erkenntnisse, daß das biochemische und emotionale Milieu im *Mutterleib* einen Einfluß auf den späteren Umgang mit Essen haben kann, so beispielsweise die Ernährung der Mutter während der Schwangerschaft. Nach der *Geburt* können es zu frühe und zu lange Trennungen von Mutter und Kind, zu starre Stillzeiten und stures Füttern „nach Tabelle" sein, vor allem dann, wenn die Mutter ängstlich, nervös, unsicher, enttäuscht ist, das Kind (bewußt oder unbewußt) ablehnt und Schuldgefühle deswegen hat. Auch übertriebenes Füttern anstelle von Hautkontakt, Spiel und Beschäftigung mit dem *Säugling* oder fehlende Unterstützung des Vaters können zu Ernährungsstörungen führen.

Im *Kleinkindalter* spielen vor allem zu wenig Zuwendung und Liebe, eine überbeschützende oder vernachlässigende Erziehung und die „Eßtraditionen" der Familie eine Rolle – oder die Geburt eines Geschwisterchens.

In der *Schulzeit* kommt noch die Reaktion der Schule und die damit verbundene Trennung von zu Hause und die Leistungserwartung hinzu, ebenso die Reaktion auf die Mitschüler. Beim *Jugendlichen* sind es vor allem die Schwierigkeiten, Anschluß an das andere Geschlecht zu finden und eine unbewußte Ablehnung der eigenen Geschlechtsrolle, die sich im gestörten Eßverhalten ausdrücken können.

All diese Erfahrungen in den verschiedenen Lebensphasen beeinflussen sich natürlich gegenseitig, heben sich auf oder potenzieren sich, verschieben oder verdrängen sich gegenseitig, je nachdem, wie die betreffende Person in der Lage ist, sie zu verarbeiten.

Professor Battegay formuliert das so: „Wir haben bei unseren Untersuchungen festgestellt, daß die Fettsüchtigen doch vorwiegend Leute sind, die in ihrer frühesten Kindheit entweder zuwenig Liebe, Umsorgung, Stimulation erfahren haben oder aber übergebührlich viel, so daß sie in dieser Beziehung Verwöhnte sind. Oder aber sie mußten sich übermäßig den Gepflogenheiten der Eltern fügen, so daß sie nicht ein wahres Selbst – wie man sagt – entwickeln konnten, sondern einem Idealselbst entsprachen, das die Eltern für sie entwarfen. So sind sie im Grunde genommen zeitlebens in ihrem Selbst, in ihrem Selbstwerterleben, in ihrem Narzißmus, den wir als gesunde Eigenliebe bezeichnen, geschädigt. Sie haben also nicht genügend gesunde Eigenliebe und müssen dieses Loch, wenn man das so bezeichnen will, mit einem äußeren Objekt immer wieder auffüllen – vergeblich, weil es nie gelingt, mit diesen äußeren Objekten, die für sie eben aufhören, Objekte zu sein, kaum daß sie sie im Mund haben, … zu einem wahren Selbstgefühl zu kommen."

Aber wir wissen ja, daß man in der Bevölkerung davon spricht, daß eine Person ein gewisses „Gewicht" hat. Besonders früher, im 19. Jahrhundert, stellte ja auch das äußere Gewicht ein Zeichen der Gewichtigkeit einer Person dar. Hier lernen wir nur langsam etwas um.

Soweit die psychologischen Ursachen. Die körperlichen Ursachen beginnen nach Ansicht von Battegay schon viel früher: „Wir kennen im Gehirn ein Sattheitszentrum und wir kennen ein Food-Aufnahmezentrum, und zwar von Tierversuchen, wir wissen nicht, ob die Verhältnisse ganz gleich beim Menschen sind. Wir müssen allerdings vermuten, daß zentral regulierende Zentren bestehen. Nun meint man aber, daß die Essens-Aufnahme sehr von der Erziehung abhängig ist. Bereits im frühesten Kindesalter kann ein Lernprozeß einsetzen – nicht nur ein psychologischer Lernprozeß, sondern auch einer der Fettzellen. Je mehr die Fettzellen unseres Körpers bereits im frühesten Kindesalter gewohnt waren, Fett zu speichern, desto mehr wünschen sie das auch später, so daß es also wichtig ist, einen Säugling nicht zu überfüttern. Nun gehen aber viele Eltern daran, ihren Kindern zu wenig Essen zu geben. Das ist auch wieder schlecht. Es ist also wichtig, das Mittelmaß zwischen Überfütterung und Mangelernährung zu finden."

Die Frage ist, was es nützt, wenn man weiß, warum man so viel ißt – bis zur Änderung des Freßverhaltens ist auch dann noch ein weiter Weg, wenn auch für Männer und Frauen leicht verschieden. Denn auf jeden Fall ist die Folge des Fressens weiterer Kummer mit Kummerspeck, Kalorienangst und Kilo-Gram. Im Gegensatz zu Frauen ist allerdings nur jeder zehnte übergewichtige Mann bereit, sich einer Abmagerungskur zu unterziehen. Bei Frauen sind es – nach einer Untersuchung des Mafo-Instituts – immerhin ein Viertel. Dabei ist Abhilfe dringend vonnöten.

Die Behandlung der Fettsucht ist zwar in jedem Fall möglich, für Ärzte jedoch oft eine recht undankbare Aufgabe, weil zwei von drei Übergewichtigen trotz guten Willens schon sieben Monate nach Behandlung ihrer Fettsucht wieder ihr altes Übergewicht haben. Jahrzehntelange Ernährungsgewohnheiten lassen sich durch vorübergehendes Hungern meist kaum verändern. Dennoch stehen die „Dicken" bei uns ständig unter Druck, weil Jugend und Schlankheit werbewirksam vermarktet und ein Gesundheitsbewußtsein propagiert wird, das Übergewichtige in die Isolation drängt.

Diätwahn

An die 20 Milliarden Mark zusätzliche Gesundheitskosten – so schätzen Wissenschaftler – entstehen den Bundesdeutschen jährlich, um die Folgen der Überernährung behandeln zu lassen. Vom Fasten über „Computer-", „Atkins-" und „Brigitte-Diät" bis hin zu den alljährlich in den Zeitungen publizierten, ganz besonders neuen Frühjahrskuren reicht die Palette.

Die einen schwören auf die Punkte-Diät, die anderen verschlingen Reis mit Weintrauben, die dritten verspeisen ausschließlich Eier und verbannen jedes Milligramm Kohlehydrate von ihrem Tisch – und alle tun dies, um abzunehmen. Daß Geschäftemacher hier „ihre" Chance gerochen haben, ist bekannt.

Dabei verstärkt der Streß, dick zu sein, bei vielen das Dicksein noch: Je angestrengter sie versuchen abzunehmen, um so verzweifelter wird ihre Lage.

500 verschiedene Diäten, die sich zum Teil gänzlich widersprechen, haben Mediziner und Psychologen in den letzten Jahren entwickelt – nur muß man sie eben auch durchführen. Und dann ist noch immer die Frage, was davon bleibt, wenn die Diät mal beendet ist. Denn Diät allein hilft nicht gegen Hungerspeck.

Dr. Barbara Krebs vom „Frankfurter Zentrum für Eßstörungen": „Der Suchtkreislauf läßt sich eigentlich folgendermaßen beschreiben: Es ist das Gefühl, ich bin zu dick. Dann folgt die Entscheidung: ich mache eine Diät. Dann wird die Diät angefangen. Sie wird höchstens zwei bis drei Tage durchgehalten. Dann kommt eine Heißhungerattacke. Dann stellt sich das Gefühl ein: ich bin nichts wert. Ich kann auch nicht meine Diät machen. Dann ist eine tiefe Depression, die folgt. Dann kommt wieder das Gefühl: Ich bin zu dick. Ich mache eine Diät. Dann kommt die Heißhungerattacke: Ich bin nichts wert. Dieser Kreislauf wiederholt sich ständig und permanent.

Diäten nützen wirklich rein gar nichts. Forschungsergebnisse zeigen, daß nach Diäten, bei denen sehr viel abgenommen wird, hinterher um so mehr zugenommen wird. Vor allen Dingen auch bei Nulldiäten nehmen Frauen häufig hinterher viel mehr zu und überschreiten das Gewicht, das sie vorher hatten, deutlich. Diäten erzeugen solche Mangelerscheinungen, wenn man beispielsweise nur Äpfel oder Brötchen oder Schrot ißt, daß man hinterher um so heißhungriger und gieriger nach irgend etwas Süßem-Salzigem oder Deftigem greift.

Diäten sind nur sinnvoll, wenn sie in einem Zusammenhang gemacht werden, sei es aus Krankheitsgründen oder auch mal, wenn man nach einem Urlaub etwas abnehmen will, drei bis vier Kilo. Aber um eine anhaltende Gewichtsregulierung herbeizuführen, sind Diäten absolut unsinnig. Eine Frau sagte mal zu mir: „Ich habe tausend Pfund abgenommen und tausenddrei Pfund wieder in meinem Leben zugenommen." Ich denke, das sagt viel über den Sinn von Diäten."

Therapie und Selbsthilfe

Auch Raymond Battegay sagt über Sinn und Unsinn von Diäten und Therapien: „Es wäre günstig, wenn die Beteiligten zumindest in eine Gruppentherapie gingen, bevor sie derartige Ausmaße ihrer Fettsucht haben. Es ist dies also eine Indikation für eine Psychotherapie.

Wenn Sie so wollen, sind diese Menschen ja wenigstens in bezug auf die Entwicklung ihres Selbst, ihres Selbstwerterlebens, steckengeblieben in kindlichem Erleben. Und Kinder benötigen ja doch irgendwie – auch wenn wir die heutigen Erziehungsprinzipien berücksichtigen und den Kindern eine große Freiheit geben wollen – ein gewisses Koordinatensystem. Und so ist es bei Fettsüchtigen: Sie benötigen zu ihrem Halt ein gewisses Regime. Und dieses Regime würde also einige Stufen beinhalten, die sie beachten können, zum Beispiel, daß sie ihre Mahlzeiten immer vorbereiten sollen und nie mehr nehmen sollen, als sie vorbereitet haben. Und daß sie nicht in den Zwischenzeiten essen sollten. Es sind noch viele Maßnahmen möglich, und man gibt den Fettsüchtigen am besten auch einen Zettel mit, in dem sie diese Verordnungen lesen können. Es ist sicher falsch, die Fettsüchtigen allein ihre Diät bestimmen zu lassen, denn sie würden daran scheitern. Ferner ist es wesentlich, daß die Fettsüchtigen nicht allein gegen die Versuchungen der Nahrungsaufnahme kämpfen müssen.

Daraus wäre natürlich zu folgern, daß eine solche Gruppe über längere Jahre, also lebensbegleitend existieren müßte. Diese Störung in ihrem Selbstwerterleben wird ja nicht sofort behoben sein, sondern das ganze Leben vorhanden sein, wenn man nicht eingehende, analytisch orientierte Psychotherapie mit ihnen treibt, so daß es gut wäre, eine solche Gruppe über weite Strecken des Lebens zu haben."

Da die Therapiegruppen allein vom finanziellen her für die Eßsüchtigen eine große Belastung bedeuten, heißt auch hier das Zauberwort: Selbsthilfe.

Die „Overeaters Anonymous" oder OA-Gruppen sind Selbsthilfegruppen, von denen zur Zeit in der Bundesrepublik etwa 100 existieren. Ihre Vorgehensweise haben sie von den Anonymen Alkoholikern übernommen und auf ihr süchtiges Eßverhalten übertragen. So arbeiten die OA-Gruppen, die sich normalerweise einmal wöchentlich für zwei Stunden treffen, auch nach einem Zwölf-Schritt-Programm.

Die zwölf Schritte der OA-Gruppen

1. *Wir haben zugegeben, daß wir dem Essen gegenüber machtlos sind und unser Leben nicht mehr allein meistern konnten.*
2. *Wir sind zu der Überzeugung gelangt, daß nur eine Macht, größer als wir selbst, uns unsere Gesundheit wiedergeben kann.*
3. *Wir haben den Entschluß gefaßt, unseren Willen und unser Leben der Sorge Gottes – wie wir Ihn verstehen – anzuvertrauen.*
4. *Wir haben gewissenhaft und furchtlos Inventur in unserem Inneren gemacht.*
5. *Wir haben Gott, uns selbst und einem anderen Menschen ehrlich unsere Fehlhaltungen eingestanden.*
6. *Wir sind vorbehaltlos bereit, unsere Charaktermängel von Gott beseitigen zu lassen.*
7. *Demütig haben wir Ihn gebeten, uns von diesen Mängeln zu befreien.*
8. *Wir haben eine Liste aller Personen aufgesetzt, die wir gekränkt hatten, und sind willens, sie um Verzeihung zu bitten.*
.9. *Wenn immer möglich, entschuldigen wir uns bei ihnen, es sei denn, sie oder andere würden dadurch verletzt.*
10. *Wir machen täglich Gewissensinventur, und wenn wir Unrecht haben, geben wir dies sofort zu.*
11. *Durch Gebet und Besinnung suchen wir die bewußte Verbindung zu Gott – wie wir Ihn verstehen – zu vertiefen*

und bitten Ihn um die Fähigkeit, Seinen Willen zu erken-
nen, und um die Kraft, ihn auszuführen.
12. Nachdem wir durch diese Schritte ein inneres Erwachen
erlebt haben, versuchen wir, diese Botschaft an andere
gestörte Menschen weiterzugeben – und unser ganzes
Leben nach diesen Grundsätzen auszurichten.

Ilonka besucht die „Anonymen Freßsüchtigen" schon seit ein paar Jahren:

„In der Gruppe sprechen wir erstmal darüber, wie wir die Woche verbracht haben. Jeder spricht von sich selbst, jeder teilt seine Erfahrung, mit, seine Erlebnisse und wie er es auch geschafft hat, mit dem Programm zu leben, und wie das Programm auf ihn wirkt."

Es gibt bei den OA-Gruppen eine Reihe von Hilfen, um zu lernen, auf gesunde Art und Weise mit dem Essen umzugehen. OA-Mitglieder machen keine kurzfristige Diät, sondern sie leben nach einem „Essensplan". Mit dem Essensplan nach OA wird ihnen eine Hilfe gegeben, um sich vom Durcheinander und Suchtdruck des Alltagslebens und der Gewalt, die das Essen über viele hat, zu befreien. Für die Anfangszeit in den OA-Gruppen kann ein neues Mitglied einen „Sponsor" wählen, der ihm über die anfänglichen Schwierigkeiten hinweghilft. Andere Hilfen lauten beispielsweise:

1. Schreibe täglich einen Speiseplan, am besten als Fahrplan für einen Monat.
2. Iß langsam mit kleinen Bissen.
3. Setz dich beim Essen hin.
4. Konzentriere dich auf's Essen, keine andere Tätigkeit dabei!
5. Schütte kein Essen weg.
6. Stell dich nur einmal monatlich auf die Waage.
7. Meide deine persönliche Lieblingsspeise.
8. Ruf an, bevor du den ersten Bissen ißt.

Iß keine Diät-Süßigkeiten oder Lebensmittel, die nicht auf dem Lebensmittelportionenfahrplan stehen!
Im Zweifelsfalle iß es nicht!

Ilonka beschreibt, was ihr die Mitarbeit in der OA-Gruppe bisher gebracht hat:

„Dank der Overeater Anonymous hat sich einiges geändert: Ich lebe nach einem Essensplan. Das ist keine Diät im üblichen Sinne, sondern es ist so, daß man sich täglich einen Plan macht, was man essen wird. Man läßt dabei die kohlehydrathaltigen Sachen und die Lieblingsfresserei weg. Aber ansonsten ist das eine normale Essensweise, die aber auch in Mengen ungefähr abgemessen ist. Ich esse, seitdem ich nach diesem Plan lebe, langsamer und auch lustvoller. Und ich habe auch nicht mehr so oft diesen Suchthunger. Vor allen Dingen kann ich heute zwischen echtem und Suchthunger unterscheiden. Ich könnte auch, wenn ich nicht im Arbeitsprozeß so sehr eingespannt wäre, sogar nur nach meinem eigenen Hunger gehen.

Mein Tagesplan sieht folgendermaßen aus: Ich esse morgens eine Schnitte Vollkornbrot, trinke dazu ein Glas Milch, esse dann entweder noch eine Frucht oder einen Becher Joghurt oder einen Quark. Mittags esse ich eine Portion Fleisch, ein bißchen Reis, ein Gemüse, einen Salat und einen Quark. Abends esse ich eine Scheibe Vollkornbrot und trinke ein Glas Milch. Das ist alles. Zwischendurch esse ich keine Mahlzeiten – ich trinke keinen Kaffee, und ich esse auch nicht so schnell den „Hungerbissen", den man ja normalerweise nehmen kann. Wenn ich das essen würde – also diese Zwischenmahlzeiten, meine ich – dann würde ich wieder in die Freßgier hineinrutschen.

Also ich empfinde den Essensplan überhaupt nicht masochistisch, denn Masochismus war ja das, was ich da getrieben habe mit diesen Freßorgien. Und ich weiß ja, was mir passiert, wenn ich mich nicht an den Plan halte. Wenn ich will, daß es mir gut geht, dann darf ich nicht fressen."

Gebote für Kopf und Bauch

1. *Fragen Sie sich nicht einfach, warum Sie zuviel essen, sondern vergegenwärtigen Sie sich*
   wann,
   wo,
   in welchen Situationen,
   in welcher Verfassung,
   mit wem
   sie zuviel essen.
2. *Beobachten Sie 14 Tage genau, was Sie essen. Am besten tragen Sie es in ein Tagebuch ein.*
3. *Kaufen Sie keine „Kalorienbomben" oder „Suchtmacher". Richten Sie sich regelmäßige Essenszeiten ein und halten Sie sich daran. Essen Sie nicht zwischendurch.*
4. *Überlegen Sie vor jeder Mahlzeit, was und wieviel Sie wirklich essen wollen und was Ihr Körper braucht.*
5. *Stellen Sie nur das auf den Tisch, was Sie für sich als die richtige Menge ansehen, keine Riesenportionen.*
6. *Bereiten Sie die „erlaubten" Nahrungsmittel aber so vor, daß es Ihnen Spaß macht zu essen.*
7. *Essen Sie nicht im Stehen und aus der Hand, sondern nur im Sitzen und mit Messer und Gabel.*
8. *Kauen Sie jeden Bissen wenigstens zwanzigmal.*
9. *Essen Sie ausschließlich in bestimmten Räumen und zu bestimmten Zeiten.*
10. *Wenn Sie essen, konzentrieren Sie sich ganz darauf – keine Nebenbeschäftigung wie Fernsehen oder Zeitunglesen.*
11. *Wählen Sie Tischgenossen, die Ihnen angenehm sind, Sie aber nicht zum Fressen verführen.*
12. *Bereiten Sie sich keine kalorienreichen Desserts zu.*
13. *Lassen Sie immer ein bißchen Ihrer Mahlzeit übrig.*
14. *Essen Sie nicht den Teller Ihrer Kinder (oder anderer Leute) leer, wenn diese Reste übrig lassen.*
15. *Benutzen Sie Essen nicht zur Belohnung oder zum Auffüllen von einem Gefühl der Leere.*
16. *Essen Sie nicht aus Langeweile, Frust, Angst oder Gier.*
17. *Machen Sie sich die Folgen von Übergewicht voll bewußt.*
18. *Stellen Sie sich vor, wie Sie sind, wenn Sie mit Essen normal umgehen können und schlank sind.*

Literatur

Aktion Jugendschutz: Essen wir uns krank? Hamburg 1987 (Neuland)

Aliabadi, Christiane und Wolfgang Lehnig: Wenn Essen zur Sucht wird. München 1982 (Kösel)

Bauer, Barbara: Bulimie – Behandlungsanleitung für Therapeuten und Betroffene. Weinheim 1992 (Psychologie-Verlags-Union)

Bick, Martine (Hrsg.): Warum sollen wir Dicken uns dünne machen? Reinbek 1980 (Rororo)

Bruch, Hilde: Der goldene Käfig – Das Rätsel der Magersucht. Frankfurt 1978 (Fischer)

Erpen, Heinrich: Die Sucht, mager zu sein. Zürich 1990 (Kreuz)

Karren, Ulrike: Die Psychologie der Magersucht, Bern – Stuttgart – Toronto 1986 (Huber)

Langsdorff, Maja: Die heimliche Sucht unheimlich zu essen. Frankfurt 1985 (Fischer TB)

Liebs, Elke: Das Köstlichste von allem. Zürich 1988 (Kreuz)

Mader, Petra und Ness, Beate: Bewältigung gestörten Eßverhaltens. Hamburg 1987 (Neuland)

MacLeod, Sheila: Hungern, meine einzige Waffe. München 1983 (Kösel)

Orbach, Susie: Anti-Diätbuch I + II. München 1980 + 1984 (Frauenoffensive)

Schneider-Henn, Karin: Die hungrigen Töchter. München 1988 (Kösel)

Leben von Luft und Liebe –
Drei Wochen Fasten

Das Entsetzen vor mir selbst überfiel mich nach einem opulenten Mahl in einem noblen italienischen Restaurant: leergeputzte, fettige Cannelloni- und Spaghettiteller, in der Sorge um Ordnung zusammengeschobene Fleisch- und Pizzaübrigbleibsel, trübe Salatreste und die abgestandenen Lambruscoschlückchen verbanden sich mit dem Gefühl, wie eine gestopfte Gans abgefüllt zu sein – in der elementarsten Bedeutung dieses Wortes: Satt. Ich hatte das Gefühl, nicht einmal mehr rülpsen zu können, so zugefressen hatten wir uns anläßlich dieses Gelages. Und da wußte ich: Es war wieder einmal so weit.

Meine Hosen waren mir um den Bund und im Schritt sowieso seit langem schon wieder zu eng. Der Platz in den Hemden war so geschrumpft, daß ich immer vorsichtig sein mußte bei ruckartigen Bewegungen – sie könnten ja reißen. Ich war im wahrsten Sinne des Wortes schwergewichtig geworden. Bösartige Menschen, die mich in der Badehose sahen, sagten einfach: Fett. Und ich kam mir auch wie gepökelt vor. Die letzten zwei Jahre hatte ich es mehr mit der Philosophie des Schauspielers Gabriel Laub gehalten: Das Recht, dick zu sein. Dabei sagten die meisten Bekannten, die mich nur angezogen kannten: „Dick? Du bist doch nicht dick!" Aber ich wußte es besser: Ich sah die „Olympiaringe" um den Bauch, wenn ich mich im Spiegel ansah, ich sah die Wulste auf den Hüften und die überproportionale Größe des Oberkörpers.

Und an diesem Abend in dem italienischen Restaurant wußte ich: Wenn ich jetzt so weitermache, kriege ich die Kurve nicht mehr. Und das heißt für mich: Fasten.

Es dauerte schließlich dann doch noch drei Wochen, bis ich mich dazu durchgerungen hatte, endlich anzufangen zu fasten. Es ist zwar nicht das erste Mal, daß ich faste, aber das erste

Mal, daß ich es für eine so lange Zeit – für drei Wochen – probiere. Und vor allem faste ich zum ersten Mal in einer kleinen Gruppe.

Dabei ging es mir nicht allein ums Abnehmen – es ging mir genauso um das Entschlacken des Körpers: „Den ganzen Dreck, der sich über Jahre hin angesammelt hatte, rauskriegen." Und es ging mir darum, den Umgang mit dem Essen zu verändern: „Kampf dem Fett, den Schlacken und Giften und der Freßsucht", könnte die Parole lauten.

Drei Wochen Fasten, das heißt – außer kistenweise Mincralwasser und kesselweise Kräutertee – „möglichst drei Liter Flüssigkeit pro Tag", mahnt Dr. Lützner in seinem Fastenführer – jeden Tag einen halben bis dreiviertel Liter Frucht- oder Gemüsesaft zu sich nehmen – und sonst gar nichts.

„Vor das Fasten hat der liebe Gott die Räumung des Kühlschrankes gesetzt." Das war denn auch meine erste Amtshandlung nach dem offiziellen Fastenbeginn: Ich packte all die angebrochenen Nahrungsmittel in einen Korb und verschenkte sie an Freunde. Denn jetzt wurde es ernst: Nach einem „Entlastungstag" (mit nur Obst) fängt's an mit der „Entleerung des Darmes". Die Fastenbücher schlagen da eine dreiviertel Liter lauwarme Glaubersalzlösung vor – ein widerlicher Cocktail. Der schmeckt wie eine Mischung aus Seifenlauge und Salz. Ich mach's auf die natürliche Art, nur mit Wasser. Auch hier zeigen sich wahre Müllhalden, die sich in meinem Verdauungstrakt in den letzten Jahren angesammelt haben und jetzt endlich ausgeschieden werden.

Am Abend des ersten Tages bin ich irgendwie stolz: Endlich habe ich mal wieder den Anfang gemacht. Es geht mir gut, körperlich wie psychisch. Und das Nichtessen fällt mir nicht schwer. Die eine Flasche Fruchtsaft war mir sogar zuviel. „Dann hab' ich für morgen mehr", denke ich in meiner Hamstermentalität. Ich weiß, daß ich durchhalte, und das gibt mir ein gutes Gefühl. Ich habe schon fast ein Kilo an Gewicht verloren.

Am nächsten Morgen wache ich früh auf und fühle mich sehr wohl. Nicht zu frühstücken, fällt mir nicht schwer. Ich habe keinerlei Hungergefühle. Meine Zunge ist belegt und ich habe einen leichten Hautausschlag, aber obwohl ich mich irgendwie dünnhäutiger fühle, ist das nicht unangenehm. Meine Erkältung, die ich schon vor der Fastenkur hatte, verschwindet gänzlich innerhalb eines Tages.

Von früheren Fastenkuren wußte ich, daß bei mir der dritte Fastentag der kritische Tag, die erste „Fastenkrise", ist. Diese Fastenkrise beginnt dann, wenn der Körper seine Ernährung durch Essen umstellt auf die Ernährung durch die körpereigenen Depots, also den Abbau von Fett, Eiweiß und Schlacken, die sich im Körper überflüssigerweise angesammelt haben.

Schon in der Nacht merke ich, daß es losgeht: Ich friere und werde nicht richtig warm, habe ziemliche Gliederschmerzen und das Gefühl, mich nicht bewegen zu können. Ich wache am nächsten Morgen auf, als hätte man mich gerädert. Wenn ich mich im Spiegel ansehe, komme ich mir vor wie der Leibhaftige: Ich bin blaß, mein Gesicht ist eingefallen. Ich bleibe fast den ganzen Tag im Bett, fühle mich mies und depressiv.

Diese Fastenkrisen treten während einer längeren Fastenkur immer mal wieder auf, und das meistens dann, wenn der Körper besonders hartnäckige und giftige Substanzen abbaut, die dann, bevor sie ausgeschieden werden, den Organismus erst einmal akut belasten.

Dadurch kann es vorkommen, daß sich ein Hautausschlag zeigt, den man schon früher mal hatte, eine nicht auskurierte Grippe wieder zum Vorschein kommt, man plötzlich starken Körper- und Mundgeruch entwickelt, übermäßig schwitzt oder die Zunge ganz grün von Belag ist. All das sind nach Ansicht von Fastenärzten Anzeichen dafür, daß der Körper ungesundes und krankes Gewebe abbaut und ausscheidet – ein Reinigungsprozeß also. Denn die Ausscheidung von ungesunden Substanzen, die sich über Jahre hin im Körper festgesetzt haben, geschieht über den gesamten Körper und ist während der Fastenzeit sehr viel stärker als im Alltag, wenn man ißt.

Beim Fasten ist nicht nur der Körper in Aufruhr, auch die Seele gerät mitunter etwas ins Schleudern. Ein kurzfristiges Auf und Ab der Gefühle ist schon drin. Das ist verständlich, denn mit den körperlichen Widerständen weichen auch die psychischen Abwehren auf – ein Grundprinzip der Psychosomatik. Besonders stark zeigt sich das in einem reichhaltigen Traumleben. Die Träume werden nicht nur erlebnisreicher, sondern auch intensiver – und vor allem auch symbolträchtiger.

Bei mir laufen regelrechte „Fastenthriller" in meinem „Heimkino" ab. In der Nacht vom dritten zum vierten Fastentag träume ich davon, mir schnell an irgendeiner Würstchenbude eine Currywurst reinzudrücken. Ein Skandal für einen Faster. Erst danach fällt mir – mit schlechtem Gewissen – wieder ein, daß ich ja faste und mir das bestimmt nicht guttut. Ich wache schweißgebadet auf.

Das scheint etwas Generelleres zu sein; beim Fasten laufen die Träume – jene Indikatoren des Seelenzustandes – Amok: Auch eine Art Selbsterfahrung.

Nach der ersten Fastenkrise habe ich für über zehn Tage Ruhe: Mein Körper funkt mir nirgendwo dazwischen. Allerdings setze ich mich auch keinem ungesunden Streß aus, sondern versuche darauf zu hören, was mir und meinem Körper guttut. Dabei bin ich nicht nur so leistungsfähig wie sonst, sondern sogar leistungsfähiger: Ich bin viel konzentrierter und auch viel kreativer in meiner Arbeit. Ich habe sehr viele guten Ideen. Ich fühle mich sensibler im Umgang mit Menschen. Überhaupt habe ich das Gefühl, daß alle meine Sinnesorgane besser reagieren: Ich rieche viel mehr; ich sehe Dinge, die ich sonst nicht beachte; und vor allen Dingen fühle ich meinen Körper sehr viel mehr. Ich habe das Gefühl, mit all meinen anderen Sinnen Nahrung aufzunehmen – besonders, daß man „mit der Nase essen" kann, wußte ich vorher nicht. Und das alles in einer inneren Ruhe und Ausgeglichenheit, die sonst doch recht selten bei mir ist.

Je mehr eine gesunde Struktur in meinem Körper wieder um sich greift, desto mehr habe ich das Bedürfnis, auch in meinem äußeren Leben eine Art von Ordnung aufzubauen. Ich habe einfach keine Lust mehr, im Chaos meiner Arbeit zu ersaufen, das heißt, ich reduziere die Arbeit da, wo es möglich erscheint. Ich miste aus: Werfe eine Menge unnötiger Dinge weg, räume meine Wohnung auf, mache sauber, erledige vieles, was ich seit Monaten – z. T. seit Jahren – vor mir hergeschoben habe: Da sind die vielen Briefe, die zu beantworten sind und sich in der einen Ecke meines Schreibtisches stapeln, da ist der ganze finanzielle Kram, der seit Jahren ein einziges Chaos ist, da sind die Steuern, für die ich endlich mal ein System erstelle – alles Dinge, die sowieso anstanden und die ich sicher auch ohne Fasten irgendwann hätte angehen müssen – aber das Fasten hat's beschleunigt. Ich habe das Gefühl, daß ich über mehr Dinge Kontrolle habe, während es mir früher vorkam, als wäre ich ihnen ausgeliefert. Ich meine, daß *ich* mich wieder entscheiden kann.

Daneben ist das Fasten natürlich ein Test der eigenen Standhaftigkeit: Nichts essen beinhaltet schließlich auch den Verzicht auf Alkohol und Nikotin.

Ich merke, wozu ich Essen überhaupt benutze. Einmal ganz legitim zur Aufnahme von Nahrung, die mein Körper braucht. Schon etwas weniger legitim sind all die Formen von Ersatzbefriedigung, z. B. das Essen aus reiner Genußgier, „weil's so gut schmeckt", aus Langeweile, oder das Essen als Belohnung für etwas, was ich geleistet habe. Meine Geschmacksnerven sind einfach gieriger als mein Magen. Ganz und gar unterhalb des Striches sind für mich die Situationen, wo ich aus Frust fresse, weil der Antrag eines Patienten für Kostenübernahme durch die Kasse abgelehnt wurde, weil mir ein Redakteur ein Manuskript zurückgegeben hat, weil mein Auto kaputt ist, ich bei der Arbeit nicht vorankomme oder weil mir Zuwendung und Liebe fehlt. Das heißt, auch dann zu essen, wenn ich weder Hunger noch Appetit habe. „Frustfressen" ist so eine Art Wut darüber, daß irgend etwas nicht so klappt, wie ich's gern hätte. Und statt was dagegen zu tun, passiert's schon, daß ich etwas „in mich hineinfresse". Und da ist klar, daß auch nach längerem Fasten immer mal wieder die Gier nach Essen um die Ecke lugt. Das kann man zwar nicht als Hunger bezeichnen, aber eben als Gier. Am 18. Fastentag denke ich fast nur ans Essen. Alle Gedanken drehen sich um Salate, Steaks und Süßspeisen. Wenn ich im Fernsehen jemanden essen sehe, läuft mir der Speichel. Wenn jemand über's Essen redet, werde ich gierig. Mir werden all meine Ersatzhandlungen für Essen bewußt: Ich „nehme etwas zu mir", indem ich kaufe, lese, fernsehe. Und das oft mit der gleichen Gier, Hast und Angst, als ob ich nicht genug bekäme.

Für Freunde und Bekannte, die „Esser", ist Fasten erst mal „abweichendes Verhalten". Und da reagieren sie eben – je nach

Betroffenheit – eher ablehnend oder neugierig: Viele hatten da irgendwo schon mal etwas gehört und wollten dann auch wissen, was das ist.

Schutz gegen allzu massive Angriffe der „Esser" gegen uns „Faster" bot denn auch die Gruppe. Damit unser asketisches Leben nicht allzu schwierig würde, trafen wir uns zwei-, dreimal pro Woche in der Gruppe. Denn – wie sagt doch das Sprichwort – „Geteiltes Fasten ist halbes Fasten".

Keine Frage: Fasten hat etwas mit Askese, mit Selbstüberwindung zu tun. In beinahe allen Religionen findet man deshalb das Fasten als Reinigungs- und Läuterungsritual. Nicht umsonst ging Jesus 40 Tage in die Wüste, nicht umsonst gibt es bei den Moslems den Fastenmonat Ramadan. Und in vielen christlichen Orten wird bis heute genauso regelmäßig gefastet wie bei den Sufis, den Mystikern des Islams oder im Zen-Buddhismus. Aber Fasten hat in den Religionen nicht nur einen Reinigungsaspekt, sondern in vielen Kulturen wurde Fasten als eine Methode eingesetzt, um zur religiösen Verzückung oder Ekstase zu gelangen. Heute spricht man lapidar vom „Fasten-high". Man kann deshalb Fasten auch als die Suche nach Grenzen ansehen, das, was die Psychologen als testing the lines bezeichnen. Herauszufinden, wie der Hunger schmeckt, kann denn auch ein Stück Grenzerfahrung sein, an die man in der heutigen Zeit in unseren Breiten sonst kaum herangeführt würde.

Es mutet schon ziemlich absurd an: Da hungert bis zum heutigen Tag mehr als die Hälfte der Menschheit und ist vom Hungertod bedroht. Die Hungersnöte gelten noch immer als eine der großen Geißeln; und die, die in Mitteleuropa doch nun wirklich Essen im Überfluß haben, fasten.

Nun ist klar, daß es einen deutlichen Unterschied gibt zwischen Fasten und Hungern. Hungern ist etwas, was einem von außen auferlegt wird, entweder durch eine äußere Situation oder indem man versucht, ein Ziel außerhalb seiner selbst zu erreichen, wie bei den Hungerstreiks.

Fasten dagegen ist erstens immer ein freiwilliger Akt und zweitens hat es zum Ziel die Selbstüberwindung. Trotzdem ist gerade langes Fasten nicht ganz ungefährlich. Bryn Jones, Körpertherapeut aus Wales, der auch selbst Fasten in der Körperpsychotherapie einsetzt, hat allerdings ein paar Indikatoren, die einen Hinweis darauf geben, wenn das Fasten wirklich gefährlich zu werden beginnt:

„Es gibt natürlich immer noch gefährliche Situationen. Aber es gibt auch Mittel, die man benutzen kann: zum Beispiel wenn dein Mund klar ist, zeigt das, daß du sehr vorsichtig sein mußt, danach noch lange weiterzufasten. Wenn die Zunge sauber ist, ist das ein gutes Zeichen dafür, daß jetzt vielleicht alles vorbei ist. Wenn die Zunge immer noch Schlacken hat, dann weißt du, daß der Reinigungsprozeß noch andauert."

Kein Zweifel: Längere Fastenkuren sind ein massiver Eingriff in den menschlichen Organismus. Und von daher eben nicht ganz ungefährlich. Dr. Arnold Fischer ist praktischer Arzt für Homöopathie, Naturheilkunde und Akupunktur. Er behandelt seit über zwanzig Jahren Patienten mit Fastenkuren: „Der wesentliche Nutzen einer Fastenkur besteht zunächst in der Gewichtsverminderung ... aber auch in einer Entlastung aller Organe, insbesondere der Verdauungsorgane einschließlich ihrer Drüsen. Als Beispiele nenne ich: Magen, Zwölffingerdarm, Dickdarm. Zu den Verdauungsdrüsen gehören im wesentlichen die Leber, die Galle, die Bauchspeicheldrüse, die Verdauungssäfte des Mundes, des Magens und des Zwölffingerdarmes. Weiterhin werden sämtliche Ausscheidungsorgane entlastet, der Mastdarm, die Lungen und die Haut. Auch haben wir recht gute Wirkungen bei Kreislauf- und Herzstörungen.

Nach meinen Erfahrungen ist der wesentlichste Faktor bei dieser Frage die Reinigung des Darmes. Man staunt, welche Ausscheidungsmassen manchmal bei Fastenkuren eintreten. Und gerade solche Kuren sind in ihrem Verlauf und in ihren Erfolgen die günstigsten.

Es ist viel diskutiert und untersucht worden. Es ist eben einfach so, daß ein Patient, der z. B. schon drei Wochen lang gefastet hat, dann plötzlich eine riesige Menge pechschwarzen Stuhles von sich gibt und sich hinterher pudelwohl fühlt. Im Volksmund sagen wir natürlich dem Patienten, es ist eine Entgiftungsbehandlung, obwohl wir die Toxine, also die Gifte, als auch die Substanzen, die bei solchen Ausscheidungsreaktionen zutage gefördert werden, nicht näher beschreiben können.

In eigener Regie kann im Prinzip jeder gesunde Mensch fasten. Ich möchte ihm aber den Rat geben, sich vorher wenigstens ärztlich untersuchen zu lassen. Das Fasten ist strikt verboten bei zehrenden Krankheiten. Darunter zählen Krebskrankheiten, Tuberkulose und zum Beispiel noch die Leukämien in allen Formen. Kurz gesagt: alle Krankheiten, die einen langwierigen, trägen oder tödlichen Verlauf haben.

Bei Erkrankungen der Nebenschilddrüse und bei Mineralhaushaltsstörungen muß man vorsichtig zu Werke gehen. Solche Kranke dürfen keinesfalls ohne ärztliche Leitung fasten, man muß in solchen Fällen noch mit Kunstgriffen nachhelfen. Wenn das richtig getan wird, werden auch diese Erkrankungen positiv beeinflußt.

Grundsätzlich sind Fastenkuren bei allen Erkrankungen – außer den genannten – möglich. Aber wenn man krankheitshalber fastet, empfehle ich, dies niemals in eigener Regie zu tun, sondern nur unter ärztlicher Leitung.

In erster Linie werden natürlich die Magen- und Darmkrankheiten sehr günstig beeinflußt. Wir haben aber auch recht gute Erfolge bei Bluthochdruckerkrankungen, Hautkrankheiten, Kreislaufstörungen und psychischen Störungen leichter Art. Überhaupt wird das ganze Gemüt durch das Fasten positiv beeinflußt.

Die wesentlichste Gefahr ist die eines Kreislaufkollapses, der meistens auf einer Verschiebung des Mineralhaushaltes beruht. Das hängt damit zusammen, daß durch das Fasten ja der Darm täglich mit Bitterwasser entleert wird und dadurch Kalium verliert. Dieser Kaliumverlust hat dann Störungen im gesamten Mineralhaushalt in Einzelfällen zur Folge, und es kann dadurch zu unangenehmen Erscheinungen kommen, die aber nicht lebensbedrohlich sind.

Für solche, die in eigener Regie eine Fastenkur durchführen, wäre zu beachten, daß sie während der Kur keine besonderen Maßnahmen anderer Art anwenden, zum Beispiel Bergtouren, Sauna oder ähnliches. Man sollte sich ganz ruhig so verhalten, wie man sich tagtäglich immer verhält. Dann dürften eigentlich keine Schwierigkeiten dieser Art eintreten, es sei denn, daß im Kreislauf oder im Mineralgefüge eine versteckte Schwäche liegt."

Es ist ziemlich gefährlich, radikal mit dem Fasten aufzuhören, das „Fastenbrechen" muß langsam geschehen. Ich erinnere mich sehr gut daran, daß ich mich bei einer früheren Fastenkur eines nachts vor der Kloschüssel liegend wiederfand, mit dem Gefühl: Jetzt hat mein letztes Stündlein geschlagen. Der Grund dafür war ganz einfach, daß ich nach einem etwa zehntägigen Fasten anläßlich einer Einladung von Freunden meiner Gier auf ein Steak nachgegeben hatte. Und solch massive Kost konnte mein nahrungsentwöhnter Magen einfach nicht verdauen.

„Jeder Dumme kann fasten, aber nur ein Weiser kann das Fasten richtig abbrechen", hatte der irische Dichter George Bernard Shaw, ein passionierter Faster, geschrieben. Und das bekam ich bei meiner damaligen Fastenkur zu spüren.

Eindringliche Erlebnisse, wie ich sie damals hatte, haben allerdings auch ihren Vorteil: Man macht Dummheiten, die so schmerzhaft enden, nicht wieder. Und auch dieses Mal hielt ich mich an die Fastenvorschriften – ähnlich wie Christa:

„Ich habe nach Vorschrift mit einem Apfel mit Kerngehäuse wieder angefangen zu essen, weil das die Darmtätigkeit wieder anregt. Das habe ich wirklich sehr genossen – morgens den ersten Apfel, schön aufgeschnitten in vier Teile, dann eins nach dem anderen genüßlich verzehrt. Mittags ein Süppchen, schon nach Vorschrift alles, das hat mich beruhigt. Ich hab' gemerkt, daß ich gar nicht mehr so viel essen kann, das hat mich schon so total pappsatt gemacht, daß ich damit zufrieden war. Jetzt esse ich eigentlich sehr viel Rohkost, mit Joghurtsauce, und das macht mich einfach satt, ich habe dann genug. Das reicht mir dann."

Man rechnet, daß das „Fastenbrechen", die Beendigung des Fastens, bis man wieder zur normalen Ernährung übergehen kann, ein Viertel bis ein Drittel der Zeit in Anspruch nehmen sollte, die man gefastet hat – bei dieser Fastenkur also eine knappe Woche. Man nimmt in dieser Zeit eine Art Aufbaukost zu sich, die den Magen langsam an die Nahrung gewöhnt. In dieser Zeit sind die Geschmacksnerven durch den Essensentzug besonders sensibel und empfindlich, das heißt, man schmeckt einfach mehr und intensiver und braucht keine scharfen Gewürze.

All die Fasterei nützt allerdings wenig, wenn man nachher

wieder zu fetten Saucen, dicken Schnitzeln, scharfgewürzten Hamburgern oder deftiger Hausmannskost Zuflucht nimmt. Wenn das Fasten langfristig etwas bewirken soll, dann sollte eine Auseinandersetzung mit den eigenen Eßgewohnheiten folgen und – wenn möglich – eine Umstellung der Ernährung zu natürlichen Produkten, zu mehr Gemüse, Frischkost und Salaten, damit nicht demnächst schon wieder eine Entgiftung und Entschlackung des Körpers notwendig ist. Nach dem Motto „Du bist, was du ißt" sollte man nur Nahrung zu sich nehmen, von der man auch denkt, daß sie nicht nur schmeckt, sondern auch guttut.

Was hat's gebracht? heißt die Frage nach einem Experiment wie diesem, die andere und ich selbst mir stelle: Vorzeigbar ist erst einmal die Gewichtsabnahme. Ich habe fast neun Kilo abgenommen. Meine Speckwülste sind verschwunden. Ich kann meinen Körper wieder akzeptieren.

Die meisten Dinge sind allerdings weniger konkret, da es sich dabei um innere Veränderungen handelt: Ich fühle mich fitter und stabiler denn je und habe das Gefühl, mehr Kontrolle und Verantwortung über mich und mein Leben zu haben – nicht nur übers Essen. Ich kann mit Nahrung umgehen, ohne von ihr abhängig zu sein. Ich bin selbstsicherer und stabiler, das heißt ich weiß, was ich will und brauche, was gut und schlecht für mich ist. Das reicht doch für drei Wochen Fasten – oder?

Was davon dauerhaft bleiben wird – wer wagt da schon Prognosen? Viele werden sich fragen, was das Leben denn überhaupt noch für einen Sinn haben soll, wenn wir uns sogar noch das Essen abgewöhnen. Wo bleibt da der Genuß und die Lebensfreude? Nicht nur deshalb gilt vielen Fasten als exotische Skurrilität. Vielleicht liegt hier die Antwort: Es gibt immer mehr Genüsse, aber immer weniger Menschen können sie genießen. Immer weniger sind genußfähig. Und vielleicht ist das Fasten der Verzicht, der notwendig ist, um das Alte neu genießen zu können. Der Inder Patandschali schrieb: „Genügsamkeit bringt den allergrößten Lustgewinn." Das Ideal des gesunden Maßes, der Ausgeglichenheit, dem viele hinterherleben, existiert heute kaum noch – in unseren Breitengraden zumindest. Vielleicht kann man es wieder erlernen, durch das Erleben von Grenzsituationen wie dem Fasten. Und noch weitergehend: Die Zeit des Fastens kann – wenn sie richtig genutzt wird – eine Zeit der Infragestellung des eigenen Lebensstils sein, eine Zeit der Restaurierung des Lebens.

Fragen wie: „Will ich so, wie ich die letzten Jahre gelebt habe, weiterleben? Was will ich ändern? Kann ich etwas ändern? Was muß ich dazu tun?" können der erste Schritt zu einem wirklichen Neubeginn sein.

Warnhinweis

Sicher nicht für jeden, aber für Menschen mit leichten Eßproblemen kann eine kürzere oder längere Fastenzeit hilfreich sein. Allerdings ist das nicht die richtige Strategie für Personen mit massiven Eßstörungen, bei denen Freßphasen und Fastenphasen abwechseln („Jo-Jo-Effekt"). Hier kann das Fasten sogar schädlich sein.

Literatur

Lützner, H.: Wie neugeboren durch Fasten. München 1980 (Gräfe und Unzer Verlag)

Buchinger, Otto: Gesund werden, gesund bleiben durch Heilfastenkur. Hannover 1976 (Bruno-Wilkens-Verlag)

Trans-Magazin für therapeutische Kultur, Heft 2, Thema: Hungern. München 1981 (Christian-Kaiser-Verlag)

Bartel, A. A.: Nahrungsloses Leben als Phänomen und Problem, in: Grenzgebiete der Wissenschaft 1/76, S. 243–266.

Medien

„Kaum bist Du hier,
schon bist Du weg."

Eine Revolution ist in vollem Gange: Aus dem „homo sapiens" wird langsam ein „homo medialis", ein Medienmensch. Hunderte von Generationen vor uns konnten nur Bilder speichern, die sie selbst von ihrer Umwelt wahrnahmen. Die Menschen der letzten drei Generationen leben in einer immer künstlicher werdenden Umwelt. Unser direkter Kontakt zur Natur wird mehr und mehr gestört, das Wissen über sie geht verloren. Dies ist eine ideale Basis, um immer neue künstliche Wirklichkeiten zu schaffen – von Freizeitparks bis hin zu Computerwelten („Cyberspace").

Menschen, die in Großstädten leben, sind von einer Umwelt umgeben, die fast ausschließlich von Menschen geschaffen wurde: mehr oder weniger abgeschnitten von der Natur. Lebensrhythmen verändern sich radikal. Tag und Nacht, Sommer und Winter werden immer unbedeutender. Was schert mich der Lebensrhythmus, wenn ich mich rund um die Uhr im hellerleuchteten Zimmer durch die Fernsehprogramme zappen kann? Was, wenn ich dem kalten November auf Mallorca oder Lanzarote entfliehen kann?

Sowohl in der Freizeit wie auch während der Arbeit halten wir uns immer häufiger in einer Umgebung auf, die von rechten Winkeln und bestimmten Raumhöhen gekennzeichnet ist, in denen Temperaturschwankungen vermieden werden. Die von Menschen geschaffene Umwelt schränkt den Bereich unserer sinnlichen Fähigkeiten insgesamt ein, ohne daß uns dies bewußt wird. So wird der Einfluß der Natur auf unsere Lebensgestaltung immer geringer. Und diese Bewußtseinsrevolution schreitet mit Sieben-Meilen-Stiefeln voran.

Die künstlichen Welten wachsen. Das Leben aus zweiter Hand greift mehr und mehr um sich. Massenmedien, Unterhaltungselektronik, Computer und Automaten ersetzen immer häufiger den persönlichen Kontakt zum Mitmenschen: Die Maschine wird zum Partner, zum Medium, mit dem man intensiven gefühlsmäßigen Kontakt aufnimmt: An die Stelle des Schachfreundes tritt der Schachcomputer. Statt Tischfußball mit Bekannten steht man allein am Telespiel und kämpft gegen die Maschine. Und wenn man die Beziehung von Spielsüchtigen zu „ihren" Automaten beobachtet, mutet es einen schon seltsam an, wenn sie ihn streicheln, auf ihn wütend sind oder auf ihn einschlagen.

Kinder und Jugendliche werden in künstliche Welten entführt. Es ist nur zu verständlich, daß sie mitunter nicht mehr wissen, ob das Realität ist oder Fiktion.

Apparate, mit denen man aus der Wirklichkeit fliehen kann, gibt es schon heute genug: Fernseher und Videogerät, Telespiel und CD-Player, Computer und Walkman. Nicht mitgerechnet die ganz normalen Radios, Tonbandgeräte und Kassettenrecorder. Und erst recht nicht die Medien, die sich noch in der Entwicklung befinden, wie Bildtelefon, Duftfernsehen und dreidimensionale Filme.

Neil Postman schreibt in „Wir amüsieren uns zu Tode": „Orwell warnt in seinem Roman „1984" vor der Unterdrückung durch eine äußere Macht. In Huxleys Vision „Schöne neue Welt" bedarf es keines großen Bruders, um den Menschen ihre Autonomie, ihre Einsichten und ihre Geschichte zu rauben. Er rechnete mit der Möglichkeit, daß die Menschen anfangen, ihre Unterdrückung zu lieben und die Technologien anzubeten, die ihre Denkfähigkeit zunichte machen. Orwell fürchtete diejenigen, die Bücher verbieten. Huxley befürchtete, daß es eines Tages keinen Grund mehr geben könnte, Bücher zu verbieten, weil keiner mehr da ist, der Bücher lesen will. Orwell fürchtete jene, die uns Informationen vorenthalten. Huxley fürchtete jene, die uns mit Informationen so sehr überhäufen, daß wir uns vor ihnen nur in Passivität und Selbstbespiegelung retten können. Orwell befürchtete, daß die Wahrheit vor uns verheimlicht werden könnte. Huxley befürchtete, daß die Wahrheit in einem Meer von Belanglosigkeiten untergehen könnte. In „1984", so fügt Huxley hinzu, werden die Menschen kontrolliert, indem man ihnen Schmerz zufügt. In ‚Schöne neue Welt' werden sie dadurch kontrolliert, daß man ihnen Vergnügen zufügt. Kurz, Orwell befürchtete, das, was uns verhaßt sei, werde uns zugrunde richten. Huxley befürchtete, das, was wir lieben, werde uns zugrunde richten. Huxley hat zwar nicht prognostiziert, das Fernsehen würde unsere wichtigste Droge werden, aber er hätte Robert MacNeils Feststellung durchaus zustimmen können. Das Fernsehen sei ‚das Soma‘ aus Aldous Huxleys ‚Schöne neue Welt". Der große Bruder entpuppt sich als Howdy Doody".

Fernsehen: Das allmähliche Verschwinden der Wirklichkeit

„Lesen muß man lernen.
Fernsehen ist eine angeborene Fähigkeit.
Also ist Fernsehen viel natürlicher,
als das umständliche Lesen.

(14jähriger Gymnasiast in der Zeitschrift „Eltern")

An die 30 Fernsehprogramme prasseln heute auf die verkabelten Bundesdeutschen (bzw. die mit der Satellitenschüssel auf dem Dach) ein.

Neben den *öffentlich rechtlichen Sendern* ARD, ZDF, den dritten Programmen und den „Ablegern" „3 Sat" und „Arte" sind es vor allem die *Privaten* (RTL 1 + 2, SAT 1, „Pro 7", „Kabelkanal", etc.), die die Informationsflut im Wohnzimmer heftig haben anwachsen lassen. Außer den *ausländischen Sendern* („Super Channel", „Sky") und den *Spartenprogrammen* wie den Musikkanälen „MTV" und „Viva", den Sportsendern „Deutsches Sportfernsehen" und „Eurosport", machen sich auch *pay TV*-Stationen wie „Premiere" und „Teleclub" oder Theresa Orlowskis Sex-Sender „Adult Channel" breit, die es sich bezahlen lassen, daß ihre Programme nicht mehr durch Werbung unterbrochen werden. Es ist zwar noch nicht so schlimm wie in New York, wo 150 Fernsehsender auf die Zuschauer einprasseln, aber schon heute finden sich immer mehr Leute im Wildwuchs der schönen neuen Fernsehwelt nicht mehr zurecht.

Schließlich empfangen zur Zeit ca. 70 Prozent der bundesdeutschen Haushalte das Spektrum der Satelliten- und Kabelanbieter. Und das wird in Zukunft sicher noch mehr werden. Wenn das digitale Fernsehen erst Wirklichkeit geworden ist, wird sich das Programmangebot vervielfachen. Vor allem Pay TV wird wachsen, und es wird das hinzukommen, was man „pay-per-view" nennt: daß man wie im Kino nur das bezahlt, was man sich auch ansieht.

Couch Potatoes

„Als der Lehrer in einer Schulklasse fragte, was die Leute früher wohl am Abend gemacht haben, als es noch keinen Strom gab, sagte ein Schüler:
‚Da haben sie bei Kerzenlicht ferngesehen'."

In den USA existieren seit ein paar Jahren Gruppen, die sich „Couch-Potatoes", Sofa-Kartoffeln, nennen. Die Zeitschrift „Tempo" schreibt unter der Überschrift „Jünger der Glotze": „Ihr Gott ist der Bildschirm, ihr Evangelium die Programmzeitschrift, ihr ‚Vater unser' der Titelsong der Muppet Show. Die ‚Couch-Potatoes' sind eine amerikanische Sekte, die Fernsehen zur Religion erklärt hat. 10000 Mitglieder zählt sie bereits, jedes davon muß täglich 10 Stunden vor der Glotze meditieren."

Gehüllt in die Couch-Potatoes-Tracht, Bademantel, Filzfez und Club-T-Shirt, treffen sie sich in 242 Clubheimen bei Bier, Würstchen, Sprühkäse und Tubenschokolade zum „Simulviewing", dem Synchron-Sehen mehrerer Fernsehprogramme. Dabei können die 3–5 TV-Geräte, die gleichzeitig laufen, auch mal auf dem Kopf stehen.

Eine Couch-Potatoe-Organisation existiert zwar noch nicht im deutschsprachigen Raum, aber Vielseher gibt es auch hier. Weniger als 1,5 Prozent der bundesdeutschen Haushalte haben keinen Fernsehapparat. So gibt es heute kaum einen Haushalt, in dem nicht eine Flimmerkiste den Feierabend strukturieren hilft. Viele können sich heute gar nicht mehr vorstellen, wie die Menschen ihre Freizeit verbrachten, bevor es das Fernsehen gab.

Die Fernsehfamilie ihrer Lieblingsserie ist heute gerade für Kinder mitunter schon wichtiger als die eigene Familie. Und so hat in vielen Familien das beliebteste Familienmitglied eine drahtlose Fernbedienung und ein viereckiges Gesicht. Der Erziehungspsychologe Urie Bronfenbrenner schrieb schon vor Jahren: „Die meisten amerikanischen Familien bestehen aus zwei Eltern, einem oder mehreren Kindern und einem Fernseher."

Heute gibt es jedoch einen zentralen Unterschied:

Es gibt immer mehr Familien, die drei, vier oder gar fünf Fernseher haben, und wo sich jeder zurückziehen kann, um in seinem Zimmer vor seinem Apparat zu sitzen. Jedes fünfte Kind hat schon heute seine eigene „Flimmerkiste".

Gabi, eine 27jährige Angestellte: „Ich gucke vielleicht sechs Stunden am Tag, oft den ganzen Abend lang. Ziemlich oft muß ich sagen. Ich würde mich nicht als fernsehsüchtig bezeichnen. Ich will das ja. Natürlich könnte ich ohne – aber ich will ja Fernsehen gucken. – Ich gucke ja gerne Fernsehen. Und warum soll ich mir das abgewöhnen?"

Die Kasselerin Gisela Martin hat schon in den 80er Jahren den Weltrekord im Dauerfernsehen geschafft. Nach dreizehn Tagen Non-Stop-TV (nur unterbrochen von einer zweistündigen Schlafpause und dreißig Minuten Toilette pro Tag) war die 38jährige Stenotypistin Weltrekordlerin.

So viel schafft „Otto-Normalverbraucher" zwar nicht, aber 1993 sahen immerhin 75 Prozent der über 14jährigen Bundesbürger mehr als zweieinhalb Stunden fern. Der Durchschnitt liegt bei 168 Minuten in Westdeutschland, in den neuen Bundesländern sogar bei 209 Minuten – fast dreieinhalb Stunden. D. h., es gibt Leute, die täglich vier Stunden oder mehr „vor der Glotze hängen". Dabei wird in Kabelhaushalten nur geringfügig mehr ferngesehen als in Haushalten mit geringerem Programmangebot (1993: 179 vs. 176 Minuten bundesweit).

TV-Junkies

In einer Vielzahl von Fernsehnutzungsexperimenten ist belegt, daß die meisten Zuschauer nicht deshalb so viel fernsehen, weil sie sich informieren wollen, sondern weil sie gar nicht mehr anders können: Sie sind „TV-Junkies", abhängig vom Fernsehen. Und wenn man ihnen ihr Suchtmittel wegnimmt, dann haben sie mitunter sogar regelrechte Entzugserscheinungen: Sie werden unruhig, aggressiv oder depressiv. Erst dann merken sie, wie abhängig sie sind vom Fernseher, diesem „blinden Fenster zur Welt".

Anke ist 25 und Studentin: „Ich stelle den Fernseher ziemlich häufig an. Manchmal gucke ich hin, schaue mir einen Film an. Und manchmal laß ich ihn einfach dabei mitrauschen, mache irgend etwas anderes dabei, ohne daß ich da hingucke. Da habe ich dann schon im Hintergrund was, da redet jemand, oder da ist so eine Geräuschkulisse. Ich fühle mich irgendwie nicht so alleine. Ich denke einfach oft, ich kann mich damit unheimlich ausruhen. Ich rausch mich total ab, ohne daß mich wirklich jemand anspricht. Und es wird überhaupt nicht gefordert, daß ich jetzt hier etwas dazu sage. Ich bin nicht alleine dabei, und ich kann mich „entspannen". Ich weiß, daß das nicht stimmt, aber ich rausche mich voll. Ich kann mich vergessen. Ich kann meinen Tag vergessen, was noch vor mir liegt und was hinter mir liegt. Es ist einfach alles weg. Und das ist gut."

Karen, eine 19jährige Fremdsprachensekretärin, sagte in einem Interview mit einer Frauenzeitschrift: „Ich finde, Fernsehen macht dumm. Ich selbst gucke viel zu viel, eigentlich alles. Als Entspannung finde ich das auch gut, aber trotzdem macht es mich schlapp. Ich komme zu nichts anderem mehr. Ich sitze einfach vor der Glotze wie festgenagelt. Aber ich hoffe, daß ich davon irgendwann loskomme."

„Zappen": Die Fernbedienung als Zauberstab

Dabei setzt sich mit der Vielfalt der Programme eine amerikanische Eigenart durch: das „Zappen". Mit der Fernbedienung schalten die Zuschauer alle paar Minuten von Programm zu Programm. Sie bewegen sich wie Slalomfahrer durch die Programme. Dadurch dehnt sich die Zeit aus, die man vor der Glotze verbringt, aber die Aufmerksamkeit sinkt. Man bleibt jeweils dort hängen, wo es am spektakulärsten zugeht. Und genau darauf sind nicht nur die amerikanischen Programme zugeschnitten: Jeden Moment muß was los sein, damit die Leute dran bleiben und damit die Einschaltquoten nicht sinken.

Deshalb ist für viele Fernsehzuschauer die Fernbedienung das wichtigste Instrument, sie ist eine Art Zauberstab, mit dem sich jeder aus der Vielzahl der Angebote sein eigenes Programm zusammenmixt. Und los geht die Jagd nach dem Leckerbissen, den Höhepunkten, den Highlights. Zap. Und schon wird umgeschaltet. Man könnte ja was verpassen. Das Fernsehen wird so zur Zeitvernichtungsmaschine. Zap. Im Chaos der Einzelheiten wird alles beliebig. Wenn's dir nicht gefällt, zap, umgeschaltet. Sich langsam entwickelnde Geschichten haben keine Chance. Es zählt nicht das Verstehen, sondern die Intensität des akuten Gefühlseindrucks. Zap. Versunken im Chaos der Einzelheiten wird alles beliebig und austauschbar. Das Gedächtnis wird so zur Last, alles wird zur Wegwerfinformation.

Karin studiert Archäologie und Volker Soziologie. Karin: „Wenn ich Lust habe, fernzusehen, hab ich schon gemerkt, daß ich dann einfach die Kiste anmache und dann sämtliche Knöpfe durchdrücke. Wenn ich dann glaube, das könnte mich interessieren, das ist vielleicht ganz gut, dann laß ich das erstmal laufen. So nach fünf Minuten denke ich dann, ‚nein, das ist doch nicht so gut'. Und dann fängst du wieder an zu drücken. Man wird dadurch ziemlich oberflächlich, das habe ich gemerkt. Ich habe auch gar keine Lust, mir dann einen Film anzugucken, weil du dabei auch ein bißchen mitdenken mußt. Sondern so richtig einfach nur rumdrücken und mal gucken, was kommt da, was kommt da. Man macht sich nicht mehr die Mühe, das Fernsehprogramm zu lesen, weil das eh schon viel zu viel ist, bis man sämtliche Kabelprogramme durch hat. Es sind so viele, da weißt du am Schluß nicht, was du am Anfang gelesen hast. Dann drückst du ganz einfach."

Volker: „Also wenn mich ein Film nicht ganz fesselt, dann kann es sein, daß ich hin- und herschalte, vor allem, wenn im anderen Kanal ein Film läuft, der mich auch interessiert, und ich mich dann nicht entscheiden kann, guckst du jetzt lieber den oder guckst du den? Das kommt dann schon vor, daß ich alle drei Minuten umschalte, um den anderen Film mitzukriegen, wobei ich dann merke, daß ich hinterher überhaupt keinen Film richtig gesehen habe."

Karin und Volker sind keine Einzelfälle. Es geht immer mehr TV-Konsumenten so. Man springt von Programm zu Programm, bis man „ganz zufällig" irgendwo hängenbleibt. – Ist das die Wahl, die man wollte?

Leben aus zweiter Hand

Fest steht, daß die meisten Fernsehzuschauer mit ihrer Fernbedienung nicht willen- und ziellos in irgendwelchen Programmen herumfummeln, sondern (mehr oder weniger bewußt) nach dem Programm suchen, das ihrer gefühlsmäßigen Verfassung, ihrer Stimmungslage entspricht oder in die sie sich versetzen möchten. Das mag bei dem einen die Suche nach dem Hitchcock-Thriller sein (wissenschaftlich ausgedrückt: die Erhöhung des „arousals"), und bei einem anderen ist es die heile Welt der Volksmusik-Hitparade oder die Gewinnerstimmung in einer Quizsendung, die anziehend sind, und auf die die Betreffenden in ihrer gedankenlosen Unaufmerksamkeit wie im Blindflug hinsteuern, wieder und immer wieder.

Es ist eine ziellose Flucht vor uns selbst ins TV-Niemandsland, was uns das Gefühl von Freiheit gibt. Dabei ist es nur eine Scheinfreiheit, selbst dann, wenn wir einen Zehn-Finger-Fernbedienungskurs im Zappen hinter uns haben. So gelingt es den Medienmachern immer seltener, die Zuschauer an ein Programm zu binden. Eine Sendung von Anfang bis Ende gesehen, wird immer mehr die Ausnahme: zumal die Glotze sehr häufig als Geräuschkulisse mißbraucht wird. In Untersuchungen hat man herausgefunden, daß während des Fernsehens:

- 20 Prozent lesen und schreiben
- 14 Prozent basteln und Handarbeiten erledigen
- weitere 14 Prozent dabei miteinander reden
- 22 Prozent mit Kindern oder Tieren spielen
- und 10 Prozent dabei sogar telefonieren.

Heide ist 40 Jahre alt und Psychologin: „Es ist so, daß ich in Zeiten, wo ich sowieso etwas hektisch bin, dann eher mehrere Sachen gleichzeitig mache und mir zum Beispiel einfach so nur vor dem Fernseher zu sitzen zu langweilig vorkommt. Dann stricke ich, oder ich mache die Steuer, räume dabei auf oder mach sonst irgend etwas gleichzeitig und guck immer wieder mal hin zum Fernseher dabei."

Vielseher

„Dauerglotzer" oder etwas freundlicher „Vielseher" – so hat man in den USA herausgefunden – leiden unmerklich unter den Folgen ihrer Fernsehabhängigkeit, ihrem Leben aus zweiter Hand. Sie verlieren langsam, aber stetig, die Fähigkeit zur Kommunikation, werden träger, haben immer weniger Interesse an der aktiven Gestaltung der Freizeit und können immer schlechter ihre Probleme selbständig und eigenverantwortlich bewältigen.

„Häufiges und intensives Fernsehen verstärkt die Neigung zu Pessimismus und Depression", zu diesem Ergebnis kam 1988 der Kommunikationswissenschaftler Winfried Schulz von der Universität Nürnberg-Erlangen. Menschen, die viel fernsehen, nutzen die Programme oft zur Flucht vor Einsamkeit und Leere. Typische „Vielseher" sind für Schulz Menschen mit einfacher Bildung, mit geringer Belastbarkeit, häufig Rentner, sehr oft Verwitwete oder Arbeitslose. Im übermäßigen Fernsehkonsum – so die Untersuchung – sehen diese Menschen eine Möglichkeit, ihren Problemen zu entfliehen. Fernsehen sei in diesem Sinn eine Droge, ein Narkotikum, das über Weltschmerz und emotionale Verletzung hinweghelfe.

Fernsehsucht: Eine „echte" Sucht?

Schon im Jahre 1979 erschien das Buch „Die Droge im Wohnzimmer" von Marie Winn. Die Amerikanerin beschreibt darin, wie Eltern sich und ihre Kinder von dieser elektronischen Droge abhängig machen und dann auch süchtig bleiben. Die Folgen eines wahllosen TV-Konsums sind dann auch besonders bei Kindern gravierend:

- Realitätsverlust;
- Schwierigkeiten, zwischen der Fiktion des scheinbar Möglichen und der Realität des Machbaren im Alltag zu unterscheiden;
- ein schiefes Weltbild;
- Konsumfixierung;
- und Sehnsucht nach einer Art Leben, wie es im Fernsehen vorgegaukelt wird.

Folgt man Marie Winn, dann gestattet das Fernsehen – genau wie der Alkohol – dem Zuschauer, die wirkliche Welt auszuschalten und in einer Art Kunstwelt zu nisten: angenehm in einem Fernsehsessel, mit dem Druck auf den Fernbedienungsknopf. Anstrengungslos versinkt man in einen tranceähnlichen Zustand.

Ohne Zweifel gibt es „Sucht ohne Drogen". Aber trifft der Begriff Sucht auch auf das Fernsehen zu? Bei der Suchtdiskussion muß man den *Alltagsbegriff* der Sucht unterscheiden vom *klinisch-psychologischen* Fachbegriff. Im alltäglichen Sprachgebrauch findet man den Begriff Sucht in Verbindung mit vielen anderen Verhaltensweisen (z. B. Sehnsucht, Herrschsucht, Eifersucht, Tobsucht, Genußsucht), und dafür gibt es keine klaren Kriterien. Danach kann man natürlich auch von Fernsehsucht sprechen.

Im klinisch-psychologischen Fachbegriff ist das anders. Da muß man, wenn man von Sucht im klinischen Sinn spricht, bestimmte Kriterien heranziehen, die man auch bei stoffgebundenen Suchtformen (also Alkoholismus, Drogensucht, Medikamentenabhängigkeit) findet (siehe dazu Kapitel „Was ist Sucht?").

Fernsehsucht ist – wenn es sie nach den klinischen Kategorien überhaupt gibt – eine Ausnahme. Anders sieht es bei den Vorstadien der TV-Sucht aus. Ein nicht unbeträchtlicher Teil der Menschen benutzt das Fernsehen, um vor Konflikten in anderen Bereichen des Lebens wegzulaufen, um sich „zuzudröhnen" und nichts mehr mitzubekommen. Und hier spielt die „Griffnähe" und die immer weiterwuchernde Programmvielfalt sicher eine große Rolle.

„Happy medium": Scheintrost aus der Flimmerkiste

Von den einen wird das Fernsehen als Stimulanz, zu Aktivierung und Entladung von Aggressionen benutzt und von anderen als Trostpflaster für die alltäglichen Niederschläge, als Therapeutikum für all die Kränkungen in Beruf, Familie und im Leben überhaupt.

Hans-Magnus Enzensberger bezeichnet wohl nicht zuletzt deshalb das Fernsehen als „Nullmedium mit psychotherapeutischen Funktionen."

Böse Menschen nennen deshalb das Fernsehen einen „Zeitstaubsauger", der uns – weil es so bequem zu konsumieren ist – nur die Zeit stiehlt.

Aber wo sonst wird uns das Leben mit einem süßen Lächeln so sanft und happy unterfüttert, ohne daß wir selbst etwas dafür tun müssen, außer den Knopf auf der Fernbedienung zu drücken? Auch wenn jedem, dem noch ein bißchen Bewußtsein beim Fernsehen geblieben ist, klar ist, daß wir nicht wirklich als Person gemeint sind (höchstens als Teil der Erhöhung der Einschaltquoten), wenn der Moderator sagt: „Hallo liebe Zuschauer, herzlich willkommen, schön, daß Sie hier bei uns sind" – es tut uns anscheinend gut. Es werden uns Dinge gesagt, die uns sonst im Leben zu fehlen scheinen. Da sind Dinge möglich, die es sonst im Leben nicht gibt. Phantasien und Wünsche werden erfüllt, die wir uns sonst kaum zugestehen. Für diese diffusen Gefühle werden im Fernsehen für viele die richtigen Symbole gefunden: „Komm, mach mir eine schöne Phantasie". Das Fernsehen als gnädiger Illusionsspender. Damit das auch einem Massenpublikum genügt, werden Klischees und Flachsinn produziert, aus denen häufig nur Gefühls-Unkraut wachsen kann: Die Trivialisierung der großen Gefühle. Und weinen vor dem Fernseher (Frauen tun es weitaus häufiger als Männer) ist ja auch viel ungefährlicher als im realen Leben. Da werden Emotionsreservoirs in uns angestochen, von denen wir nicht einmal wußten, daß wir sie ständig mit uns rumschleppen. Fernsehen ist anscheinend dann am besten, wenn es nicht mehr aussagt, sondern nur noch Projektionsfläche für die Emotionen der Zuschauer ist.)

Zuckerwatte für Augen und Ohren

„Unser Geschmack ist durch das Fernsehen und Jahrzehnte amerikanischer Geistlosigkeiten verdorben. "
(Marco Ferreri, italienischer Filmregisseur

So wird für manche dieses Leben aus zweiter Hand immer häufiger zum Fluchtpunkt vor der harten Realität. Sie richten sich mit ihrer Fernbedienung ein im gemütlichen Elend der schönen neuen Fernsehwelt, in der alles möglich zu sein scheint, was man sich erträumt. Man kommt kaputt von der Arbeit und sieht, wie lachende Menschen, die uns ähnlich sind, mühelos beim „Glücksrad" ganze Wohnungseinrichtungen im Wert von vielen tausend Mark gewinnen, ohne dafür einen Finger krumm machen zu müssen.

Wir kommen vom Krach mit dem Chef nach Hause und sehen, wie „Knight rider", „Mad Max" oder „Rambo" ihre Probleme lösen. „Think big" sagt der Fernseher, und wir schauen erleichtert auf unser kleines Leben herunter.

Wir flüchten aus der Tristheit unserer im Alltagstrott versumpften Beziehungen, und da ist die „Love Story", da sind Ingrid Bergmann und Humphrey Bogart in „Casablanca" und zeigen uns, daß echte, wahre, große Liebe möglich ist. Ist es da nicht verständlich, daß die bunte Fernsehwelt mit ihrem Wechselbad an ungezählten, unklaren (und doch genau auf unsere unbewußten Wünsche passenden) Beziehungsangeboten für manche wichtiger wird als die Realität? Ist es da nicht verständlich, daß die Fernsehfamilie mitunter für Kinder wichtiger wird als die eigene – zumal sich Vater und Mutter nicht immer so liebevoll um die Kinder kümmern, wie die es sich wünschen und die TV-Eltern es tun? Ist es da nicht verständlich, daß manche Zuschauer nicht mehr zwischen einem wichtigen und einem Pseudo-Ereignis unterscheiden können?

An einem ganz gewöhnlichen Fernsehabend werden wir mit Hunderten von Meinungen, Geschichten, Personen und deren Gefühlen, Körperhaltungen, ihrer Gestik und Mimik, ihrer Ausstrahlung konfrontiert. Wir erleben kleine und große Dramen, Konflikte und Konfliktlösungen, ohne daß wir uns aus dem Sessel erheben müssen.

Anke, 25, Jurastudentin: „Ich denke unheimlich oft, das ist auch so ein Stück Feigheit bei mir. Also erstens mal ist die Wirklichkeit nie so schön, wie das im Fernsehen ist. Also wenn ich jetzt zum Beispiel da reingucke, da sind auch so ganz klare, eindeutige Gestalten. Das ist ein Vater, und das ist ein Sohn, oder in so einer Position, da weiß ich genau, worum es geht. Ganz oft in meinem Leben ist das viel gemischter als in dem Film. Und es gefällt mir gut, wie es im Fernsehen ist."

Fortsetzung folgt: Das Leben als TV-Serie

„Der übliche Fernsehzuschauer
ist eine hypnotisierte Kröte. "

(Karl Dudesek, Direktor der Mediengruppe Ponton)

Wir erleben zur Zeit einen regelrechten Serienboom: Die „Lindenstraße" hat schon viele hundert Folgen hinter sich, und die „Schwarzwaldklinik" wurde schon mehrfach wiederholt, ebenso wie „Traumschiff", „Ein Herz und eine Seele", „Die Drombuschs", „Rivalen der Rennbahn", „Die glückliche Familie" und was da sonst noch produziert wurde. Das alles waren Serien, die wöchentlich gesendet wurden.

Was macht den Erfolg der TV-Serien aus?

In einer Untersuchung der Universität Wien an 129 Arbeitern stellte man fest, daß, je weniger die Betreffenden Kontrolle über ihren Arbeitsplatz hatten (also zum Beispiel Fließbandarbeiter), sie um so mehr Sendungen bevorzugten, die klischeehaft eine heile TV-Welt à la „Traumschiff" vorgaukelten, oder in der Struktur und Ausgang der Geschichte gleichbleibend und vorhersagbar waren. Mehr als die Inhalte der Stories sind es die auftretenden Figuren, die mit bestimmten Gefühlen verknüpft werden. „J. R." als Bösewicht in Dallas, die gute „Miss Elly", die verbittert-raffinierte „Sue Ellen" sind Prototypen, die schon fast archetypischen Charakter haben. Dies und die konstante Lebensbegleitung sind der Hintergrund, weshalb Serien so attraktiv für viele sind. Sie strukturieren in der medialen Reizüberflutung die unklaren Beziehungsangebote. Und das ist bitter nötig, wenn man überlegt, daß an einem normalen Fernsehabend bis zu hundert Menschen durchs TV-Wohnzimmer spazieren. Da ist man dann ganz froh, wenn man das eine oder andere Gesicht wiedererkennt.

Die Fernsehforscherin Herta Sturm: „Fernsehredakteure, Fernsehfiguren werden von Zuschauern sofort und stabil mit Gefühlen behängt. Das heißt, die Fernsehfigur, die auftaucht, findet Eingang in meine Gefühlsbesetzung. Sie wird von den Gefühlen des Zuschauers her behängt. Das ist ganz anders bei den Inhalten. Die Inhalte werden häufig nach längst bekannten alten Vergessenskurven vergessen. Aber die Gefühle, die ich einer Fernsehfigur gegenüber habe, die bleiben bestehen. Und sie bleiben auch dann bestehen, wenn ich längst vergessen habe, was diese Fernsehfigur eigentlich gesagt hat oder wie sie gehandelt hat. Nun wissen wir aus der Psychologie, daß Gefühle darauf drängen, bestätigt zu werden. Wer in meiner emotionalen, gefühlsmäßigen Erinnerung gespeichert ist, den möchte ich wiedersehen, und den möchte ich so wiedersehen, wie ich ihn in meiner gefühlsmäßigen Erinnerung habe."

Und genau das ist der Hintergrund dafür, daß es seit einiger Zeit tägliche Shows gibt mit immer demselben Moderator oder Serien, die täglich gesendet werden.

„Stars"

Und da ist es nur zu verständlich, daß die Medien ihre Stars brauchen. Sie bauen sie auf und jubeln sie hoch. Sie fressen sie auf, verdauen sie und scheiden sie aus, wenn sie niedergemacht sind.

Es ist ein Spiel von Exhibitionisten vor einem voyeuristischen Publikum. Und nicht alle sind so ehrlich wie der Kabarettist und TV-Moderator Harald Schmidt, der sagt: „Meine Motive sind klar. Ehrgeiz und Größenwahnsinn. Nur deshalb trete ich vor ein Fernsehpublikum."

„Das ganze Leben ist ein Quiz": Game shows

Shows jeder Art sind in allen Sendern angesagt und werden in vielerlei Variationen tagtäglich in die Wohnstuben gekippt. Besonders beliebt: „game shows", zu deutsch etwa: Gewinnspiele.

Sie sind alle nach einem ähnlichen Strickmuster gewoben: ein lustiges, interessantes Spiel oder Quiz, bei dem die Zuschauer mitraten und die Kandidaten etwas gewinnen können. Alle 15 Sekunden die große Chance. Das Ganze ist verbunden mit offener Werbung oder zumindest mit „product placement". Und die Kandidaten gewinnen oder verlieren sozusagen symbolisch für die ganze Fernsehgemeinde. Jeder kann im Fernsehsessel zu Hause das Gefühl haben: „Das könnte ich auch – und vielleicht sogar noch besser".

Die Unterschiede liegen außer im Spiel gerade mal in der Höhe und der Qualität der Preise, in der Auswahl der Kandidaten, dem breiten Lächeln bzw. der Frechheit der Moderatoren und dem Grad der Fanatisierung des Studiopublikums.

Neue Trends

Aber die TV-Landschaft ist vielfältig. So gibt es Sparten, in denen die TV-Sitten immer rüder werden, um an die entsprechenden Einschaltquoten – sprich die Werbeeinnahmen – zu kommen.

Beispiele:

- Samstag abend gegen 23.00 Uhr (kurz nachdem in der ARD das „Wort zum Sonntag" gesprochen wurde) konkurrieren die Privatsender mit Sexfilmen um die Zuschauer: Vom „Schulmädchen-Report", VII. Teil, über „Zartes Fleisch" und „Im tiefen Tal der Superhexen" bis zu „Justine – grausame Leidenschaften" reicht da die Palette.
- Handkanten- und Sudelshows nehmen zu:
  * Die „Gong-Show", bei der sich der Zuschauer satt und gnadenlos in Schadenfreude wälzen durfte, wenn sich hoffnungslos untalentierte Badewannensänger und schmerbäuchige Transvestiten-Imitatoren öffentlich bis zum Gong blamierten.
  * „Sticky Moments" ist der Arbeitstitel einer Spielshow, bei der die Kandidaten „zu schlüpfrigen, respektlos frechen oder absurd abwegigen Reaktionen" provoziert werden sollen.
- Talk-Shows boomen. Jeder Sender will teilhaben am Nachmittags-, bzw. Abendgeplauder. „Infotainment" nennen es die Macher, „Voyeurismus" die Kritiker.
- Viele Produzenten denken heute schon über das „interaktive" Fernsehen nach. Dann können die Zuschauer selbst bestimmen, ob sie die Fernsehromanze gerne mit Happyend oder traurigem Ende genießen wollen.
- 1994 reduzierten die Sender den Anteil von gewaltträchtigen Abenteuerserien und Reality-TV. Der Grund dürfte nicht in moralischen Bedenken der Anbieter zu sehen

sein, sondern vielmehr in den, auch durch die gesellschaftlichen Diskussionen zum Gewaltthema begründeten Vorbehalten der Werbekunden, ihre Spots in solchen Sendungen zu plazieren.

„Arousal": Das Erregungsniveau

Viel weniger als man denkt geht es beim Fernsehen um die Inhalte; es geht vielmehr um das Hervorrufen von Gefühlen
beim Zuschauer. Ein geflügeltes Wort der Kommunikations-
theoretiker heißt: „Kognitives geht, Emotionales bleibt", zu
gut deutsch: Intellektuelle Gedanken verflüchtigen sich, Gefühle bleiben. Und darum geht es in den meisten Programmen
– einen bestimmten Gefühlspegel, ein bestimmtes Erregungsniveau („arousal") bei den Zuschauern herzustellen und das
dann zu halten. Denn genau damit werden die Zuschauer an
den Bildschirm gebunden.

Herta Sturm, Professorin für Kommunikationspsychologie,
hat selbst über viele Jahre in den bundesdeutschen Rundfunkanstalten als Redakteurin gearbeitet. Später hat sie dann wissenschaftlich erforscht, was sie da vorher für die Zuschauer
produzierte: „Es hat mit körperlicher und psychischer Erregung zu tun. Das heißt, daß jede Fernsehsendung zum Beispiel
unseren Kreislauf aktiviert, unsere Atmung, unseren Puls, unseren Herzschlag usw. Und das gibt dann eine gewisse psychologische Erregung. Die ist sehr angenehm. Ich sitze also etwa
vorm Fernsehapparat, trinke ein Glas Bier dazu, lutsche Bon-
bons oder esse Kekse oder sonst was, sitze ganz bequem da –
und gleichzeitig habe ich eine physiologische Erregung, als
hätte ich etwa einen 100-Meter-Lauf hinter mir. Das ist ein
sehr angenehmer Zustand.

Das Problem ist nun folgendes: Wenn ich in dieser physiologischen Erregung drin bin, dann möchte ich die natürlich erhalten. Und das heißt, wenn ich plötzlich vom Fernseher weggehe, fällt diese physiologische Erregung zusammen, und ich
weiß gar nicht mehr, wohin mit meiner Erregung – falle also in
ein Loch. Und ich glaube, das könnte einer der Gründe sein,
warum manche so lange beim Fernsehen bleiben, warum man
immer mehr davon haben möchte."

Und wie stellen die TV-Produzenten diese Erregung bei den Zuschauern her? Herta Sturm: „Dieses Erregungsniveau wird vor allem produziert durch die formalen Angebotsweisen, das meint, ich sehe alles zum Beispiel in erhöhter Schnelligkeit. Ich kann ja nicht – wie im normalen Leben – jemand beobachten. Wenn Sie jetzt zur Tür rausgehen, könnte ich Sie beobachten, wie Sie aufstehen, wie Sie langsam hinausgehen. Beim Fernsehen wäre das ganz anders. Da sehe ich wahrscheinlich erstmal Ihren Kopf, dann Ihre Füße, dann gibt es einen Zwischenschnitt auf die Lampe hier, dann Tür von innen, Tür von außen usw. Das heißt, ich habe lauter unterbrochene Handlungen, lauter formale, unterbrochene Angebotsweisen. Und das ergibt dann auch diese medienspezifische Erregung, aus der man dann nur sehr schlecht herauskommt. Das Fehlen von Redundanz, von Überflüssigem, könnte man es bezeichnen.

Hinzu kommt, daß man sich ständig an Unvorhergesehenes, an Undurchschaubares, an Unvermutetes anpassen muß. Daß man praktisch selber nicht in der Lage ist, zu handeln, sondern daß ich das so annehmen muß, wie es unvorhersehbar auf mich zukommt. Das ist ja der entscheidende Punkt: Ich weiß ja nie, was die nächste Szene ist. Ich habe normalerweise nicht einmal die halbe Sekunde, um mir sagen zu können: Aha, die nächste Szene wird so oder so aussehen. Und ich habe auch oft nicht die halbe Sekunde, daß man sagt: Da geht jetzt einer langsam raus, der geht vielleicht da und da hin. Nein, ich habe sofort das nächste Bild. Und das heißt, ich muß mich dauernd an Unvorhergesehenes anpassen. Und das kann natürlich auf die Dauer dazu führen, daß man vielleicht im „Kognitiven" höchst flexibel ist, daß man aber zu wenig Antwortmöglichkeiten entwickelt auf diese Angebote hin. Und vor allem aber, daß man gefühlsmäßig, emotional doch recht verstört werden kann."

Und diese emotionale Verstörung kann man bei immer mehr Menschen feststellen, die wie Treibholz im Meer der undurchschaubaren Medienangebote hin- und herschwappen, immerzu auf der unbewußten Suche nach dem, was der eigenen Gefühlsverfassung wohl jetzt entsprechen könnte.

Fernsehen: Ein biologisches Abenteuer

Die meisten wissen zwar, wenn sie sich nicht gerade durch die Programme zappen, wie der Krimi heißt, welche Unterhaltungssendung gerade ausgestrahlt wird, wann die Sportübertragung beginnt – aber sie wissen nur selten, was da eigentlich mit und in ihnen geschieht. Es spricht vieles dafür, daß wir unserem Körper und unserer Psyche nichts Gutes tun vor dem Fernseher. Wenn man das mal von außen betrachtet: Wir sitzen in einem abgedunkelten Zimmer und starren in eine Lichtquelle. Alle anderen Geräusche sind so weit wie möglich reduziert, damit wir nicht gestört werden. Wir haben eine möglichst bequeme Körperhaltung eingenommen – liegen auf der Couch, im Sessel und bewegen uns nicht, abgesehen von einem leichten Kopfdrehen und dem Griff nach dem Bier, den Salzbrezeln, der Cola, der Schokolade oder der Fernbedienung. Der Körper befindet sich in einem Ruhezustand. Er ist entspannt: Das Herz schlägt langsam, der Puls geht gleichmäßig, die Hirnwellen strömen gleichförmig. Geruchs-, Geschmacks- und Tastsinn sind weitgehend aus dem Bewußtsein verdrängt, wir sind ganz Ohr und Auge.

All das kennen wir aus eigener Erfahrung, und es ist auch wissenschaftlich erwiesen. Trotzdem entspannen wir vorm Fernseher nicht – ganz im Gegenteil. Nur zu oft fühlen wir uns danach nervös, ausgepowert, voll innerer Spannung. Das ist die Folge davon, daß wir auf diese flimmernden Bilder starren und unsere Ohren total aufs Fernsehen eingestellt sind. Jerry Mander, der amerikanische Anführer des Feldzuges gegen das Fernsehen, schreibt in seinem Buch „Schafft das Fernsehen ab" ein bißchen polemisch und überspitzt:

„Fernsehlicht ist zweck- und zielgerichtet, nicht einfach diffus vorhanden. Es wird aus Kathodenstrahlenkanonen, die genau auf uns gerichtet sind, durch den Schirm hindurch direkt in unsere Augen projiziert. Beim Farbfernseher sind diese Kanonen mit 25000 Volt geladen, beim Schwarzweißfernseher nur mit ungefähr 15000 Volt. Die Kanonen schießen Elektronen auf eine Phosphorschicht im Bildschirm, die Phosphorteilchen leuchten unter dieser Elektronenkanonade auf, und das Licht, das sie erzeugen, projiziert der Bildschirm in unsere Augen. Wir empfangen Licht, es dringt durch unsere Augen in den Körper ein und zwar tief genug, um das Drüsensystem des Körpers zu beeinflussen. Wir sind mit dem Fernsehapparat genauso verbunden, wie unsere Hand mit dem elektrischen Strom, wenn wir einen Draht in die Steckdose stecken. Von der Maschine geht ein konzentrierter Strom von Energie in uns über, aber keiner in umgekehrter Richtung."

Beim Fernsehen sind wir dem „Flackerbeschuß" der Maschine „Fernsehapparat" ausgeliefert. Das Sehen von Bildern löst normalerweise einen Bewegungsimpuls aus – das haben wir im Laufe der stammesgeschichtlichen Entwicklung zum Menschen gelernt. Dieses elementare „Programm" steckt in unserem zentralen Nervensystem. Beim Fernsehen aber unterdrükken wir diesen Bewegungsimpuls meistens. Mander schreibt:

„Die Körperenergie, die von den Bildern erzeugt wird, aber nicht ausgelebt werden kann, wird im Körper gespeichert. Ist der Kasten aber endlich aus, dann bricht diese aufgestaute Energie los und findet nur noch in ziellosen, zufälligen, hastigen Bewegungen ihren Ausdruck ... Das habe ich unzählige Male bei Kindern gesehen: Während sie in die Röhre gucken, sind sie ruhig und still. Aber hinterher werden sie überaktiv, leicht irritierbar und oft unzufrieden."

So reagieren Kinder. Erwachsene tun sich viel schwerer, diesen Streß abzubauen.

Aus der Streßforschung weiß man, daß bei psychischer und bei körperlicher Anspannung der Organismus verstärkt Angriffs- und Fluchthormone ausschüttet. Fett- und Blutzuckerreserven werden mobilisiert – Reaktionen, die sich ursprünglich in der Stammesgeschichte des Menschen biologisch als sehr sinnvoll gezeigt haben. Denn bei Gefahr kam es darauf an, in kürzester Zeit größte Körperkraft für Flucht oder für Angriff zu mobilisieren.

Wenn wir auch heute ganz anders reagieren, um unseren Streß abzubauen, so ist doch verhängnisvoll daran, daß unser Körper die aktivierten Hormone nur durch Bewegung abbauen kann. Wenn wir diesen Streß nicht abbauen, lagern sich die Fett- und Blutzuckerreserven in unserem Körper ab. Die Folge sind Durchblutungsstörungen und Arterienverkalkung und andere Zivilisationskrankheiten.

Deshalb empfiehlt Günter Harnisch in seinem Buch „Laßt Blumen aus dem Bildschirm wachsen":

„Wenn Sie zu dem weitverbreiteten Personenkreis gehören, der auf spannende Fernsehsendungen mit erhöhter Pulsfrequenz reagiert, empfiehlt es sich im Anschluß an solche Sendungen, für ausreichend körperliche Bewegung zu sorgen. Joggen eignet sich ebenso wie Gymnastik, Yoga, Tanzen oder einfach nur Spazierengehen".

Macht Fernsehen dick?

Der US-Wissenschaftler Larry Tucker untersuchte 1989 den Gesundheitszustand, die körperliche Fitness und das Ausmaß des Übergewichts an 6000 Männern in Korrelation zu ihren Fernsehgewohnheiten. Das Ergebnis: Männer, die mehr als drei Stunden täglich fernsehen, sind dicker. „Fernsehen kann dick machen" meint Tucker, „aber Dicke sehen möglicherweise auch häufiger fern".

Der US-Pädiater Kurt v. Gold stellte auf der Jahrestagung der American Heart Association in Dallas sogar fest, daß selbst Kinder, die mehr als zwei Stunden täglich fernsehen, häufig einen erhöhten Cholesterinspiegel haben und damit später ein erhöhtes Risiko, an Arteriosklerose zu erkranken. Der Hintergrund: Abgesehen davon, daß, wer viel fernsieht, weniger Zeit für Sport hat, wird beim Fernsehen häufig nebenbei gegessen und getrunken. Auch das kann – bei Kindern wie bei Erwachsenen – die Ursache für den „Fernsehbauch" sein. Manche Mediziner sprechen allerdings auch von einem „Fernseherz", einem „Fernsehhals" und einem „Fernsehbuckel". Und US-Psychologen behaupten gar, daß gehäufter TV-Konsum impotent macht.

Die Wahrnehmung gerät durcheinander

Dabei ist diese Art von Streß nicht die einzige. Mander glaubt, der springende Punkt sei, daß wir eigentlich gar keine Bilder sehen, sondern künstlich-technische Vorgänge. Hierdurch wird die menschliche Bildaufnahme und Bildverarbeitung in die Irre geführt, und langsam aber sicher gerät die gesamte Wahrnehmungsverarbeitung im zentralen Nervensystem durcheinander. Wir passen uns mehr und mehr mit unserer Wahrnehmung den technischen Strukturen des Fernsehens an. Dabei hat das nicht etwa nur Auswirkungen auf unsere Wahrnehmung. Denn der Mensch reagiert als Einheit. Das heißt, die andere Verarbeitung der Wahrnehmung hat Einfluß auf die biologischen Zyklen und Rhythmen im Körper: Unser endokrines System, also die Drüsen unseres Körpers, die unser Gefühlsleben durch die Produktion von Hormonen mitbestimmen – unser Gefühlsleben und unsere Psyche geraten ebenso durcheinander wie unser soziales Verhalten. Vielfernseher sind nachweislich kontakt- und konzentrationsgestört – und ihre Sprache ist verkümmert.

Kinder und Fernsehen

Fernsehen und andere elektronische Medien werden mehr und mehr zum wichtigen Sozialisationsfaktor für Kinder und Jugendliche. Aus ihnen beziehen immer mehr Heranwachsende die Bausteine für ihr Weltbild. Familie und Schule treten in der Bedeutung allmählich in den Hintergrund.

Von sechs- bis 13jährigen Kindern sahen 1993 60 Prozent täglich fern. Wenn die Kinder erst einmal einschalten, dann sehen sie im Durchschnitt länger fern (1991: 161 Minuten) als noch vor einigen Jahren. Dies ist auch durch die vergrößerte Programmauswahl bedingt. Immerhin ein Fünftel aller Kinder besitzt heute einen eigenen Fernseher.

Und gerade in diesem Lebensalter werden die Grundstrukturen gelegt für ihr Weltbild und den späteren Umgang mit der Realität. Und amerikanische Fernsehkinder, die täglich bis zu achteinhalb Stunden vor der Flimmerkiste verbringen, sind nach Untersuchungen der Columbia-Universität nachweislich kontakt- und lerngestört.

Der elektronische Schnuller

Das Ergebnis all dieser bunten TV-Programme ist eine nicht unbeträchtliche Verzerrung der Realitätswahrnehmung. Gehäufter Fernsehkonsum stört nicht nur die Konzentrationsfähigkeit, sondern macht vor allem junge Vielseher träger und passiver. Und für manche ist es eine Gehirnwäsche mit Show-effekten.

Herta Sturm: „Es liegen eine ganze Reihe von Untersuchungen vor, die ganz klar sagen, daß der Wirklichkeitssinn – speziell der Vorschulkinder – durch dieses viele Fernsehen außerordentlich gestört ist. Und das gibt natürlich dann schon eine Art Wirklichkeitsverlust oder Wirklichkeitsverfremdung, wenn nicht andere Dinge das wieder auffangen."

In einer Studie der Universität von Kalifornien in Los Angeles an sieben-, elf- und 15jährigen Kindern fanden Psychologen heraus, daß Kinder, die sehr viel fernsehen, das, was sie dort sehen, für Realität halten, denn für ein Kind ist ein Bild immer Wirklichkeit. Und es ist schwer für Kinder, im Laufe ihrer Entwicklung zu lernen, was real ist und was fiktiv. Durch zuviel Fernsehen kann dieser Prozeß der Differenzierung erheblich gestört werden.

Im besseren Fall wird er nur verzögert, im ungünstigen Fall kann es zum Aufbau eines schiefen Weltbildes kommen, in der Fiktion und Realität kunterbunt durcheinandergewürfelt nebeneinander existieren. So wie bei jenem Jungen, der, als sein Großvater im hohen Alter sanft entschlafen war, fragte: „Wer hat Opa ermordet?"

Der amerikanische Medienexperte McLuhan und seine Mitarbeiter sprachen deshalb vom Fernsehen als der „neuen Lebensform für Kinder". Auch und gerade für Kinder kommt es weniger auf den direkten Inhalt des Fernsehprogrammes an, als vielmehr darauf, daß die Geräuschkulisse und Bilderwelt überhaupt da ist, die gerade die Jüngsten einzuhüllen scheinen wie ein maschineller, flimmernder und surrender Mutterleib. Zumindest sind viele TV-Kinder vom Fernsehen so hypnotisiert und eingelullt wie durch ein elterliches Schlaflied. So wird das Fernsehen zum elektronischen Schnuller, mit dem das Kind kurzfristig zur Ruhe gebracht werden kann. Aber nicht nur das.

Das elektronische Kindermädchen

Gar nicht so selten wird die Flimmerkiste von genervten Eltern, die selbst keine Zeit für (oder keine Lust auf) ihre Kinder haben, als „elektronisches Kindermädchen" eingesetzt, vor dem sie ihre Kinder einfach „parken" und damit ihre Ruhe haben. Denn selbst die wildesten Plagegeister werden kurzfristig ruhig, wenn sie vom Programm fasziniert sind. Der Deutsche Kinderschutzbund warnt allerdings immer wieder davor, das Fernsehen als Erziehungs- und Beruhigungsmittel einzusetzen, denn die kurzfristige positive Wirkung hat häufig langfristig negative Folgen.

Baby-Fernsehen

Da ist man in Japan ganz anderer Ansicht. Dort wurden schon Mitte der 80er Jahre 98 Prozent aller Dreijährigen täglich dreieinhalb Stunden vom Fernsehen berieselt – und selbst die eineinhalbjährigen Krabbelkinder wurden bereits durchschnittlich zweieinhalb Stunden TV pro Tag ausgesetzt.

Dort wurden Fernsehprogramme

– in 86 Prozent der Kinderkrippen,
– in 83 Prozent der Kindergärten,
– und in 95 Prozent der Grundschulen eingesetzt.

Von den vielen Privatsendern im Großraum Tokio wurden pro Woche 82 Stunden Kinderprogramm ausgestrahlt – mit einem Werbeanteil von 18 Stunden. Über 100 Werbe-Fernsehspots pro Tag sind den japanischen Kindern also sicher: So holt man sich den japanischen Fernsehkonsumenten schon an der Wiege ab und erzieht ihn sich zum kauffreudigen Zombie.

Und auch der deutsche Privatsender SAT 1 hat seit 1992 die Kinder auf seine Weise entdeckt:

„Kid time" nennt er einen Programmteil im SAT 1-Video-Text, bei dem die lieben Kleinen mit „Glumi", dem Mondgesicht, spielen, Begriffe raten oder sich Computer-Tips holen können. Daß es um die Werbekunden der Zukunft geht, merkt man bei dem pädagogisch verbrämten Angebot erst, wenn man die Preisliste für die Inserenten sieht: zwischen 1200 DM und 5330 DM pro Werbeseite und Woche muß die Industrie berappen, wenn sie über SAT 1-Text an die gefragte Zielgruppe der Youngsters ran will.

„Die Fernsehnutzung von Kindern hängt in hohem Maße

von der Fernsehnutzung in der Familie insgesamt ab; ... Vielsehende Eltern haben eher vielsehende Kinder, mit zunehmendem Alter der Kinder nimmt dieser Zusammenhang jedoch ab"; schreiben die Autoren im Bericht zur Lage des Fernsehens für den Bundespräsidenten im Februar 1994.

Phantasiezerstörung, Familienkrisen und Analphabetismus

Auch wenn es immer mal wieder Studien über die Ungefährlichkeit des Fernsehkonsums von Kindern gibt – wie z. B. die des Münchner Psychologen Bernd Schorb, die Anfang 1992 veröffentlicht wurde –, nach Meinung der meisten Experten überwiegen die negativen TV-Wirkungen:

– So fanden US-Massenkommunikationsforscher heraus, daß dadurch, daß Fernsehen so viel leichter zu konsumieren ist als ein Buch, die Kulturtechnik Lesen mehr und mehr verdrängt wird. In den USA hält man den engen Zusammenhang zwischen häufigem TV-Konsum und dem steigenden Analphabetismus in der amerikanischen Bevölkerung für erwiesen.

– Fernsehen hat einen massiven Einfluß auf das Familienleben. Nicht nur, wenn jedes Familienmitglied sein eigenes Gerät hat und sich in sein Zimmer zurückzieht, um sein Programm zu sehen, sondern auch, wenn im Wohnzimmer oder am Eßtisch gemeinsam ferngesehen wird, wird weniger geredet. Und im Vergleich mit den Fernsehfamilien der „Lindenstraße" oder der „Schwarzwaldklinik" schneidet das reale Familienleben selbstverständlich auch immer schlechter ab. Ganz abgesehen davon, daß Fernsehen ein gutes Mittel ist, um Auseinandersetzungen auszuweichen.

– Hinzu kommt: Häufiger TV-Konsum ist gerade für Kinder ein „Phantasiezerstörer" und ein „Spielkiller". Die Verhaltensforscherin Gabriele Hauck-Schnabel hat an der Universität Freiburg 1989 eine Gruppe von 50 Fernsehkindern betreut. Die meisten von ihnen waren phantasielos, apathisch und nur schwer zum Spielen zu motivieren:

„Früher hatten wir Visionen, heute haben wir Televisionen."

Diese Apathie und Geistesabwesenheit kann allerdings –

und das nicht nur bei Kindern – ganz schnell in impulsive, heftige Aggressivität umschlagen.

Gewalt und Fernsehen: Die Aggressionsspirale

Täglich werden im Durchschnitt 70 Menschen auf den deutschen Bildschirmen ermordet und jede Woche 2 745 Gewalttaten im Fernsehen gesendet. Wenn man auch noch Informations- und Nachrichtensendungen hinzuzählt, flimmern pro Woche bis zu 4 000 Leichen über die Mattscheibe. „Das Programm ist blutiger geworden", resümiert Elke Monssen-Engeberding, Vorsitzende der Bundesprüfstelle für jugendgefährdende Schriften. „Die Gewaltschwelle wird immer weiter herabgesetzt". Mit einher geht eine Gefühlsabstumpfung bei Kindern und Erwachsenen – Mitgefühl und Mitleid werden eher als Schwäche erlebt und deshalb verdrängt. Häufig ist es eine regelrechte Wirkungskette: Je einsamer, ängstlicher und hilfloser sich die Betreffenden fühlen, um so mehr wird ferngesehen. Und je höher der Fernsehkonsum, um so mehr erhöht sich die Angst, Hilflosigkeit und Depression, bis dieses explosive Gemisch in Aggression gegen andere, aber auch gegen sich selbst umschlägt. Und die Aggressionsspirale dreht sich immer weiter – bei Kindern, Jugendlichen und Erwachsenen.

Untersuchungen

Inzwischen ist es wohl nicht mehr zu leugnen: Wenn die Leichen massenweise durchs Kinderzimmer flimmern, geht das nicht spurlos an den Kinderseelen vorbei.

In den USA, wo der Durchschnittsjugendliche im Alter von 16 Jahren schon 33 000 Morde im Fernsehen zu sehen bekommen hat, hat der Psychologe Leonard Eron, Vorsitzender der „American Psychological Association on Violence und Youth" eine Langzeitstudie durchgeführt, die sich über 22 Jahre erstreckte. Danach ist – seiner Ansicht nach – das häufige Sehen von Gewalt im Fernsehen *eine* Ursache für aggressives Verhalten, Kriminalität und Gewalt in unserer heutigen Gesellschaft. Eron konnte an 875 Jugendlichen nachweisen, daß sich jene

Jungen besonders aggressiv verhielten, die häufig Gewalt im Fernsehen konsumierten.

Schlimmer noch: Er stellte fest, daß die gleichen Jugendlichen (von denen er mehr als die Hälfte zehn Jahre später nochmals untersuchte), die im Alter von acht Jahren besonders viele Gewaltsendungen im Fernsehen gesehen hatten, auch im Alter von achtzehn Jahren sich durch besondere Aggressivität auszeichneten.

Als die gleiche Gruppe im Alter von dreißig Jahren nochmals untersucht wurde, zeigte sich, daß sie häufiger als alle anderen in schwere Straftaten verwickelt waren, bei Alkoholkonsum deutlich aggressiver reagierten und ihre Kinder besonders hart straften.

Sicherlich kann man dem Fernsehen keine Alleinschuld dafür zuweisen, und es ist die Frage, ob vor allem Leute, die sowieso schon aggressiv geladen sind, sich besonders gern Filme ansehen, in denen „der Punk abgeht", und sie sich abgucken, wie „Rambo" seine Probleme löst, oder ob eben auch gänzlich unbedarfte Jugendliche erst durch diese Filme aggressive Konfliktlösungsmuster lernen.

Fest steht: Es gibt einen Zusammenhang zwischen dem Konsum von Gewaltsendungen und aggressivem Verhalten im Alltag. Und vielleicht ist die Frage nach der Ursache und der Wirkung der Aggression genauso müßig wie die, ob zuerst das Huhn oder das Ei da war.

TV or not TV?

Der Ex-Fernsehproduzent und Medienexperte Jerry Mander meint, daß sich viele Leute vor dem Fernseher wie in einer hypnotischen Trance befinden: Sie sind ein „bißchen weg". Nicht umsonst sacken drei von vier Zuschauern vor ihrem Fernsehgerät in den Schlaf: Hypnotisch ist dieser Fernsehschlaf.

Die 27jährige Angestellte Gabi gesteht fast schamhaft: „Das gibt es schon, daß ich mir wie hypnotisiert vom Fernseher vorkomme. Ich rutsche auch manchmal so leicht ins Bild weg. Also ich merke dann schon gar nicht mehr, daß ich eigentlich nicht im Film bin. Wenn ich mehrere Sachen hintereinander gucke, dann kenne ich das. Vor allem, wenn ich allein bin und mit niemanden dazwischen spreche, dann ist es oft so, daß ich es manchesmal richtig vergesse, daß ich Fernsehen gucke. Da ist dann plötzlich der Film aus, und ich merke dann erst, daß ich wieder da bin. Das ist dann so intensiv, da bin ich dann mit so drin – der Film schwappt so richtig raus auf mich selbst über. Ich verschwimme dann so richtig mit dem Fernseher."

Fernseh-Demokratie

Dabei glauben viele noch immer, daß das Medium Fernsehen neutral ist. Es kann ihrer Ansicht nach sowohl positiv als auch negativ genutzt werden. Das Fernsehen kann uns jede Information und jedes Argument vermitteln. Fernsehen ist nützlich für eine demokratische Gesellschaft, wenn man es nur richtig einsetzt, so die Meinung vieler Fernsehbürger. Mander hält genau das für falsch: Nicht wir gehen mit dem Fernsehen um, sondern das Fernsehen geht mit uns um. Das Fernsehen bestimmt, wann wir es ein- und ausschalten. Das Fernsehen bestimmt, wer es benutzt und welche Auswirkungen es auf den Benutzer hat. Und selbst auf die politischen Strukturen hat das Fernsehen Einfluß.

Mander meint: Das Fernsehen ist, wenn es mißbraucht wird, ein ideales Instrument, um eine Diktatur aufzubauen. Eine Person oder eine Gruppe von Personen kann einer ganzen Nation Bilder bzw. Informationen vermitteln, die dazu dienen, beispielsweise Aversionen gegen ein bestimmtes Volk aufzubauen (siehe z. B. Libyen oder Irak). Das Pentagon machte dem Präsidenten einmal den Vorschlag, in alle TV-Apparate Einrichtungen einzubauen, so daß alle auf einen Schlag von außen eingeschaltet werden können. Dies sollte dann stattfinden, wenn es die „Lage der Nation" erforderlich mache. Dieser Vorschlag wurde dann doch nicht realisiert, da der Zweck eines solchen Projektes „mißverstanden werden könnte".

Nach Ansicht Manders ist das Fernsehen deshalb so gefährlich, weil

1) Fernsehen sich eher zur Gehirnwäsche und zur Einlullung als zur Anregung bewußter Lernprozesse eignet, und weil es uns in eine Verengung des Bewußtseins treibt. Dadurch verarmen unsere Sinne.

2) Fernsehen macht die Zuschauer unfähig, selbst Erfahrungen von Eingetrichtertem zu unterscheiden.

3) Fernsehen unterdrückt die schöpferischen Phantasien des Menschen. Es führt meist nicht dazu, daß der Zuschauer aufsteht und sich aktiv für die Ziele einsetzt. Es macht träge, passiv und unpolitisch.

4) Fernsehen verflacht das menschliche Wissen. Anstelle der multidimensionalen Informationsaufnahme setzt es auf schmalspurige Sinneserfahrungen.

5) Das Fernsehen tritt mehr und mehr an die Stelle der Umwelt, aus der wir früher unser Wissen bezogen.

Schlagwort-Kultur

Das Medium Fernsehen bietet uns tagtäglich Bilder von verschiedensten Vorgängen. Die Informationen zu all diesen Themen müssen stark zusammengestrichen und komprimiert werden. Eine „Schlagwort-Kultur" entsteht, denn es können immer nur Teilaspekte in eine Sendung gepackt werden, der Rest muß in einem Sekundenmedium vernachlässigt werden. Da z. B. „Liebe" ein subtiler Vorgang ist, läßt er sich nur sehr schwer bildlich darstellen, auch deshalb, weil sie mehr im Inneren als im Äußeren abläuft. Brutalität oder Haß kann sehr viel eindeutiger durch Gesten zum Ausdruck und filmisch rübergebracht werden.

Hinzu kommt – die Informationen, die wir durch das Fernsehen bekommen, sind auf das eingeschränkt, was für uns ausgewählt wurde, nach Kriterien, die uns nicht bekannt sind. Sie werden eben auch durch wirtschaftliche und politische Zwänge selektiert, denen das Fernsehen unterliegt. Und die Frage ist, wie glaubwürdig das ist, was uns da präsentiert wird und welche Interessen dahinter stehen.

Checkliste

Viele Menschen machen sich gar nicht klar, wieviel Zeit sie vor dem Fernseher verbringen, wie sie fernsehen und was das für Gründe hat.

Zur Sensibilisierung hierfür dient die nachfolgende Checkliste.

Daten

1) *Wieviel Fernsehgeräte gibt es in Ihrem Haushalt (bei wieviel Personen in Ihrer Familie)?*
2) *Wieviele Programme können Sie empfangen?*
   - *Gibt es Lieblingssender?*
   - *Welche?*
   - *Warum?*
3) *Wie oft und wie lange sehen Sie im Durchschnitt fern?*
   - *Pro Tag?*
   - *Pro Woche?*
   - *Pro Monat?*
4) *Haben Sie eine (oder mehrere) Fernsehzeitungen abonniert?*
5) *Sehen Sie wahllos fern oder wählen Sie die Sendungen, die Sie sehen möchten, systematisch aus?*
   - *Wie gehen Sie vor und nach welchen Kriterien tun Sie das?*
   - *Halten Sie sich an diese Auswahl?*
6) *Welche Fernsehsendungen*
   a) *sehen Sie besonders gern*
   b) *müssen Sie unbedingt sehen*
   c) *lehnen Sie ab/sehen Sie überhaupt nicht?*
      I) *Informationssendungen (Nachrichten, politische Programme, Wirtschaftssendungen, Dokumentationen, etc.)?*
      II) *Sportprogramme – Welche Sportarten?*
      III) *Shows*
         - *große Unterhaltungs- und Musikshows*
         - *Gewinnspiele*
         - *Talkshows*
         - *andere*
      IV) *Serien– Welche?*
         - *Warum?*
      V) *Spielfilme*
         - *Krimis*
         - *Heimatfilme*
         - *Komödien*
         - *Abenteuerfilme*
         - *Science fiction*
         - *Action*
         - *Liebesfilme*

VI) Magazine
VII) andere Programme
7) Was daran gefällt (oder mißfällt) Ihnen?

Fernsehstil
8) Sehen Sie eher allein oder zusammen mit anderen fern?
9) Sprechen Sie mit anderen während der Sendungen?
   a) über das Programm
   b) über andere Themen
   c) oder fühlen Sie sich durch Gespräche beim Fernsehen gestört?
10) Sprechen Sie direkt nach den Sendungen mit andern (mit Ihrem Partner, Ihren Kindern, Freunden) über die Programme?
11) Sind Fernsehsendungen am Arbeitsplatz (an der Uni oder in der Schule, etc.) häufig Gesprächsstoff? Muß man das gesehen haben?
12) Läuft der Fernseher oft als „Geräuschkulisse" (z. B. beim Essen, bei Hausarbeiten, beim Telephonieren, etc.)?
    – Weshalb?
13) Gibt es bestimmte regelmäßige Sendungen, die Sie so regelmäßig sehen, daß Sie fast Ihren Tagesablauf danach ausrichten (z. B. Tagesschau)?
    – Wenn Sie es nicht tun, fehlt Ihnen dann etwas, oder haben Sie danach das Gefühl, daß Ihr Tagesablauf dann irgendwie durcheinander ist?
14) „Zappen" Sie sich häufig durch Ihre Fernsehprogramme, ohne die Sendungen zu Ende zu sehen?
    – Wie häufig kommt das vor?
    – Weshalb tun Sie es?
    – Welche Gefühle haben Sie dabei?
15) Wie finden Sie bei den Privatsendern Unterbrechungen durch Werbung, und was tun Sie da gewöhnlich?

16) Wie sehen Sie meistens fern?
    a) im Sitzen
    b) im Liegen
    c) haben Sie einen „Stammplatz"?
17) Wenn Sie mehrere Fernseher haben, ziehen sich die Familienmitglieder dann eher in ihr Zimmer zurück, um „ihr Programm" zu sehen – oder ist Fernsehen in Ihrer Familie eher ein „soziales Ereignis"?
18) Ist der Fernseher das Zentrum in Ihrem Wohnzimmer, auf das die Einrichtung ausgerichtet ist, oder steht er eher

unbedeutend in der Ecke und wird eigentlich nur zu bestimmten Gelegenheiten hervorgeholt?

19) Von welchen Sendungen fühlen Sie sich gefühlsmäßig
vor allem angesprochen? (siehe Frage 6)
– Durch was?
– Welche Gefühle herrschen dann vor?

20) Wenn Sie fernsehen, nehmen Sie sich (Ihren Körper und
Ihre Gedanken) bewußt wahr, oder „rutschen Sie häufig
in den Film"?

21) Gibt es bei Ihnen typische Verhaltensweisen beim Fernsehen?

22) Bemerken Sie beim Fernsehen ein größeres Verlangen
nach Genußmitteln (z. B. Süßigkeiten, Salzstangen, Cola,
Bier, etc.)?

Gründe

23) Weshalb sehen Sie meistens fern?
a) um vom Streß des Tages abzuschalten und sich zu
entspannen (zur Belohnung)
b) wegen der Informationen, der guten Programme, bestimmter Sendungen, etc.
c) aus Langeweile oder Trägheit und weil jede Alternative mühevoller wäre
d) oder weshalb sonst?

24) Gibt es prägnante Situationen (z. B. Konflikte, Streß,
Frust oder ein toller Tag), in denen Sie mehr fernsehen?

25) Lassen Sie sich von anderen häufig zum Fernsehen ver-
leiten, obwohl Sie eigentlich was anderes vorhatten?

26) Wie ist das Gefühl, wenn Sie den Fernseher
ausgeschaltet haben (z. B. befriedigt, erschöpft, die Filme
dudeln weiter, Leeregefühl, etc.)?

27) Welche Bedeutung/welchen Stellenwert hat Fernsehen
für Sie?

28) Wie finden Sie selbst Ihren eigenen Fernsehkonsum?
Was daran würden Sie gern ändern? Wie?

29) Welche Schwierigkeiten könnten bei
Änderungsversuchen auftreten?

30) Haben Sie schon mal eine fernsehfreie Woche/einen
fernsehfreien Monat ausprobiert?
– Mit welchen Erfahrungen?

Wie beim Essen, Arbeiten oder Computerspielen kommt es auch bei der Fernsehnutzung darauf an, wie mit dem Medium umgegangen wird. Mann/Frau kann sich gezielt informieren, unterhalten, oder einfach nur zudröhnen lassen. Fernsehen kann dazu benutzt werden, vor Langeweile oder Problemen zu flüchten. Die Checkliste auf den vorherigen Seiten soll ein Anstoß sein, über Ihre spezielle Art der Fernsehbenutzung zu reflektieren.

Experimentieren Sie doch z. B. einmal mit:

* *einer fernsehfreien Woche/einem fernsehfreien Tag*
* *sehen Sie sich mit Ihren Kindern gezielt gemeinsame Sendungen an, und sprechen Sie darüber*
* *machen Sie nach dem Fernsehen einen Spaziergang*
* *verändern Sie den Standplatz ihres TV-Gerätes (aus dem Mittelpunkt Ihres Wohnzimmers), verbannen Sie es in einen Schrank und holen Sie es nur heraus, wenn Sie wirklich fernsehen möchten*

Literatur

Bliersbach, Gerhard: Schön, daß Sie hier sind. Weinheim 1990 (Beltz)

Harnisch, Günter: Laß Blumen aus dem Bildschirm wachsen. Freiburg 1990 (Herder)

Hentig, Hartmut von: Das allmähliche Verschwinden der Wirklichkeit. München 1984 (Hanser)

Mander, Jerry: Schafft das Fernsehen ab! Reinbek 1979 (Rowohlt)

Meyrowitz, Joshua:– Die Fernseh-Gesellschaft. Weinheim 1987 (Beltz)
– Wie Medien unsere Welt verändern. Weinheim 1990 (Beltz)

Postman, Neil:– Wir amüsieren uns zu Tode. Frankfurt 1985 (S. Fischer)
– Das Verschwinden der Kindheit. Frankfurt 1983 (S. Fischer)
– Die Verweigerung der Hörigkeit. Frankfurt 1988 (S. Fischer)
– Das Technopol. Frankfurt 1992 (S. Fischer)

Thomas, Hans: Die Welt als Medieninszenierung. Herford 1989 (Busse/Seewald)

Winn, Marie: Die Droge im Wohnzimmer. Reinbek 1979 (Rowohlt)

Video: Grusel und Sex aus der Steckdose

„Und wir: Zuschauer, immer, überall, dem allen
zugewandt und nie hinaus! Uns überfüllts. Wir ordnens.
Es zerfällt. Wir ordnens wieder und zerfallen selbst."

(Rainer Maria Rilke)

Die Wunder werden immer kleiner. Alles scheint machbar, jede Phantasie ist inzwischen auf dem Bildschirm darzustellen. Das Videogerät ist für manche zur Traummaschine geworden. Seien es sexuelle Phantasien oder aggressive, sei es Science-Fiction oder Psycho-Fiction, alles wird vermarktet und ausgebeutet. Und die Bilder werden immer brutaler. Wo beim Fernsehen noch die Skrupel vorherrschen, im Video ist alles machbar – und es wird auch gemacht. So kommt es zur Röhrenkost in Überdosis.

Übermäßiger Fernsehkonsum allein hat ja schon schlimme Folgen. Aber: mit den „neuen Medien" wie Video, Computer und Telespielen können wir uns sogar rund um die Uhr berieseln: Gefühle aus der Steckdose – jederzeit. Und davon machen dann auch gerade Jugendliche Gebrauch. Dimo und Gaetano, beide 18 Jahre alt, veranstalten regelrechte „Videonächte":

„Ja, da sind wir zwischen drei und vier Leuten und gucken so circa von zwölf Uhr nachts bis sechs Uhr morgens. Also es rettet manchmal so'n Abend, wenn man nicht weiß, was man machen soll und nicht ins Bett will."

Man unterscheidet heute im Videomarkt folgende Filmgruppen:

- Action, Thriller
- Western, Eastern
- Abenteuerfilme
- Kriegsfilme
- Science Fiction
- Horrorfilme
- Pornos
- Komödien, Parodien
- Dokumentarfilme
- Zeichentrickfilme

Es ist vor allem die Faszination des Grauens, die Jugendliche an den Videokassetten schätzen. James Bond finden gerade noch Elfjährige einigermaßen spannend. Umfragen ergeben, daß Jugendliche immer mehr auf Horrorfilme umgestiegen sind, in denen Menschen grausam getötet werden, in denen „Zombies" mit Äxten oder Schneidbrennern traktiert werden – alles ohne große Gefühlsbeteiligung: Kannibalismus im Wohnzimmer.

Mit Titeln wie „Sklavenhölle der Mandingos", „Asphaltkannibalen" oder „Großangriff der Zombies" verdienen Horrorproduzenten Millionen. Es kommt einem vor, als wollten viele Videokonsumenten ihre Gefühle so weit abtöten, daß sie sagen können: „Mich kann nichts mehr erschüttern." Vielleicht nicht ganz unbeeinflußt durch diese Brutalvideos zeigt sich bei uns vermehrt eine neue Art von Kriminalität – brutal, gefühllos, kaltblütig und ohne schlechtes Gewissen oder gar Reue.

Es gibt mehrere Gründe, weshalb junge Leute zum optischen Sadismus der Gewaltvideos greifen:

1) Langeweile
2) Reiz des Verbotenen
3) Mutproben-Effekt („testing the lines")
4) Gruppendruck
5) Vorbild durch Erwachsene

Ende 1993 verfügten 60 Prozent der westdeutschen und 44 Prozent der ostdeutschen Haushalte über einen Videorecorder. 30 Prozent der Bevölkerung leihen sich ab und zu einen Videofilm in einer Videothek aus.

Den größten Anteil an den Leihvideos haben aktuelle Actionfilme und die harten Pornos. Sie haben den Sprung vom Rotlichtmilieu ins Wohnzimmer geschafft. Auch Horrorfilme mit massenweise Blut und Leichen gehen gut. Gerade Jugendliche scheinen hieran Interesse zu haben. Sie dürfen zwar offiziell diese Filme nicht ausleihen – aber es findet sich immer ein Weg: Da leiht der ältere Bruder, ein volljähriger Freund, oder es wird gesehen, was die Eltern ausleihen.

88 Prozent der Bevölkerung fordern, die Jugendlichen sollten keine Videos mit brutalen oder pornographischen Szenen mehr

kaufen oder ausleihen dürfen. Das ist inzwischen auch gesetzlich geregelt, ob es aber auch wirklich eingehalten wird und nachgeprüft werden kann, steht auf einem anderen Blatt. Doch selbst eingefleischten Videofans wie Lothar zum Beispiel, 38, von Beruf Maschinenschlosser, geht mitunter ein Film an die Nieren:

„‚Skanner‘ heißt der Film, da platzen ja die Köpfe: Voraus geht erst Musik, ein Trommelwirbel, ein Musikaufbau und dann Pschsch ist der Kopf geplatzt, das Blut spritzt usw. Das ist halt diese Droge, die sie verabreicht bekommen vom Vater und dann ‚Skanners‘ wurden, Mutanten mit übergeistigen Fähigkeiten. Und der Film hat mich auch ganz schön schockiert. Oder was es jetzt auch auf Videokassette gab: ‚Teufelskreis Alpha‘, wo der Kirk Douglas einen Sohn hat, der übersinnlich begabt ist. Diese Fähigkeit wendet er dann auch nachher an, mit Stirnaufbauschen, Stirnadernvergrößerung sieht man das auch, und auch Dinge ins Rollen bringt, zum Beispiel an einem Karussell Schrauben lösen kann durch Geisteskraft, und dann fliegt die Gondel einfach in die Zuschauer …“

Und das bleibt natürlich nicht ohne Folgen für den Alltag, wenn man dermaßen brutale Filme sieht. Es gibt seit Jahren schon eine Diskussion über Brutalität in Film und Fernsehen, die noch immer zu keinen endgültigen Ergebnissen über die Wirkungen der täglichen Leichenflut gekommen ist:

„Ja, bei Video würde ich sagen, daß da manche Filme dabei sind, die sehr aggressiv sind und die auch manchmal auf mich unheimlich einwirken, und daß ich mich nachher selber dabei erwische, daß ich gegen meine Freundin unheimlich aggressiv wirke oder sie irgendwie zusammenstauche, ohne daß ich’s will und ohne daß ich’s merke.“

Die Autoren der 1990 erschienenen Studie über abweichenden Videokonsum („Grauen und Lust – die Inszenierung der Affekte“) kommen für die von ihnen befragten Horrorfans zwar zu folgenden Ergebnissen: „Zu einer gesteigerten Gewaltbereitschaft scheint die häufige Rezeption im Falle eindeutig fiktionaler Gewalt nicht zu führen. Die Fans werden allenfalls abgebrüht bzw. „ausgebufft“, aber die Zielgruppe der Autoren waren Erwachsene. Jugendliche scheinen weitaus anfälliger zu sein für das „Nachspielen“ der rezipierten Gewalt.“ So beschreibt Werner Glogauer 1991 in seinem Buch über die Wirkung gewalttätiger, sexueller, pornographischer und satanischer Darstellungen eindrucksvoll Straftaten Jugendlicher nach dem Muster vorher gesehener Videofilme.

Als 1993 zwei Kinder in England ein Kleinkind entführten und töteten, und zwar offensichtlich genau in der Art und Weise, wie sie es in einem Horrorvideo gesehen hatten, entflammte die Diskussion um einen wirksamen Jugendschutz nicht nur in England neu.

Während die Nutzung von Pornovideos durch Erwachsene ein Privatvergnügen und wohl eher harmlos ist (vgl. Eckert u. a. 1990), bleibt die Frage offen, wie eine solch unrealistische und stereotype Darstellung sexueller Handlungen auf Jugendliche wirkt, die auf diesem Gebiet noch nicht über die Erfahrungen verfügen wie ein Erwachsener.

Falls, wie geplant, Mitte der neunziger Jahre das digitale Fernsehen seinen Einzug feiert, werden auch Videofilme auf Abruf bestellt werden können. Sie werden gegen Gebühr über die Telefonleitung direkt ins Wohnzimmer des Zuschauers eingespielt. Wie da ein wirksamer Jugendschutz gewährleistet werden soll, ist noch unklar.

Video- und Computerspiele:
Verdummt in alle Ewigkeit?

„Also bei mir ist es auf jeden Fall so, daß die wirkliche Realität um einen herum vollkommen verschwindet und ich praktisch nur noch in diesem Spiel selber lebe. Ich kann mich erinnern an ein Spiel, das war allerdings sehr aufwendig gebaut, das war eine Farbanimation, die dreidimensional war, so daß man also tatsächlich das Gefühl hatte, mitten in diesem Geschehen drin zu sein. Das hab ich mehrere Stunden lang auf einer Messe gespielt, weil ich unbedingt den Messe-Highscore erreichen wollte, und am Ende, als die Messe vorbei war, wurde einfach der Strom ausgeschaltet, so daß ich also in den schwarzen Bildschirm reingeguckt habe. Und es hat sicherlich mehrere Minuten lang gedauert, bis ich richtig realisieren konnte, wo ich nun eigentlich tatsächlich war und was sich jetzt eigentlich geändert hatte. Also ich würde sagen, jede Form von Computerspiel löst tatsächlich genau diese Art von – sagen wir mal – Vergessen der wirklichen Realität aus. Daß man sich einfach in einer vollkommen anderen Welt befindet, und das ist wahrscheinlich auch das Wesentliche dabei. Es ist in gewisser Weise auch gleichzeitig das Unangenehme, weil in dem Augenblick, wo das Spiel vorbei ist, man es natürlich realisiert und sich in gewisser Weise betrogen fühlt. Dieses Erlebnis hab ich also tatsächlich sehr oft: Wenn ich stundenlang gespielt habe, habe ich danach irgendwie das Gefühl, jetzt war irgendwas falsch, jetzt ist irgendwas falsch gelaufen. Man nimmt sich vor, das Spiel nicht mehr aufzurufen für die nächste Zeit, aber das gelingt natürlich nicht. Am nächsten Tag wird man es trotzdem wieder aufrufen."
(Christian, 29, Werbeassistent)

Computer- und Videospiele haben Hochkonjunktur, gerade bei jungen Leuten. Mehr als die Hälfte aller zehn- bis 16jährigen

Jungen spielt nach der Shell-Studie mehr oder weniger regelmäßig am Bildschirm oder mit einem kleinen tragbaren Gerät wie dem Gameboy.

Telespiele werden von Eltern und Verwandten auf den Gabentisch gelegt, vom eigenen Taschengeld gekauft, aber unter den Jugendlichen ebenso oft auf dem Schulhof getauscht und mehr oder weniger illegal kopiert. Denn inzwischen hat die Mehrzahl der Jugendlichen, die das wollen, einen Computer oder eine Videospielkonsole – oder zumindest einen offenen Zugang bei Freunden oder Verwandten.

Der Computer- und Videospielmarkt boomt von Jahr zu Jahr mit zweistelligen Zuwachsraten. Der japanische Gameboy-Produzent Nintendo, mit 80 Prozent Weltmarktanteil bei den Videospielen, hat auch in die deutschen Kinderzimmer seinen Siegeszug gehalten.

Schon 1991 überrundete Nintendo fast aus dem Stand (der Konzern war erst im August 1990 in Deutschland an den Start gegangen) mit 480 Millionen Mark Umsatz den langjährigen Spitzenreiter, den Bauklotz-Produzenten Lego, der es nur noch auf 370 Millionen schaffte. Super Mario hat die Lego-Bautürme plattgemacht.

Gameboy

Dabei läßt sich Nintendo mit Parolen wie „keiner kann uns aufhalten" von der Konkurrenz nicht einschüchtern. Schließlich sollen allein von den Super-Mario-Spielen weltweit 82 Millionen verkauft worden sein, und in Deutschland soll inzwischen jeder sechste deutsche Haushalt eine Nintendo-Konsole oder einen Gameboy besitzen: Bis Ende 1993 wurden in Deutschland fünf Millionen Gameboys verkauft. Damit ist der Gameboy der einsame Sieger auf dem Markt der elektronischen Spiele.

Gameboy allerorten: Ob an der Bushaltestelle oder im Café, ob im Kinderzimmer oder beim Klassenausflug, ob in der Warteschlange oder unter der Schulbank – überall wird mit dem handlich-kleinen Taschengerät gezockt. Und damit es die Lehrer oder die Eltern nicht merken, läßt sich der Piepston abschalten.

So war es nur Wasser auf die Mühlen der Bedenkenträger, als im Winter letzten Jahres plötzlich von epileptischen Anfällen – ausgelöst durch vermehrtes Spielen mit dem Gameboy – berichtet wurde. Die Anfälle seien vor allem bei Jugendlichen mit schlechtem Gesundheitszustand durch die blinkenden Lichter ausgelöst worden. Ob wirklich etwas dran war und ist, darüber streiten sich bis heute die Experten.

Für 1995 kündigt Nintendo eine neue Generation an, die dreidimensionales Spielen erlaubt.

Auch die in den achtziger Jahren von Gameboys verdrängten „Computerspiele" am PC erhalten zur Zeit neuen Aufschwung durch CD-ROM. „In den kommenden Jahren wird die heißeste Software auf CD ausgeliefert", prophezeit Ken Williams, Präsident von Sierra On-Line, einem der wichtigsten Lieferanten von Spielen. Da eine CD über den Speicherplatz von 485 Disketten verfügt, können sogar ganze Filme auf ihr gespeichert werden, interaktive natürlich.

Ballerspiele

Zum negativen Image der Computerspiele haben vor allem die sogenannten „Ballerspiele" beigetragen. Dabei geht es um nichts anderes als um das Niedermähen von irgendwelchen Feinden, bösartigen Tieren oder Angriffsobjekten. Leichen pflastern den Weg der Ballerfreaks.

Immer geht es dort um Leben und Tod: Gefährliche fremde Wesen nahen in Scharen. Der Spieler hält seinen Joystick fest umklammert und betätigt den Feuerknopf: Ballern. Schritt für Schritt geht es voran durch dunkle Höhlen, ausweglose Labyrinthe, über hohe Berge und durch gefährlichen Dschungel. Doch kaum ist ein Gegner eliminiert, naht der nächste. Und auf der nächst höheren Spielebene werden die Bösewichter noch bedrohlicher. Immer größer wird die Gefahr, selbst vernichtet zu werden. Die Spannung steigt.

Christian (29), Werbeassistent, bekennt sich zu seiner Ballerleidenschaft: „Also spielen tue ich nach Möglichkeit spannende Spiele, die mir Entspannung bringen, die mich ablenken vom Alltag, zum Beispiel ein Spiel, das ich jetzt grad nennen kann, ist das Spiel „X-Wing". X-Wing ist eine, ja, modifizierte Starwars-Geschichte auf PC.

Man fängt als Kadett, als Laie an und muß sich dann entsprechend hocharbeiten zu einem Status wie Captain oder Commander und muß entsprechend die Aliens, also die Feinde aus dem All, mit verschiedenen Raumschiffen bekämpfen. Das ist nicht ganz einfach. Es ist ein schnelles Spiel. Es ist ein schweres Spiel, aber man kann sich eben hocharbeiten innerhalb von X-Wing. Das ist ein reines Ballerspiel. Da geht es darum, die Aliens zu vernichten, die sich dann in einer großen Feuerwolke auflösen. Ja. Ich denk mir, vielleicht liegt es im Elementaren beim Menschen, einfach jemanden zu besiegen. Besiegen, in dem Fall vernichten, töten, auslöschen. Ballern ist in jedem Fall interessanter, wenn es sich um ein bewegliches Objekt handelt. Das bewegliche Objekt sollte vielleicht noch ein Gesicht haben. Das ist, denk ich mir, für einen Menschen interessanter, als auf eine starre blinde Mauer zu ballern, also besser, was Lebendiges besiegen, ob Mensch oder Tier. Das ist krank, aber es ist so."

Und tatsächlich haben Gewalt und Horror in den Video- und Computerspielen einen nicht unbeträchtlichen Anteil. Nicht umsonst hat die Bundesprüfstelle für jugendgefährdende Schriften schon fast 200 Computerspiele auf ihrem Index – darunter vor allem Nazi-, Gewalt- und Sexspiele.

Die Frage ist allerdings, ob Verbot der richtige Weg ist, mit solchen Auswüchsen umzugehen, oder ob man durch Verbote nur den Reiz für die Kids erhöht, sich gerade diese Spiele auf dem Schulhof zu besorgen, nach dem Motto: „Was verboten ist, macht uns gerade scharf".

Obwohl man in Studien z. B. des Frankfurter Instituts für Sozialforschung herausgefunden hat, daß Computer- und Videospiele eher der ballerfreudigen männlichen Psyche entspricht, wird diese Bastion langsam brüchig. Die Frauen und Mädchen sind auch hier schwer im Kommen. Und auch immer mehr Eltern entdecken durch ihre Kinder die Faszination von Videospielen.

Da es nun einen Computer im Hause F. gibt, liegt Jürgen F. gar nicht so selten mit seiner 15jährigen Tochter Ellen im Clinch, was die Tele-Zockerei angeht.

Video- und Computerspiele sind teuer – zumindest viel zu teuer für das Taschengeld-Budget der meisten Jugendlichen. Also wird getauscht und kopiert, was das Zeug hält. Ellen erzählt: „Spiele bekommt man über Freunde, über Bekannte, über Mailboxen. Die Tendenz geht eigentlich dahin, daß man sie nicht kauft, sondern einfach die Spiele bekommt mit kopierten Codes. Da geht eigentlich die Tendenz hin."

Werbung und Computerspiele

Das hat inzwischen auch die werbetreibende Industrie erkannt und versucht, über die Kopierwut der Kids auch noch die letzten reklamefreien Bildschirme mit Werbung zu versorgen.

So brachte innerhalb von zehn Tagen der Eishersteller Langnese/Iglo 25 000 Computerspiele kostenlos unter die Computerfreaks mit gutem Werbeerfolg. Denn das Spiel um C. C. Cool war so spannend gemacht, daß es häufig kopiert wurde.

Ebenso wurde „Blue Code", ein werbendes Diskettenspiel des Tabakkonzerns Philipp Morris, ein Erfolg. Und jetzt denken sogar die Sparkassen, das Berliner Umweltbundesamt, das Presseamt der Bundesregierung und der DGB daran, ihre Botschaften als „public domain"-Disketten, d. h. ohne Urheberrechte frei kopierbar, unter die Freaks zu streuen. Quasi durch die Hintertür werden den Spielern die Werbebotschaften ins Hirn gedrückt.

Schon Anfang der 80er Jahre gab es mal einen Videospielboom, der 1984 zusammenbrach, zum Teil deshalb, weil immer mehr Spiele auf den normalen Computern liefen. Warum man danach die Videospielkonsolen nicht vollständig einmottete, hing damit zusammen, daß auf jedes verkaufte Computerspiel ca. 10 Raubkopien kamen. Videospiele dagegen sind so gut wie kopiersicher. Genau darin sahen Nintendo und SEGA und seit neuem auch Sony und Philips ihre Chance – und sie brachten immer bessere Spielekonsolen, tragbare Taschengeräte und immer ausgefeiltere Videospiele auf den Markt. So entstand der Videospielboom der 90er Jahre.

Inzwischen wurden von der Computerindustrie schon einfache Spiel- und Lerncomputer speziell für Drei- bis Sechsjährige entwickelt. Wenn das Kind die richtige Taste aus bißfestem und kakaosicherem Kunststoff drückt, piepst ein Vögelchen oder hüpft ein Häschen über den abwaschbaren Bildschirm.

Zwar spielen die Drei- bis Sechsjährigen nur in Ausnahmefällen heute mit einem Computer, aber wer weiß, was in der schönen neuen Computerwelt noch so alles passiert.

Spiel-Typologie

Der Computer- und Videospielmarkt ist ziemlich unübersichtlich. Sicher ist nur, daß es schon heute mehr als 10000 Spiele gibt – und jedes Jahr kommen tausend neue hinzu. Allerdings, die Spiele unterscheiden sich, was die Qualität der Spielideen, der graphischen Gestaltung und des Sounds angeht, hochgradig voneinander. Das geht vom selbstprogrammierten Schülerspiel mit einfachster Strichmännchen-Graphik bis hin zu hochkomplizierten dreidimensionalen Kunstwerken aus den Profiwerkstätten.

Jan Grosser, Geschäftsführer des Frankfurter Spieleladens „Hall of Game", gibt einen Überblick über die verschiedenen Spielegruppen: „Es gibt die sogenannten *Jump- and Run-Spiele*, wo man eine Figur steuert, die die Fähigkeit hat, von meistens links nach rechts durch den Bildschirm zu laufen und zu springen über Hindernisse oder auf Hindernisse drauf. Dann gibt es die *Action-Spiele* mit viel Ballerei, *Sportspiele* ist eine eigene Kategorie, manchmal wirklich sehr gut und sehr ernsthaft umgesetzt, manchmal weniger. Da wirkt es mehr wie eine Karikatur. Und natürlich die *Rollen- und Abenteuerspiele*, die inzwischen einen sehr, sehr großen Teil der Telespiele ausmacht."

Die wahren Abenteuer sind im Kopf

Der Benutzervorteil der Computerspiele, vor allem der Rollen- und Abenteuerspiele ist, daß man bequem im Sessel vor dem Bildschirm sitzen kann, Abenteuer erlebt, die man auch selbst beeinflussen kann und auf die man reagieren muß, ohne auch nur einen Schritt vor die Haustür machen zu müssen.

Man geht sozusagen in einer Phantasie spazieren nach dem Motto: „Die wahren Abenteuer sind im Kopf."

Stephan (29), kaufmännischer Angestellter, ist seit Jahren ein Rollenspielfreak: „Das läuft so, daß wir uns abends um, ich schätz mal so sechs, sieben treffen und dann oft bis nachts um drei, vier spielen. Um so ein Spiel zu lösen, bedarf es so ein halbes Jahr Zeit.

Wir spielen das meistens zu zweit oder zu dritt, und es geht eigentlich darum: Es geht um ein Abenteuer, das schon im Rahmen festgelegt ist, und man muß sich dann eine Gruppe zusammenstellen zwischen fünf und sechs Leuten, die muß ausgewogen sein, verschiedene Charaktere, die verschiedene Eigenschaften verkörpern. In erster Linie ist es schon so die Ritterwelt von früher. So kann man es sich vorstellen. Mit Kämpfern, mit Magiern, Zauberern, mit Zwergen, Dieben und so weiter.

Es ist so: Man fängt bei den Charakteren bei Null an, führt sie durch ein Abenteuer, und dann bekommt man Erfahrungspunkte für diese Charaktere. Und je nach Erfahrungspunkten steigen sie in ihrem Level. Und mit der höheren Erfahrungsstufe fangen die Leute an, ihre Eigenschaften auszubauen, sie werden stärker in ihrer Schlagkraft oder schneller, bekommen mehr Hitpoints, das sind die Lebenspunkte an sich. Und zum Beispiel ganz wichtig auch für Zauberer, die lernen neue Zaubersprüche dazu, werden einfach stärker."

Und warum spielt Stephan diese Adventure-Games?

„Ja, ich schätz, das ist schon so eine Flucht quasi in eine andere Welt. Man ist plötzlich nicht mehr der Stephan aus Büdingen, sondern man ist dann da in dieser Gruppe integriert, und man fühlt sich da mit dieser Gruppe verbunden und ist in einer ganz anderen Welt. Es macht Spaß. Und es ist so eine Flucht in eine andere Welt. Man läßt mal alles hinter sich und begibt sich da rein ... Dieser Wechsel vom Spiel wieder zurück ist sehr schwer, weil man denkt sich, die Vernunft siegt. Die sagt: Also es ist jetzt vier Uhr, und du mußt um acht raus. Die vier Stunden Schlaf brauchst du noch, ja. Und es ist schwer, wenn man einmal drin hängt und spielt, und man macht sich manchmal nur sowas vor und sagt: Ich spiel mal eine Stunde, und dann hör ich auf, weil ich einen Termin habe, und plötzlich ist der Termin unwichtig, und man läßt ihn sausen."

Inwieweit man hier schon von einem Mißbrauch des Mediums sprechen kann, sei dahingestellt. Aber die Flucht aus einem banalen, erlebnisarmen Alltag in die „Abenteuer am Bildschirm" kann auch süchtig entgleisen (siehe dazu Kapitel „Spielsucht").

Erfolg garantiert

Was macht eigentlich die Faszination der Computerspiele aus? Weshalb hängen junge Leute stundenlang wie gebannt vor ihren Bildschirmen?

Christian Rieck, der auch ein Buch über Spieltheorie geschrieben hat, hat in seiner Studentenzeit selbst Spiele entwickelt: „Ich glaube, das Wesentliche bei solchen Spielen ist, daß der Schwierigkeitsgrad immer vom Benutzer selber einstellbar ist, daß man immer gerade so stark gefordert ist, daß es nicht langweilig wird und doch so leicht, daß man immer noch ein Erfolgserlebnis haben kann. Das heißt also, man weiß immer von vornherein, man wird am Ende in irgendeiner Form als Sieger hervorgehen, und man weiß, man wird sich auf jeden Fall gut unterhalten haben."

So ist der Erfolg auf jeden Fall garantiert.

Jeder Spieler kann auf dem ihm zusagenden Schwierigkeitsniveau des Spiels seine Erfolgserlebnisse haben. Aus der Lernpsychologie ist bekannt, daß gerade eine Schwierigkeit, die etwas über den momentanen Fähigkeiten liegt, besonders motivierend wirkt. Gerade für Kinder und Jugendliche mit wenig Erfolgserlebnissen und geringer Frustrationstoleranz kann eine „Flucht ins Videospiel" deshalb sehr verlockend sein. Hinzu kommt der Wunsch, der Beste, der Größte und der Schnellste zu sein. In der Sprache der Videozocker nennt man das den „highscore knacken". Jochen und Marc, beide heftige Telespieler:

„Ich denke mir, daß das Thema „Highscores", egal ob bei Fünf-, Sechs-, Sieben- oder Neunundzwanzigjährigen, die sich mit Spielen befassen, eine große Rolle spielt. Weil ein Highscore ein Status ist. Er kann sich in Punktzahlen ausdrükken oder, wie zum Beispiel in „Monkey-Island" – ich hab' die Lösung in einer Woche gefunden, ich hab' die Lösung in zwei

Tagen gefunden im Gegensatz zu Leuten, die immer noch dranhängen und hängen und nicht weiter kommen, und die Leute
dann um Tips bitten müssen. Und dann geht der Status noch
einen Schritt höher."

Gerade Menschen, die im Alltag wenig Erfolgserlebnisse haben, können hier zum „erfolgreichen Profi" werden. Grö-
ßenphantasien, einhergehend mit einem geringen Selbstwertgefühl, werden oft als Charakteristika „süchtiger Persönlich-
keiten" beschrieben. Solche Menschen sind wahrscheinlich
am meisten gefährdet, eine Abhängigkeit von Videospielen zu
entwickeln (siehe dazu Kapitel „Was ist Sucht?").

Videoten

„Computerspiele als Verblödungswerkzeuge zu verdammen,
macht keinen Sinn", meint Professor Jürgen Fritz, Sozialpäd-
agoge an der Fachhochschule Köln, Fachgebiet Spielpädagogik.
Und er sagt weiter: „Ein verengter Blick, soziale Vereinsamung
oder Aggressionen werden von den Computerspielzeugen nicht
verursacht. Sie sind bei den meisten Spielern schon vorhanden.
Allerdings können sie verstärkt werden."

Christian meint denn auch selbstkritisch: „Manchmal vergeht auch die Zeit, ohne daß man es merkt. Und dann gibt es
halt Ärger zu Hause. – Ja der Partner, der sich dann über die
Kommunikationshemmung beschwert. Man vergißt die Zeit.
Man ist einfach in einer ganz anderen Welt und zockt ab.

Das eigentliche Spiel läuft zwischen mir als Benutzer und
dem Bildschirm bzw. dem Computer ab. Ein Computer in dem
Fall ist Kommunikationshemmer Nummer eins, weil ich in
dem Moment so vertieft bin in die Geschichte, daß ich überhaupt nicht mehr verstehe oder höre, was um mich herum geschieht."

Das Vorurteil, Computerspiele führten in die Isolation,
stimmt allerdings nur bedingt. Zum einen gibt es eine ganze
Reihe von Spielen, die man zu mehreren spielen kann, zum anderen ist der Kontakt zu Freunden dadurch gegeben, daß man
Spiele tauscht und kopiert.

Die Frankfurter Sozialwissenschaftler Peter Noller und Gerd
Paul haben kürzlich 450 Computerfreaks befragt. Ihre Unter-

suchung, die unter dem Titel „Jugendliche Computerfans –
Selbstbilder und Lebensentwürfe" veröffentlicht wurde,
kommt zu dem Ergebnis:

„So sind häufig jugendliche Computerfans nicht isoliert,
sondern sie sind in ein dichtes Netz von sozialen Beziehungen
eingeschlossen. Sie sind jedoch weniger Mitglieder in Verei-
nen, sondern bewegen sich eher in informellen Gruppen, für
die das Handeln und Tauschen von Programmen und Spielen
wichtig ist."

In manchen Kreisen wird der Streit um die Telespiele so er-
bittert geführt, als gelte es, das Abendland dadurch zu retten,
daß man die Jugend wieder auf den richtigen Weg zurückführt
– fernab all der künstlichen Spielewelten. Aber Computer- und
Videospiele werden wohl auch in Zukunft einen großen Teil in
der Freizeitgestaltung junger Leute ausmachen. Eher wird der
Anteil noch höher werden, wenn Cyberspace, die virtuelle
Computerwelt, erst mal so richtig Einzug ins Kinderzimmer
und in unseren Alltag gehalten haben wird (siehe dazu Kapitel
„Programmierte Paradiese"). Erst dann wird der Streit um die
künstlichen Spielwelten richtig aufflackern. Aufzuhalten ist
dieser Trend allerdings kaum. Da wird viel zu viel Geld damit
verdient, als daß er noch gestoppt werden könnte.

Wir werden wohl oder übel damit leben lernen müssen, und
wir werden lernen müssen, sie in einer positiven Weise zu nutzen.

Literatur

Aktion Jugendschutz: Abenteuerspielplatz Bildschirm. München 1984
Baumann, Hans D.: Horror – die Lust am Grauen. Weinheim 1989 (Beltz)
Fritz, Jürgen: Im Sog der Videospiele. München 1985 (Kösel)
Glogauer, Werner: Die neuen Medien verändern die Kindheit. Weinheim
   1993 (Deutscher Studien Verlag)
Schindler, Friedemann: Computerspiele zwischen Faszination und Gift-
   schrank. Bremen 1992 (Lidice-Haus)
Sheff, David: Nintendo – Game Boy. München 1993 (Goldmann)
Zeitter, Ernst: Telespiele – Videospiele – Computerspiele. Hamm 1987
   (Hoheneck)

Spielsucht: Wie aus dem Traum vom Glück ein Alptraum wird

„Spielen ist wie Fixen.
Der Einstieg geschieht aus Spaß,
dann kommt die Zerstörung."

(Matthieu Carriere, Schauspieler)

Geldspielautomaten hängen heute in fast jeder Kneipe, in vielen Pizzerien und mitunter sogar an Kiosken und in Wartehallen. Aber wer heute „zocken" geht, der tut dies immer häufiger in dem video- und ping-pong-sound-trächtigen Flair anonymer Spielhallen. Neu entwickelte elektronische Spielsysteme, Sonderspielserien und Risikospiele sowie die Erhöhung des Einsatzes und des Höchstgewinns haben neue Reize geschaffen und in den letzten Jahren zu einem Boom der Geldspielautomaten geführt.

Was man früher „Groschengräber" nannte, sind heute Apparaturen, wo man leicht und locker auch Ein-, Zwei- und Fünf-Markstücke einwerfen und 70 Mark pro Stunde verlieren kann. Und da in den „Daddelhallen" die armlosen Banditen in Dreierwaben hängen, können es auch bis zu 200 Mark pro Stunde sein, die notorische Spieler in den Schlitz stecken. Viele spielen nämlich auf drei Automaten gleichzeitig.

Die Vereinbarung der Automatenhersteller, die Automaten so zu stellen, daß nicht an mehr als zwei Geräten gleichzeitig gespielt werden kann, wird kaum in die Praxis umgesetzt.

Erich spielt seit acht Jahren und hat bisher 50 000 Mark verspielt: „Ich fing an am Automaten zu spielen, kleine Beträge zunächst, die unerheblich waren. Man ist halt irgendwohin gekommen, da hat man 30 Pfennig reingeworfen und war fertig. Und dann bedingt durch Streß, Arbeit, Familie, dem ich entfliehen wollte, habe ich dann angefangen, regelrecht zockermäßig zu spielen. Zuerst habe ich auch nur kleine Beträge verloren, aber die mußten immer wieder reingeholt werden. Man hat es also probiert, hat Beträge gesetzt, und so ist das dann angewachsen. Es gibt also heute Lokale, da geh ich rein, da weiß keiner, daß ich Spieler bin. Und es gibt andere, die wissen ganz genau, wenn ich reinkomme, da legen die die Fünf-Mark Stücke bereit ...

Das können unheimlich viele Gründe sein. Das kann einmal sein, daß ich Ärger hatte, es kann sein, daß ich mich einsam fühle, es kann auch gcnau umgedreht sein, daß ich einsam sein will, daß ich mich zurückziehen will. Wenn ich also vor so einem Ding sitze, dann sehe ich rechts und links überhaupt nichts. Da ist total alles weg. Ich kapsele mich dann total ab, beschäftige mich mit meinen Gedanken, nach einer Zeit kann ich das dann gar nicht mehr, weil ich mich total auf das Ding konzentriert habe, und alles ist weg."

Spielhallen, Spielhöllen, Spielsucht

Über 500 000 Groschengräber hängen in über 12 000 Kneipen und in 4 000 Spielstätten. Nicht umsonst sorgen sich die Politiker um die „Spielhallenflut". 1 200 davon gibt es in Berlin, 350 in Hamburg, 150 in Köln. In Oberhausen, wo die Arbeitslosigkeit grassiert, kommt auf 3 000 Einwohner eine Spielhalle. Im wohlhabenden München eine auf 32 000 Einwohner. Ca. 8 Milliarden Mark setzte die Spielautomaten-Branche 1993 um: Spielhallen – Spielhöllen – Spielsucht.

Proportional zu den Gewinnen der Industrie wachsen die Verluste der Spieler in den letzten Jahren. Seit es Risikotasten gibt, ist es nicht ungewöhnlich, daß ein passionierter Spieler 200 Mark am Abend verspielt.

Seit 1993 sind noch modernere Geldspielautomaten mit einem Einsatz von 0,40 DM und Gewinnmöglichkeit bis zu 400 DM in Betrieb – eine noch größere Gefahr für die Süchtigen.

In einer anderen Welt

Die Eingangstüren der sogenannten Freizeitzentren stehen immer offen. Jeder, der zumindest so aussieht, als sei er über 18 Jahre alt, kann dort hingehen. Kontrollen gibt es so gut wie nie. Spielhallen sind im Gegensatz zu Spielkasinos ohne jede Barriere zu betreten. Man kann mal eben schnell vorbeigehen. Jederzeit. Das Licht in den Hallen ist gedämpft. Die Fenster

112

meist verdunkelt. Kunstlicht auch am Tag. So kann man die Realität leichter vergessen.

Die Automaten leuchten und blinken und locken mit ihren Melodien. Das Aufsichtspersonal ist angewiesen, freundlich zu den „Stammgästen" zu sein. Da gibt es auch mal Kaffee oder Cola umsonst, manchmal sogar kleine Geschenke, zumindest aber Trost, wenn der Spieler wieder mal alles verloren hat. So wird die Automatenhalle gerade für einsame Spieler zu einer Art Fluchtburg, zur zweiten Familie, und der Automat zum Ersatz für den Mitmenschen, den sie sogar streicheln, mit dem sie sprechen, auf den sie wütend sind.

Alexander, ein Student, spielt seit mehreren Jahren: „Irgendwie hat man das Gefühl, das ist ein alter Freund. Da blinkt's und so, und da klingelt's, da hat man wirklich das Gefühl, mit dem kannst du dich eigentlich gut verstehen. So als Freund kann man ihn auch vielleicht nehmen, daß man mit ihm gut auskommt. Man kennt das ja alles, blinken, klingeln und so. Aber dann, wenn man in der Phase ist, wo man verliert, wo er nicht mehr mitmacht, dann kommt die Wut auf diesen „Freund". Da haut man auch schon auf die Glasscheiben und betrachtet ihn nicht mehr als Freund."

Obwohl der Markt längst gesättigt zu sein scheint, schießen Spielhallen, Spielotheken, Unterhaltungscenter immer noch wie Pilze aus dem Boden.

Das Geschäft mit dem Spielen blüht trotz der Diskussion um die Spielsucht immer weiter. In der Werbung nennt man das „aktive und moderne Freizeitgestaltung für Jung und Alt". Aber nicht nur dort, sondern auch in Kneipen, gutbürgerlichen Restaurants, in Frittenbuden oder Spelunken, hängen diese Münzschlucker vom Typ „Merkur Komet", „Crown Gold", „Rotolux" oder „Triomint-Chance".

Die Spielautomatenindustrie gehörte lange Jahre zu den Wachstumsbranchen unserer rezessionsgeschüttelten Wirtschaft. Erfolgreich ist es ihr gelungen, ihre Etablissements aus einem anrüchigen Bahnhofsmilieu in gewinnversprechende Einkaufszentren zu verlagern, das Spielen an Glücksspielautomaten zu „etwas ganz Normalem" zu machen und ganz normale Leute an den Automaten zu locken.

Umsätze und andere Zahlen

Die Automatenindustrie beklagte zwar in den letzten beiden Jahren bitter ihre stagnierenden oder sinkenden Umsätze, aber: Im Jahr 1993 setzten die Bundesbürger 35 Milliarden DM beim Glücksspiel ein. Davon entfielen ca. 12 Milliarden auf die Spielbanken und ca. 8 Milliarden auf Geldspielautomaten.

Erich meint: „Ich kenne eine ganze Reihe Spielhallen-Spieler, und die kommen aus allen Schichten. Früher hat man ‚Spielhallen-Rocker' gesagt – das ist heute vorbei. Heute kommen Leute aus allen Bevölkerungsschichten, jeglichen Alters."

Eine Studentin, die als Aufsicht in einem Spielcenter arbeitet, berichtet: „An den Geldspielautomaten stehen die krasseren Typen. Die verlieren am Tag schon mal 500 Mark." Die meisten Besucher kennt Sie schon, denn „80 Prozent sind Stammkunden – manche kommen jeden Tag".

Nach einer Untersuchung des Münchner Institutes für Therapieforschung spielen 8 - 10 Millionen Deutsche im Jahr an Glücksspielautomaten. Über 360 000 Bundesbürger „zocken", wie das Spielen im Jargon heißt, täglich, 830 000 mehr als dreimal die Woche. Über eine Million verbringt länger als eine Stunde beim Automatenspiel, und eine knappe halbe Million setzt täglich mehr als 50 Mark ein.

Rien ne va plus: Nichts geht mehr

„Irgendwann bin ich mal auf den Dreh gekommen, daß ich, wenn ich spiele, alles vergesse. Ich war sehr erschrocken, als ich merkte, daß das Spielen für mich Flucht ist – Flucht vor mir selbst und vor der Realität. Wenn ich in der Spielbank war, war alles andere unwichtig. Ich konnte völlig abschalten. Ich habe all die anderen Probleme vergessen, die Probleme mit meiner Frau, mit den Kunden und Lieferanten, meine Geldschwierigkeiten. Alles war weg. Was mich interessiert hat, war nur noch: Wo setze ich hin, gewinne oder verliere ich gerade."

So beschreibt Andreas (46), ehemaliger Geschäftsführer eines mittelständigen Betriebes seine Gefühle, als er regelmäßig in die Spielbank ging. Und das tat er fast vier Jahre, bevor er selbst merkte, daß er spielsüchtig geworden war und in dieser Zeit fast 300 000 Mark verspielt hatte.

Dabei fing auch bei ihm die Sache ganz harmlos an. Er gewann die ersten Male mehrere tausend Mark, bevor seine Pechsträhne begann. Aber die Faszination von der Atmosphäre der Spielbank hielt auch da noch an:

Der Croupier im Smoking mit den zugenähten Taschen wirft die kleine Elfenbeinkugel. Sie saust am Rand des mahagonifarbenen Roulettekessels entgegen der Rotation der drehbaren Zahlenscheibe. Der Tableau, der grün ausgeschlagene Spieltisch, ist voller bunter Jetons, die 10, 20, 50, 100, 1 000 und mehr Mark wert und auf den Zahlen oder den anderen Feldern exakt plaziert sind: Rot oder Schwarz, manque oder passe, pair oder impair, Kolonne oder Drittel. Alles hat seine genau festgelegte Bedeutung. Davon hängt schließlich die Höhe des Gewinns ab. Um den Tisch dichtes Gedränge. Leute aus allen Schichten, allen Altersgruppen. Äußerste Spannung, während die Kugel rollt. Alle starren wie gebannt auf ihren Lauf. Es scheint, als hielten alle den Atem an. Die Kugel wird langsamer, stolpert, scheint in das Fach der 11 zu fallen, macht aber nochmals einen Sprung und landet in dem Kästchen für 26, schwarz. Das Spiel ist aus. Ein Croupier verkündet die Zahl, zwei andere Croupiers räumen mit ihrem Rechen alle verlorenen Jetons zusammen und zahlen die Gewinne aus. Obwohl vielleicht zwanzigtausend Mark von den Croupiers zusammengekehrt wurden, sind die Spieler äußerlich unbeteiligt. Abgesehen von einem kleinen Zucken im Gesicht, kaum sichtbare Gemütsbewegungen. Ein richtiger Spieler ist beherrscht. Er verliert nicht die Fassung, weder beim Gewinnen noch beim Verlieren. Roulettegesichter sind cool. Erst wenn man genauer hinsieht, kann man die Anspannung entdecken, vor allem an den Händen. Wie sie das Spielgeld umklammern, zittrig nach dem Gewinn grabschen, nervös in den Taschen kramen, die Jetons sortieren.

Aber schon geht es weiter. Die Kugel rollt wieder. Nichts geht mehr. Ein paar setzen noch hastig, im letzten Moment. Spieler sind Einzelkämpfer. Der Kampf um das Glück macht einsam. Gesprochen wird wenig. Jeder lebt in seiner Phantasiewelt. Jeder hat seinen Plan, seinen Wahn: Die Systemspieler, die Hasardeure, die Abergläubischen, die Zögernden, die Ängstlichen, die Intuitiven, die Desperados. Dieses minütliche Wechselbad der Gefühle, in einer abgehobenen, entrückten Atmosphäre, das ist es, was die Faszination des Roulette ausmacht. Die Ekstase nach dem Gewinn, die Verzweiflung nach dem Verlust, und beides gerinnt innerhalb von Sekunden. Denn das nächste Spiel beginnt: „Bitte machen Sie Ihre Einsätze".

Peter (39), Werbemanager: „Mir hat eine Bank in Frankfurt auf verhältnismäßig unsaubere Art und Weise die Kredite gekündigt, und daraufhin hat mir ein Freund gesagt, ach Gott, geh doch mal in die Spielbank, probiers doch mal. Und ich selbst hab vom Glücksspiel nichts gehalten und bin also vor vier Jahren ungefähr das erste Mal in die Spielbank gegangen und war vorher nie in der Spielbank, und ich habe an diesem ersten Tag auch gewonnen. Und ich hatte insgesamt 500 DM dabei und hatte rund 12 000 DM gewonnen. Und da hab ich mir gedacht, jetzt hast du Amerika entdeckt, weil, wo kann man in dieser kurzen Zeit aus 500 DM 12 000 DM machen?

Jeder, der normal arbeitet, kriegt nichts geschenkt, und daraufhin bin ich auch umgehend mit den 12 000 DM Gewinn am nächsten Tag zu meiner Bank gegangen. Ich hab das Geld gleich eingezahlt, mit der Bemerkung, und ‚es kommt noch mehr'. Ich meine, heute muß ich über diese Äußerung lächeln, damals war ich davon überzeugt. Und aus diesem ‚Mehr' wurde nicht mehr, sondern es wurde eher weniger."

Inzwischen hat Peter mehrere hunderttausend Mark verloren – und einen Offenbarungseid geleistet.

Glücksritter

Unter dem Flair des Glücksritters, der Aura des Hasardeurs, der sein Leben auf eine Karte setzt, verbirgt sich in Wirklichkeit ein grausames Spiel. „Nur ein verzweifelter Spieler setzt alles auf einen Wurf", schrieb Schiller in „Kabale und Liebe". Das ist es: Die steinernen Gesichter, die coolen Mienen sind vielfach nichts als geronnene Verzweiflung: „Daß nur keiner merkt, wie's in mir aussieht, wie's wirklich um mich steht."

Wolfgang hat es geschafft, mit dem Glücksspiel aufzuhören, bevor sich seine Spielleidenschaft zu einer regelrechten Sucht auswuchs, obwohl auch er mehrere tausend Mark am grünen Tisch gelassen hat: „Ich war zeitweise süchtig. Gut, die Spielbank hat mich fasziniert. Mit einiger Nervosität habe ich dort auch gespielt. Ich habe an bis zu drei Tischen gespielt, gleichzeitig, bis ich die Übersicht verloren hatte. Ich weiß noch, als einmal ein Chefcroupier auf mich zukam unter den Augen der anderen und sagte, ‚Kommen Sie doch mal mit‘, und ich dachte, mein Gott, was hast du verbrochen, und er holt mich an seinen Tisch und sagt: ‚Sagen Sie mal, Sie spielen doch auch hier an diesem Tisch, Sie müssen aufpassen. Sie haben vorhin Geld gewonnen, wir haben das für Sie rausgelegt‘. Ich habe dann auch aufgeatmet. Aber ich hatte das also, wie gesagt, nicht mehr ganz im Griff. Ich habe nicht gesehen, daß ich da gewonnen hatte, weil ich zwischen drei Tischen pendelte und zwischen drei Tischen spielte ... Das ging sechsmal gut. Ich weiß es genau. Beim siebten Mal hatte ich das Geld, das ich dann gewonnen hatte, dabei und verlor alles an dem Abend.“

„Eher spielen sich hundert Leute arm, als einer reich“, heißt es in einem Sprichwort. Und die Zahlen bestätigen es: 20 000 Spieler haben sich an den bundesdeutschen Spielbanken sperren lassen.

Abhängigkeit

Das Glücksspiel hat epidemische Ausmaße angenommen. – Ob an Automaten oder bei den gehobeneren Spielen wie Baccarat, Black Jack oder Roulette. Diese Aussage bezieht sich auf das unkontrollierte krankhafte Spielen. Gerhard Meyer, Diplom-Psychologe aus Bremen, hat eine Lawine losgetreten, als er 1982 den Begriff „Spielsucht“ in den Mittelpunkt seiner Dissertation stellte:

„Der Spieler ist nicht mehr in der Lage, dem Verlangen nach dem Glücksspiel zu widerstehen. Er spielt weiter, egal ob er sich selbst oder sein soziales Umfeld schädigt. Hat er einmal mit dem Glücksspiel angefangen, verliert er die Kontrolle über seine Einsätze. D. h. er spielt solange, bis kein Geld mehr zur Verfügung steht. Familie, Beruf, Interessen werden im Laufe der Zeit immer mehr zur Nebensache, so daß schließlich das gesamte Erleben und Verhalten auf das Glücksspiel ausgerichtet ist.

Von Entzugserscheinungen wie eben innere Unruhe, Reizbarkeit, Schlafstörungen, bis hin zu Schweißausbrüchen, Zittern und sogar Kopfschmerzen wird bei Spielern berichtet, die nicht spielen können oder nicht mehr spielen wollen. Es handelt sich um eine nicht stoffgebundene Abhängigkeit. Bei der Glücksspielsucht fehlt die körperliche Abhängigkeit. Dem Körper wird ja kein Stoff zugeführt, wie z. B. bei der Alkoholabhängigkeit. Der Spieler wird lediglich „psychisch abhängig". Diese psychische Abhängigkeit hat sich jedoch auch bei stoffgebundenen Formen als Wesentliches an der Sucht herauskristallisiert und ist daher zentraler Gegenstand der therapeutischen Bemühungen."

1993 begaben sich rund 6 400 Glücksspieler/innen in ambulante Beratung und Behandlung. Gerhard Meyer schätzt die Gesamtzahl der behandlungsbedürftigen Spieler/innen auf ca. 100 000.

Neuere Forschungen haben ein sogenanntes Belohnungszentrum im menschlichen Gehirn gefunden. Süchtige, ob Alkoholabhängige, Drogensüchtige oder Spieler scheinen an einem Mangel an chemischen Übertragungssubstanzen dieses Belohnungszentrums zu leiden. Amerikanische Forscher fanden 1994 bei Spielern signifikant häufiger ein Dopamin-Rezeptor-Gen als in einer Kontrollgruppe. Diese genetische Variante im Belohnungssystem erhöht nach Ansicht der Forscher (Comings et al, 1994) das Risiko, süchtig zu werden.

Eine Untersuchung des Psychologen Peter Carlton, New Jersey, USA, der den Hormonhaushalt von 100 notorischen Spielern vier Jahre lang untersuchte, belegt die körperlichen Veränderungen der Spielsüchtigen. Peter Carlton: „Zum Großteil können diese Leute nicht mit dem Spielen aufhören, weil sie an einem extrem erniedrigten Serotonin-Spiegel leiden."

In verschiedenen Studien mit Spielsüchtigen zeigt sich, daß die Lebenserwartung von Spielern erheblich verringert ist. Kreislaufbeschwerden, Herzrhythmusstörungen, Hautkrankheiten, Magengeschwüre sind ebenso Folgen exzessiven Zokkens wie Zahnverfall, Unterernährung oder Fettleibigkeit und andere körperliche Probleme.

Stationen der Spielsucht

Es gibt eine Reihe von typischen Stationen, die viele Spieler durchlaufen, bevor sie süchtig werden. Rainer Düffort beschreibt in der Broschüre „Ratgeber für Spieler und ihre Angehörigen" folgende typischen Erfahrungen, die viele Spielsüchtigen machen:

1. *Erster, eher zufälliger Kontakt mit dem Glücksspiel.*
2. *Positive Erlebnisse mit dem Glücksspiel führen zu Wiederholungen.*
3. *Erste finanzielle Verluste entstehen und werden bagatellisiert.*
4. *Gelegentliche Gewinne scheinen die Verluste auszugleichen.*
5. *Die Besuche in den Spielstätten werden häufiger, die Risikobereitschaft wächst.*
6. *Da die Verluste größer werden, wird angefangen, diese Besuche zu verheimlichen.*
7. *Die Gedanken kreisen immer stärker um das Spiel.*
8. *Jede freie Minute wird nach Möglichkeit zum Spielen verwandt.*
9. *Zusätzliche Geldquellen müssen erschlossen werden.*
10. *Jegliches Geld wird zum „Spielgeld".*
11. *Nach Spielphasen stellt sich Katzenjammer ein.*
12. *Gute Vorsätze, nur noch zu bestimmten Zeiten und mit bestimmten Summen zu spielen, schlagen fehl.*
13. *Schulden und kein Ende.*
14. *Traum von den Gewinnen, die alles zum Guten wenden.*
15. *Zunehmende Unfähigkeit, mit dem Spiel aufzuhören, solange noch Geld verfügbar ist.*
16. *Der psychische und soziale Druck verstärkt sich immer mehr.*
17. *Versuche, mit dem Spiel aufzuhören, enden mit erneuten Rückfällen.*
18. *Die Isolierung von Familie und Freunden nimmt zu.*
19. *Das Spielen wird zum zentralen Punkt im Leben.*
20. *Oftmals tagelanges Spielen.*
21. *Der Spieler verliert sich und seine Umgebung völlig aus den Augen.*
22. *Rien ne va plus, nichts geht mehr.*
23. *Der Verlierer gesteht seine absolute Niederlage ein.*

Dabei fängt es immer ganz harmlos an, meistens mit einem großen Gewinn und der Hoffnung, auf leichte, spielerische Art sein Geld verdienen zu können. Herbert (36), von Beruf Vertreter: „Eigentlich hat das ja jeder im Kopf. Das ist der Wunschtraum eines jeden Menschen, auf leichte und angenehme Art Geld zu verdienen. Das muß nicht in utopischen Dimensionen sein, aber immerhin ein angenehmes Leben führen und möglichst wenig arbeiten."

Ein paar Gewinne am Automaten oder am Spieltisch oder auch der Versuch, die Verluste wieder zurückzugewinnen, bringen das Rad ins Drehen. Und die Spannung steigt mit jedem Spiel. Denn das wirklich Gefährliche ist nicht das Verlieren, sondern das Gewinnen: gerade aufwärts, geht's in Schußfahrt bergab.

Alexander, der 25jährige Student, beschreibt, wie es bei ihm begann: „Die erste Zeit war so, daß man Spaß daran gehabt hatte, daß man nicht dahin kam, um in jedem Falle Geld zu verdienen. Verschlechtert hat sich die Sache eben dann, als man dann im Laufe der Zeit immer mehr verloren hat. Und dann auch einfach, wenn man feststellt, man ist seit Stunden da und sitzt auf diesem Hocker, leidet praktisch unter körperlichen und seelischen Schmerzen, und spielt trotzdem weiter. Da merkt man, man ist drin, man ist süchtig."

Aus dem Spaß entwickelt sich die Ekstase und aus der dauernden Ekstase oder der Suche danach kann Sucht werden.

Wilhelm war über zwanzig Jahre spielsüchtig: „Ich bin ja nun ein Vollblutzocker gewesen. Ich habe alles gespielt, was es nur zu spielen gab. Am liebsten hätte ich gespielt, wieviel Blätter fallen vom Baum, wenn ich nichts mehr zum Spielen gehabt hätte. Mir war das alles egal. Ich kann mich an ein Ereignis erinnern: Ich war auf der Rennbahn gewesen und habe da beim letzten Rennen eine Dreierwette getroffen und habe da 1 350,– DM gewonnen und war todunglücklich, daß jetzt kein Rennen mehr stattfand und daß ich auch jetzt noch Geld in der Tasche hatte. Und was war mein nächster Weg: Wieder auf die Spielbank zu fahren und zu versuchen, das Geld wieder loszuwerden. Ich war halt ein Spieler, der alles gespielt hat und dem auch zum Schluß alles egal war. Man hat gewonnen, da ist man nochmals nachts in eine Bar und hat den großen Max gemacht."

„čirculus vitiosus"

Wenn man mal beim Glücksspiel gelandet ist, schmilzt der Abstand vom Spießer zum Desperado. Auf der ständigen Suche nach dem „Kick", dem „arousal", dem „hochgeputschten Erregungsniveau", wird das Spielen zum intensivsten Erlebnis im Leben überhaupt. Und das wird mit der Zeit das einzige, worum es geht: Das Gewinnen geht ihnen über den Gewinn, das Verlieren über den Verlust, die Tätigkeit über das Ergebnis. Mit einem Bein im Groschengrab oder halb über dem Abgrund des Roulettetisches, wird irgendwann „sowieso alles egal". Das einzige, was zählt, ist die Erregung, die Aufregung, und die kostet man aus bis zur bitteren Neige. Deshalb gehen Spieler erst dann, wenn sie alles verloren haben. Erst dann fällt dieser innere Druck, diese starke Unruhe von ihnen ab. Und sie sagen auch noch: „Wer nicht in die Spielbank geht, hat nicht richtig gelebt."

Wilhelm sagt: „Wenn ich gespielt habe, habe ich völlig die Welt um mich vergessen. Da war alles egal. Ich habe keine Verabredungen eingehalten oder keine Zeitpunkte, die ausgemacht waren. Wenn hier in Deutschland ein Tag war, wo die Spielbank zu war, wie der 1. Mai oder sonst was, da bin ich 500 bis 600 km gefahren ins Ausland, nach Niederbronn oder egal auch wohin, nach Belgien, nach Spa, um spielen zu können."

So wird das Spielen zur Fluchtburg, in die man sich immer öfter retten muß, weil die Probleme, die durch das Spielen entstanden sind, immer größer werden. Der circulus vitiosus, der Teufelskreis, dreht sich immer schneller.

Erich sagt: „Es hat Tage gegeben, wo ich gewonnen habe, wo ich gut 200 Mark gewonnen habe, aber da kommt man jetzt wieder in diesen Automatismus. Man sagt, o. k., heute ist wahrscheinlich ein Glückstag, und dann kannst du ja mal versuchen weiterzuspielen. Es war immer so, auch wenn ich gewonnen hatte, daß ich entweder an diesem Tag, auch oft am nächsten Tag doppelt verloren habe ... Den Zweck, nämlich irgendwo eine Flucht vor mir selbst und eine Flucht vor dem Leben und vor den Menschen, vor den Hoffnungen, mit denen ich nicht mehr zurechtgekommen bin, vor den Enttäuschungen, diesen Zweck habe ich da vollkommen erreicht."

Das Leben pathologischer Spieler zentriert sich – wie beim Alkoholiker oder Fixer – mehr und mehr um die Droge Spiel, selbst die Phantasien sind ausgefüllt mit Spielen. Die Roulettekugel rollt im Kopf weiter, und die Scheiben der Spielautomaten rotieren und klickern. Sogar im Traum versucht man, die Glücksgöttin Fortuna zu beschwören, zu zwingen oder anzuklagen.

Alexander, der Student: „Es waren Tage gewesen, wo ich acht Stunden oder so gespielt habe, also praktisch ein Arbeitstag, und dann nach Hause kam. Ich konnte dann nicht schlafen, und wenn ich dann geschlafen habe, dann habe ich ständig diese Scheiben, diese Automatenscheiben vor meinen Augen gesehen und Zahlen. Ich war also praktisch schweißgebadet dann immer morgens aufgestanden. Das war also kein gesunder Schlaf, vor allem nach solchen Träumen."

„Vor Gott und dem Roulette sind alle Menschen gleich"

Die Glücksgöttin Fortuna läßt sich nicht zwingen. Und das Glück geht selten in Serie: „Vor Gott und dem Roulette sind alle Menschen gleich". Spieler sind Verlierer im Kampf gegen eine unbekannte Macht, weil sie den Kampf immer wieder suchen und glauben, daß sie irgendwann die Sieger sein könnten. Dafür wird dann alles andere vernachlässigt, der Partner, die Freunde werden unwichtig. Wichtig ist nur noch das Spiel.

Alexander: „Ich habe oft Sachen nicht mehr gemacht, die ich eigentlich hätte machen müssen, eigentlich nur wegen des Spielens. Ich habe mir gesagt, was draußen in der Realität passiert, das kann ich mal aufschieben. Ich gehe spielen."

Spielertypen und Spielsuchtkriterien

Natürlich ist Spieler nicht gleich Spieler. So gibt es einige Versuche, verschiedene Spielertypen zu unterscheiden und zu klassifizieren.

Die Forschergruppe um Haustein (Göttingen) kommt aufgrund einer Untersuchung an 60 Spielern zu folgender Typisierung:

1) *Exzessive Spieler mit einer frühen Persönlichkeitsstörung. Ihnen fehlen wesentliche Ich-Funktionen so wie ein angemessener Realitätsbezug. Sie haben ein geringes Selbstwertgefühl, eine niedrige Frustrationstoleranz und eine schwache Impuls-Kontrolle. Sie flüchten in Phantasiewelten, sind schnell gekränkt und kaum bindungsfähig. Der Automat wird für sie zur „Ersatzgeliebten". Für sie trifft das Etikett „Sucht" am stärksten zu.*
2) *Die zweite Gruppe spielt unter dem Druck einer neurotischen Regression, um „abzuschalten", zu „vergessen". Wenn sie wieder aus der Regression mit der Maschine auftauchen, haben sie oft Schuld- und Schamgefühle. Diese Gruppe macht den größten Teil der Spieler aus. Auf sie trifft das Etikett „Sucht" bedingt zu.*
3) *Die kleinste Gruppe (ca. 10 Prozent) spielte nur kurzfristig als Reaktion auf aktuelle Konflikte. Das sind Jugendliche in Reifungs- und Orientierungskrisen. Geld spielt hierbei eine ebenso große Rolle wie der Wunsch, den Freunden mit dem Gewinn zu imponieren. Für sie trifft das Etikett „Sucht" kaum zu.*

Die Deutsche Hauptstelle gegen die Suchtgefahren (DHS) nennt folgende Kriterien für pathologisches Glücksspielen:

- *Der Zeit- und/oder Geldaufwand nimmt für das Spielen ein solches Ausmaß an, daß ein „subjektiver und ökonomischer Leidensdruck entsteht".*
- *Die alltägliche Lebensführung ist gekennzeichnet durch eine „übermäßige gedankliche, emotionale und verhaltensmäßige Ausrichtung auf das Spielen".*
- *Es treten im sozialen Umfeld Störungen auf.*

Wenn zwei von diesen drei Kriterien bei Spielern auftreten, liegt nach Meinung der DHS „problematisches" Spielen vor.

Rosemarie Jahrreis, die Leiterin der Psychosomatischen Klinik Münchwies, in der stationäre Therapie für Glücksspieler angeboten wird, unterscheidet zwei Gruppen von Behandlungsbedürftigen. Ca. zwei Drittel der in Behandlung kommenden Spieler weisen eine klassische Suchtstruktur auf. Bei dem anderen Drittel stellt das Spielen einen neurotischen Konfliktlösungsversuch dar. Ob es sich bei dieser Gruppe um lediglich ein weniger fortgeschrittenes Stadium des gleichen Prozesses handelt, ist noch ungeklärt – behandlungsbedürftig sind beide Gruppen in jedem Fall.

Die Magie der Zahlen

Spieler sind – oder werden – abergläubisch. Sie vergessen Zeit und Raum – und Geld. Ihr Denken wird magisch. Sie setzen nur bestimmte Zahlen und vielleicht auch nur dann, wenn ein bestimmter Croupier die Kugel wirft. Beim Automatenspiel halten sie z. B. die mittlere Scheibe zu. Oft sind deshalb Spieler Verlierer im Kampf gegen eine unbekannte Macht, weil sie den Kampf immer wieder suchen und glauben, daß sie irgendwann die Sieger sein könnten.

Eine Frau erklärt ihr „System" in der Spielbank: „Ich hab bestimmte Zahlen, die ich immer setze. Und ganz selten, daß ich von den Zahlen abgehe. Da ist z. B. die 31, die 32 und die 15 und die 18. Das sind praktisch so meine Zahlen. Mein Geburtsdatum, das meiner Tochter. Bei mir spielt die Acht eine große Rolle, weil ich bis jetzt immer in Hausnummern mit acht gewohnt habe. Ich interessiere mich auch, wie die Kugel rollt. Und es ist auch ein bißchen sehr viel Spannung dabei."

Und auch das Verhältnis zum Geld verändert sich bei den Spielsüchtigen radikal.

„Wenn ich dann nachts aus der Spielbank raus war und war so richtig down und hatte keinen Floh mehr in der Tasche, dann bin ich noch vom Hauptbahnhof zwei Kilometer gelaufen, weil ich kein Geld für die Taxe hatte, und ein Bus fuhr ja keiner mehr, nachts um halb drei. Ich habe mir schon wieder Gedanken gemacht, wo kriegst du morgen wieder Geld her, um wieder spielen zu können. Ich glaube, das ist für einen Spieler das Wichtigste, wo kriege ich Geld her? Damit es weitergeht, damit ich wieder, wieder spielen kann. Man rechnet ja eigentlich nur noch in Jetons. Und die Jetons sind aufgeteilt in Fünfer, Zehner, Zwanziger, Fünfziger, Hunderter, Fünfhunderter, Tausender, Fünftausender …

Man verliert die Relation zum Geld, d. h. also, es ist Spiel-geld, ein Jeton, in dem Moment, wo man da ist, und wenn man draußen ist, versucht man das ins Leben umzuwandeln, und dann denkt man, was hast du gestern verloren, fünfhundert Mark, tausend Mark oder auch mehr, und da geht's um wieviel, um fünfzig oder hundert Mark, die Relation ist weg. Man macht Dinge, die man normal nie machen würde. Gewinnt man, dann kauft man sich, was weiß ich, Kugelschreiber für fünfhundert Mark, die man sich nie gekauft hätte, verliert man, dann fährt man schwarz in der Straßenbahn und spart das Geld, aber es steht in keiner Relation, wenn ich tausend Mark verliere, kann ich die doch nun nicht durch zweimal Schwarz-fahren wieder einsparen. Also die Relation fürs Geld ist völlig weg."

Verzweifelte Optimisten

Zocker glauben an den Gewinn. Sie sind verzweifelte Optimi-sten. Selbst ihren Ruin quittieren sie mit einem Lächeln. Selbst wenn sie an einem Abend sehr viel Geld verloren haben, gehen sie am nächsten Tag los, in der Überzeugung, diesmal zu gewinnen. Sie bagatellisieren Verluste und vergessen, wieviel sie schon eingesetzt haben. Gewinne deuten sie als Glücks-strähne und spielen verstärkt weiter, auch wenn sie sich vorge-nommen hatten, aufzuhören, wenn ein Gewinn kommt. Sie können nicht aufhören, solange sie noch Geld in der Tasche ha-ben.

Denn das wirklich Gefährliche ist nicht das Verlieren, son-dern das Gewinnen. Wie von einem Gummiband gezogen, su-chen sie deshalb dieses Wechselbad der Gefühle immer wieder. Darum ist es ein Spiel ohne Grenzen, bis die Realität, nämlich die Geldnot, die Grenzen setzt. Und die sehen dann oft brutal aus. Und das Ergebnis sind dann oft kriminelle Handlungen. Denn die Spielleidenschaft führt bei abhängigen Spielern oft zur Zerstörung ihrer materiellen Lebensgrundlage. Denn das Verhältnis der Spieler zum Geld ist extrem gestört. Soviel ist klar: Wer spielt, verliert. Zwar nicht immer, aber immer mehr. Notorische Spieler landen früher oder später auf der schiefen Bahn.

Wilhelm, seit über 20 Jahren Spieler: „Wer ein richtiger Spieler ist, der gleitet sehr schnell ins Kriminelle ab. Das ist doch eine ziemlich große Gratwanderung. Erst fängt man an, sich Geld zu leihen und dann kann man es nicht zurückbezahlen. Dann versucht man wieder ein anderes Loch aufzumachen, das Loch erstmal zu stopfen und dann noch soviel übrig zu haben, daß man spielen kann. Und so gleitet man ruck-zuck nachher in die Kriminalität ab, d. h. in Beschaffungskriminalität, indem man schon anfängt, mal einen Scheck aus-zuschreiben, der nicht gedeckt ist. Man veräußert von seiner Frau den Silberschmuck oder irgendwas, was noch nicht bezahlt ist."

Alles andere außer dem Spielen wird vernachlässigt: Der Partner, die Freunde werden unwichtig. Wichtig ist nur noch das Spiel. Das macht Spieler einsam. Sie sind Einzelkämpfer, selbst wenn sie eine Familie haben. Viele führen ein Doppelleben. Der größte Teil der Spieler sind Männer. Und oft sind es die Ehefrauen, die am meisten unter der Spielsucht des Partners zu leiden haben.

Wilhelm meint: „Spieler haben z. B. einen sicheren Instinkt dafür, wo, egal wie gut, das Geld versteckt ist. So geht es mir jedenfalls. Das kann noch so gut versteckt sein. Von meiner Frau oder sonst irgendwas. Ich hab' das gefunden mit einer Zielsicherheit, wie ein Kind vielleicht eine Tafel Schokolade, die versteckt ist oder die Ostereier oder irgendwas. Nur, wenn man das dann gefunden und verspielt hat, dann muß das Geld ja irgendwie wieder beigetrieben werden. Also, was hat man gemacht? Man hat gespielt."

Beschaffungskriminalität

Notorische Spieler landen früher oder später auf der schiefen Bahn. Wenn es auch kaum Kapitalverbrechen sind und man das Ganze eher der Beschaffungskriminalität zuordnet, so gehen Diebstahl, Scheckbetrug, Hehlerei doch mitunter in die Hunderttausende. Man muß sich Geld leihen, um seine Schulden zu bezahlen und um noch weiter spielen zu können. Das Karussell dreht sich immer schneller. Nachdem man den Arbeitsplatz verloren, das Konto endgültig überzogen, alle

Freunde weg sind, man den Schmuck der Frau in der Pfandleihe versetzt hat, landet man schließlich bei irgendwelchen dubiosen Kredithaien. Da die nicht lange fackeln, ist man letztendlich auf Straftaten angewiesen. Der Gewinn des Spielens sind dann drei Monate mit Bewährung. In verschiedenen Untersuchungen wurde festgestellt, daß zwischen 30 und 90 Prozent der Spieler straffällig wurden.

Was der Drogendealer für den Junkie ist, ist die Spielbank oder die Spielothek für den Spielsüchtigen. Alexander: „Ich glaube schon, daß die Spielbank und Spielothek der Dealer ist für den Spieler. Denn die schaffen die Voraussetzung, daß der Spieler seinen Trieb befriedigen kann, denn er will ja nur spielen. Und die schaffen ihm die Voraussetzungen dafür."

Die großen Gewinner

Während die Spieler also häufig in den finanziellen Ruin steuern, gibt es auf der anderen Seite die großen Gewinner: Spielbank, Spielothek, Nichtspieler – und der Staat.

Die Einnahmen des Staates aus dem Glücksspiel stiegen 1992 um 11,3 Prozent auf über 6 Milliarden Mark an. Da Geldspielautomaten offiziell nicht als Glücksspiel gelten, zahlen die Betreiber nur Mehrwert-, Vergnügungs-, Gewerbe- und Einkommenssteuer. 1991 verdiente der Staat (ohne Einkommenssteuer) ca. 1,2 Milliarden Mark an den Unterhaltungsautomaten.

Der Hauptgewinner im Glücksspiel ist also der Staat. Der Staat hat zum Glücksspiel eine ähnliche zwiespältige Einstellung wie zu Alkohol oder Nikotin. Grundsätzlich handelt es sich um eine unerwünschte Tätigkeit. Wird aber der Staat an den Einnahmen beteiligt, entfallen die Bedenken, und es wird nicht nur gestattet, sondern durch die Erteilung neuer Konzessionen für Spielbanken und einer großzügigen Änderung bestehender Schutzgesetze im Spielhallenbereich noch gefördert. Der geschätzte Umsatz der Automatenindustrie, Flipper, Videospiele und Musikboxen mitgerechnet, betrug im vergangenen Jahr über 9 Milliarden Mark. Durch die extreme Expansion der Automatenindustrie wird die Verfügbarkeit, die Griffnähe, für Automatenspieler extrem erhöht – und das ist für Spielsuchtgefährdete problematisch.

Zwanzig Fragen der „Anonymen Spieler":

1. Hast du jemals deine Arbeit versäumt, um spielen zu können?
2. Hat dir das Spielen schon häusliche Mißstimmungen gebracht?
3. Hat dein guter Ruf durch das Spielen gelitten?
4. Hast du nach dem Spielen Gewissensbisse?
5. Hast du schon einmal gespielt, um mit dem Gewinn Schulden zu bezahlen oder andere finanzielle Probleme zu lösen?
6. Haben dein Ehrgeiz und deine Leistungsfähigkeit durch das Spielen gelitten?
7. Willst du einen Spielverlust so schnell wie möglich zurückgewinnen?
8. Hast du nach einem Gewinn den starken Wunsch weiterzumachen, um noch mehr zu gewinnen?
9. Hast du schon oft deinen letzten Pfennig verspielt?
10. Hast du dir schon einmal Geld geliehen, um spielen zu können?
11. Hast du schon einmal etwas verkauft, um vom Erlös zu spielen?
12. Benutzt du „Spielgeld" nur widerwillig für andere Ausgaben?
13. Ist dir durch das Spielen das Wohl deiner Familie gleichgültig geworden?
14. Hast du schon einmal länger gespielt, als du wolltest?
15. Hast du im Spiel schon einmal Sorgen und Ärger vergessen wollen?
16. Hast du schon einmal auf ungesetzliche Weise dein Spiel finanziert, oder hast du schon einmal an eine solche Möglichkeit gedacht?
17. Schläfst du schlecht, seitdem du spielst?
18. Haben Auseinandersetzungen, Streit, Enttäuschungen oder Schwierigkeiten dich zum Spielen getrieben?
19. Hast du schon einmal gespielt, um dir ein Glücksgefühl zu verschaffen?
20. Ist dir schon einmal bewußt geworden, daß du dich mit dem Spielen selbst zerstörst?
    Wenn du mehr als 7 Fragen mit „ja" beantworten mußt, ist es nach unserer Erfahrung möglich, daß du abhängig bist.

Professionelle Hilfe

Hilfe finden Spielsüchtige in den meisten *Drogenberatungs-stellen.*

Entweder werden die Betroffenen von dort an die entsprechenden Stellen (niedergelassene Psychologen, stationäre Einrichtungen, Selbsthilfe-Gruppen) weiterverwiesen oder – in Einzelfällen – auch dort behandelt. Außerdem besteht die Möglichkeit, sich direkt an niedergelassene *klinische Psychologen* zu wenden. Immer mehr Psychotherapeuten arbeiten inzwischen auch ambulant mit Spielsüchtigen.

Selbsthilfegruppen

Selbsthilfegruppen für Spieler nach dem Konzept der Anonymen Alkoholiker existieren in den USA schon seit 1957, wo es zwischen vier und zehn Millionen Spielsüchtige gibt. Die ersten deutschen Selbsthilfegruppen für Spieler entstanden 1982 in Bremen und Hamburg. Heute gibt es fast in jeder Großstadt eine Selbsthilfegruppe.

Während die aktiven Spieler auf der abschüssigen Bahn der Spielsucht ihrem finanziellen und psychischen Verderben entgegentrudelten, schaukeln sich die anderen heute, nachdem sie mit dem Spielen aufgehört haben, in den Selbsthilfegruppen in positiver Art und Weise gegenseitig hoch. So wird aus dem Teufelskreis langsam ein „Engelskreis". Es ist schon ein großer Erfolg, wenn sie von Treffen zu Treffen nicht gespielt haben, wenn sie ihre finanzielle Situation überhaupt erst einmal sichten und langsam anfangen sie zu ordnen, wenn sie aus dem Scherbenhaufen ihrer Beziehungen zu anderen versuchen zu retten, was zu retten ist, und neue suchtfreie Beziehungen anknüpfen.

Mitglieder der Frankfurter Spielergruppen erzählen:

„Ich gehe seit Ende August letzten Jahres in die Gruppe. Für mich war der eigentliche Grund, ich war an einem absoluten Tiefpunkt. Hatte die Familie verloren, die Scheidung kam, die

Kinder wollten nichts mehr von mir wissen, meine Eltern nicht, ich wußte überhaupt keinen Ausweg mehr. Bis ich mich dann einmal an die Suchtberatungsstelle gewandt habe. Seit der Zeit gehe ich in die Selbsthilfegruppe."

(Gerhard, 42 Jahre)

"Mir gibt die Selbsthilfegruppe unheimlich viel und hilft mir über meine ganzen Probleme hinweg, schon alleine dadurch, daß ich darüber reden kann. Ich kann eben über all meine Probleme völlig offen sprechen. Ich brauch kein Geheimnis mehr daraus zu machen, daß ich ein Spieler bin, sondern hier sind Gleichgesinnte, und wir können eben über die ganzen Probleme sprechen. Ich glaube, das ist alleine schon ein Punkt, was eben die Einsamkeit von dem Spieler ausmacht, die fällt hier dann schon mal weg."

Der Drang zu spielen ist bei den meisten Selbsthilfe-Gruppen-Teilnehmern noch da. Jeder Automat ist für sie eine Verführung. Trotzdem ist es möglich, ohne Glücksspiel zu leben. Und eines steht fest:

Wer als Spieler den Gang zur Selbsthilfegruppe wagt, der gewinnt. Mit Sicherheit. Vielleicht zum erstenmal in seinem Leben.

Allerdings wird einem nichts geschenkt. Wie heißt es doch so schön: Spielen ist keine Kunst, aber Aufhören ist eine.

Literatur

Ahrens, Martin: Das große Geld. München 1987 (Heyne TB)

Aktion Glücksspiel: Um Geld spielen. Köln 1992

Anonyme Spieler: Verschiedene Broschüren (Hrsg.: Anonyme Spieler Hamburg)

Brakhoff, Jutta (Hrsg.): Glück-Spiel-Sucht, Freiburg 1989 (Lambertus)

Düffort, Rainer: Ratgeber für Spieler und ihre Angehörigen. Freiburg 1986 (Lambertus)

Harten, Rolf (Hrsg.): Spielsucht. Hamburg 1988 (Neuland)

Meyer, Gerhard: Geldspielautomaten mit Gewinnmöglichkeiten. Objekte pathologischen Glücksspiels. Bochum 1983
   – Glücksspieler in Selbsthilfegruppen. Hamburg 1989 (Neuland)

Meyer, Gerhard/Bachman, Meinolf: Glücksspiel. Wenn der Traum vom Glück zum Alptraum wird. Berlin/Heidelberg 1993 (Springer)

Computer und andere Maschinen

Computer:
mein Freund mit dem viereckigen Gesicht

Wie gebannt sitzt Peter vor dem Monitor – seit Stunden. Seine Finger rasen über die Tastatur. Der Blick ist konzentriert, und gleichzeitig wirkt er irgendwie abgedreht, so als wäre er in einer leichten Trance. Alle seine Sinne sind ausgerichtet auf die schöne neue Computerwelt. Und wirklich: Peter bewegt sich im Moment in einer anderen Realität. In dieser Computerwelt schwirren Kürzel wie „Rom" und „Ram", „Peek" und „Poke", „Bit" und „Byte" durch den Raum. Peter kennt sich aus in dieser Symbolwelt, in der er tagtäglich für Stunden versinkt. Der Computer läßt ihn nicht mehr los. Wann immer er kann, sitzt er davor. Peters Ziele sind hochgesteckt und gleichzeitig diffus. Eigentlich geht es nicht mehr um das konkrete Ergebnis. Im Vordergrund steht heute die Auseinandersetzung mit der Maschine, ähnlich wie bei einem zwanghaften Spieler, der bis zur Erschöpfung vorm Automaten oder am Spieltisch steht. Die Auseinandersetzung mit dem Computer ist für Peter zur Lebensform geworden.

Hacker

Peter ist einer von denen, die man „Computerfreaks", „Hakker" oder „User" nennt. Gemeint sind damit fast immer junge Leute zwischen 15 und 25 Jahren. Der Computerwissenschaftler Joseph Weizenbaum beschrieb sie schon Mitte der 70er Jahre so: „Überall, wo man Rechenzentren eingerichtet hat, d. h. an zahllosen Stellen in den USA wie in fast allen Industrieländern der Welt, kann man aufgeweckte junge Männer mit zerzaustem Haar beobachten, die oft mit tief eingesunkenen, brennenden Augen vor dem Bedienungspult sitzen; ihre Arme sind angewinkelt, und sie warten nur darauf, daß ihre Finger – zum Losschlagen bereit – auf die Knöpfe und Tasten zuschießen können, auf die sie genauso gebannt starren wie ein Spieler auf die rollenden Würfel. Sie arbeiten bis zum Umfallen, zwanzig, dreißig Stunden an einem Stück. Wenn möglich, lassen sie sich ihr Essen bringen: Kaffee, Cola und belegte Brötchen. Wenn es sich einrichten läßt, schlafen sie sogar auf einer Liege neben dem Computer. Ihre verknautschten Anzüge, ihre ungewaschenen und unrasierten Gesichter und ihr ungekämmtes Haar bezeugen, wie sehr sie ihre Körper vernachlässigen und die Welt um sich herum vergessen."

Wieso geraten Menschen am Computer in einen solchen Rausch? Was sind die Motive der Computerfreaks für dieses exzessive Verhalten an Computern? Sind sie computersüchtig? Oder vielleicht kontaktgestört?

Ganz klar: Die meisten dieser „Hacker" sind gut in Mathematik, Physik und in technischen Fächern. Sie gelten als intelligent und als gute Problemlöser – wenigstens was technische Probleme angeht. Im Gegensatz dazu haben die zu 80 Prozent jungen Männer im Umgang mit anderen Menschen oft große Probleme – vor allem mit Frauen. Manche nennen diese technischen Genies deshalb auch „soziale Analphabeten". Für sozial gestörte Jugendliche – so betont Dina Ingber in einem Artikel über Computersüchtige – ist der Computer häufig die einzige Möglichkeit, zu sozialen Erfolgserlebnissen zu kommen, d. h. sie holen sich über ihre Fähigkeiten, mit dem Computer umzugehen, in ihrer Bezugsgruppe soziale Anerkennung.

Keine Frage: Computer sind faszinierende Apparate. Worin besteht die Faszination dieser Maschinen? Zuallererst einmal sind sie für den Computer-User Kommunikations- und Interaktionspartner.

Mensch oder Maschine?

In dem Buch „Die Wunschmaschine" fragt die amerikanische Soziologin Sherry Turkle Kinder: Sind elektronisches Spielzeug und Computer lebendig? Die Kinder hatten zwar meist keine einfachen Antworten auf diese Frage, denn es war ihnen klar, daß Computer vieles nicht beherrschen, was die Kinder selbst ohne Schwierigkeiten können: also zum Beispiel auf Bäume klettern, Kekse essen, sich austoben usw. Und in dem

Sinn hielten die Kinder Computer auch für nicht lebendig. Aber andererseits können Computer kommunizieren, können reagieren auf das, was man ihnen eingegeben hat. Und das, so die häufige Argumentation der Kinder, können nur lebendige Wesen. Also sind Computer für Kinder „irgendwie" lebendig.

EDV: Einfühlsame Datenverarbeitung

Joseph Weizenbaum machte ebenfalls ein paar seltsame Beobachtungen: Er entwickelte nämlich ein Computerprogramm, dem er den Namen *Eliza* gab. Eine Version dieses *Eliza*-Programmes sollte einen Gesprächstherapeuten imitieren. EDV einmal anders übersetzt: einfühlsame Datenverarbeitung. Das Programm selbst „versteht" Sprache dabei in keiner Weise, kann Worten zwar einen bestimmten grammatischen Status, aber nie eine Bedeutung zuordnen. Und doch entwickelten mehrere Personen in Weizenbaums Institut eine sehr persönliche „Beziehung" zu dem Computer und seinem Programm. Weizenbaum ist zum Beispiel von den Betroffenen, die sogar die Struktur von *Eliza* kannten, mehrfach gebeten worden, den Raum zu verlassen. Sie wollten also persönliche Probleme zwar dem Computer offenbaren, nicht aber dem Mitmenschen Weizenbaum. Die Kinder in Turkles' Buch „Wunschmaschine" sagten: „Computer sind irgendwie lebendig". In dem dargestellten Beispiel von Weizenbaum verhalten sich Erwachsene Computern gegenüber genauso als seien diese lebendig.

Natürlich fällt das Urteil der Erwachsenen über die Lebendigkeit von Computern eindeutig aus. Ihr Denken bestimmt schließlich in der Hauptsache ihr Urteil. Und doch entsprechen offenbar ihr Eindruck, ihre Gefühle und wie wir gesehen haben auch ihr Verhalten – ob sie wollen oder nicht – weitgehend denen der Kinder. Man kann daraus schließen: Auch Erwachsene sind häufig geneigt, das „Lebendige" an Computern zu sehen. Wer kommuniziert, ist lebendig.

Flow

Woran liegt das? Nach dem Heidelberger Psychologieprofessor Falko Rheinberg ermöglichen Computer besonders gut ein sogenanntes „Flußerleben". „Flußerleben" meint folgendes: Ein Computerbenutzer tippt einen Befehl oder eine Eingabe in den Rechner. Das Gerät reagiert unmittelbar darauf und ermöglicht dem User seine nächste Handlung. Im Verlaufe einer Sitzung am Computer wächst eine organische Einheit zwischen Bediener und Computer. Alles vollzieht sich ohne distanzierende Überlegung, quasi automatisch. Es entsteht, ohne Anstrengung und bewußte Motivation des Menschen, ein Fließen von einer Situation zur nächsten. Der Benutzer spürt zwar sein Handeln, nicht aber, daß er es ist, der handelt. Die Trennung zwischen Ich und Außenwelt beginnt zu verschwimmen. Computerprogrammfremde Außenreize treten hinter die „outputs" des Rechners zurück. Computer und Benutzer wachsen quasi zusammen. Das Flußerleben läßt sich insofern als teilweiser und vorübergehender Ich-Verlust auffassen. Dieser Zustand des selbstvergessenen Aufgehens in einer Tätigkeit übt einen starken Reiz auf viele Menschen aus. Menschen streben solche Zustände der Entgrenzung, der Ekstase, der Selbstvergessenheit an.

Freilich: Nicht nur Computer ermöglichen Flußerleben. So unterschiedliche Handlungen wie Autofahren, Spielen, Arbeiten, Einkaufen und Essen können dazu verführen, seine Grenzen nicht mehr spüren zu müssen. Da in jeder „Hingabe" an eine Tätigkeit ein Flußerleben möglich ist, ist nicht dieser „Flow" an sich etwas Negatives – im Gegenteil – es gäbe keinen schöpferischen Akt in der Musik oder Malerei – keine echte „Hingabe" in der Liebe ohne ihn. Problematisch wird es erst, wenn aus der „Hingabe" ein zwanghaftes „Vor-sich-Weglaufen" wird.

Natürlich verhelfen auch die bekannten Suchtmittel wie Alkohol, Heroin oder Kokain in unterschiedlicher Abstufung zu solchen Zuständen. Computer sind lediglich besonders geeignet, sich im Flußerleben selbst zu vergessen. Nicht zuletzt deshalb sprechen viele Psychologen schon von „Computersucht". Klaus Eurich, Professor an der Universität Dortmund, zum Beispiel spricht davon, daß die User ihren Computer als Droge einsetzen, um aus der Realität zu fliehen.

„User": User nennen sich übrigens nicht nur die Computerfreaks. So nennen sich auch die Drogensüchtigen.

Die Logik der Maschine

Menschen erleben es als angenehm, sich kompetent agierend wahrzunehmen. Psychoanalytiker sprechen von „Funktionslust". Um Computer sinnvoll zu nutzen, ist der Einsatz von logischem Denken, von Systematik in weiten Bereichen unerläßlich. Deshalb sind sie gut geeignet, Objekt von Funktionslust zu sein. Der Logiker, der sich in früheren Zeiten alleine in seiner Studierbude einschloß, der Schachspieler, der sich in die Tiefen von Spielstrategien begab: Sie haben zur Herausforderung ihres Intellekts, zum lustvollen Spüren ihrer Fähigkeiten heute den Computer, der ihre Konzeptionen in eine Form von Realität umsetzt.

Der Diplom-Psychologe Stefan Beier untersuchte an der Frankfurter Universität in einer Arbeit über das „Hackertum" 52 Schüler im Alter von 14 bis 20 Jahren. Er fand dabei insgesamt zwar nur wenig Elemente von Suchtverhalten bei den Hackern, dafür zeigten sich eher Gemeinsamkeiten mit Störungen, die dem psychopathologischen Krankheitsbild des Zwanges zuzuordnen sind. Bei den Zwängen geht es vor allem darum, alles unter Kontrolle zu halten. Und Computer sind gehorsam. Sie sind unfähig zu eigenen Handlungen, können aber eine Menge, wenn ein Mensch sie gut programmiert. Der Mensch kann die Leere und Motivationslosigkeit der Elektronik mit ganzen Universen füllen, die er entworfen hat.

Der Programmierer ist der alleinige Schöpfer dieser Welten. Er ist allmächtig, er ist der Gott seiner Universen. Und genau hier liegt eine große Gefahr. Daß der ständige Umgang mit Computern eine nicht ganz unproblematische Sache ist, ist inzwischen sogar in Programmiererkreise vorgedrungen. In der Computerzeitschrift „Chip" heißt es in einem Artikel mit dem Titel „Der Absturz": „Mikroelektronik macht krank. Programmierer sind besonders gefährdet." Nach Meinung von Psychoanalytikern leiden Programmierer nämlich an einem Übermaß von Vernunft.

Gehirnforschung

Aus der Gehirnforschung weiß man, daß unsere linke Gehirnhälfte im wesentlichen zuständig ist für analytisches (also zerlegendes), sprachlich-logisches, lineares, rationales und abstraktes Denken. Die rechte Gehirnhälfte ist dagegen stärker mit synthetischen (also zusammenfügenden), ganzheitlichen, sinnesbezogenen und sozialemotionalen Prozessen beschäftigt.

Da Computer ausschließlich zerlegen, analysieren und logisch aufgebaut sind, führen sie zur Überbeanspruchung der linken Gehirnhälfte und zur Unterforderung der rechten Gehirnhälfte. Es ist fast so, als würde man einen Teil des Gehirns verkümmern lassen.

Die Computerfreaks leben also in zwei Welten. Einmal in der realen, der Sinneswelt, die wir alle kennen und teilen, und zum anderen in der Welt von Bits und Bytes, von Peek und Poke. Und diese Welten haben wenig miteinander zu tun.

Dr. Grant Johnson schreibt in der Zeitschrift „Psyche": „Der Programmierer kehrt also bei seinem Höhenflug der realen Welt den Rücken und betritt eine neue ... Das Individuum verläßt und vergißt, indem es in die neue Welt zieht, die alte: Wobei nicht außer acht gelassen werden darf, daß die beiden Welten zueinander im Verhältnis von globalen Alternativen stehen."

Subjektive Folge davon ist ein ausgeprägtes Gefühl von Schwindel, wobei es vorkommen kann, daß der Programmierer in einer panikartigen Reaktion die sehr empfindlichen logischen Strukturen seines eigenen Programms selbst zerstört. Er stürzt ab wie ein Bergsteiger. Interessanterweise wird im Jargon der Programmierer das durch falsches Programmieren verursachte Fehlverhalten eines Programms tatsächlich „Absturz" genannt, wobei natürlich zunächst das Verhalten des Programms gemeint ist. Doch diese Redeweise verrät zugleich den Erfahrungshorizont des Programmierers, und man kann folgern, daß „der Absturz des Programms den des Programmierers nach sich zu ziehen droht."

Hinzu kommt die hochgradig symbolisch verschlüsselte, total emotionslose Computersprache. In der Welt des Computers gibt es keine Liebe und keinen Haß. Und wer längere Zeit tagtäglich in dieser Computerwelt lebt, der empfindet seine Gefühle so überflüssig wie den Blinddarm.

Kinder und Computer

All das mag noch angehen für Erwachsene, für Menschen, deren Sozialisation im wesentlichen abgeschlossen ist. Es wird zu einem wirklichen Problem für Kinder. Denn diese Ja/Nein-, Richtig/Falsch-, Wenn/Dann-Logik entspricht zwar den kindlichen Gehirnstrukturen, aber es verhindert nicht nur einen emotionalen Bezug zur physischen Welt, sondern es zeigt dem Heranwachsenden vor allem nicht auf, daß die Welt bei weitem nicht so eindeutig ist, wie die Computer sie uns glauben machen wollen. Tolerieren und abwägen, Spannungen aushalten lernen, gibt es in dieser Computerwelt nicht.

Noch etwas: Computer beanspruchen vor allem die beiden „intellektuellen" Sinnesmodalitäten Hören und Sehen und vernachlässigen die „emotionalen" Sinnesqualitäten wie Riechen, Schmecken und Tasten. Was das langfristig für Auswirkungen für die seelische Entwicklung der nächsten Generation hat, kann man nur erahnen.

Der amerikanische Psychologieprofessor Philip Zimbardo meint, daß die wirkliche Gefahr da einsetzt, wo die Jugendlichen anfangen, Menschen wie Computer zu beurteilen. Und das verschärft ihre sozialen Schwierigkeiten noch erheblich. Aus meiner eigenen psychotherapeutischen Arbeit mit Programmierern, Systemanalytikern und Computerfreaks weiß ich, wie groß diese Probleme sein können: Ehefrauen fühlen sich wie Maschinen behandelt, Kollegen und Freunde – sofern sie nicht selbst Computerfachleute sind – wenden sich von den Betreffenden ab. Der Freundeskreis engt sich auf „Computer-User" ein.

In extremen Fällen – so Zimbardo – zeigen sich bei Hackern auch paranoide Symptome, also Verfolgungswahn. Das kann sich darin äußern, daß sie Menschen immer weniger vertrauen, dafür immer mehr ihren Computern. Der Endpunkt ist dann der „maschinelle Charakter" mit nur mehr „mechanischem Denken". So extrem wird es indes selten. In Schwachformen, d. h. in geringeren Ausprägungen, sind diese Symptome allerdings weitverbreitet.

Walter Volpert, Psychologieprofessor in Berlin, hat über die „gefährliche Liebe zum Computer" gemeint: „Was heute noch eine Karikatur ist – der sozial isolierte Hacker, der nur noch mit seinem Computer lebt – ist bald vielleicht ein verbreiteter Menschentyp: sprachlos, gefühlsverarmt, menschenscheu."

Der maschinelle Charakter

Aber sind Computerfreaks so? Sind sie wirklich sozial gehemmt, emotional labil, sexuell abstinent und ohne politisches Engagement? Das war die Fragestellung einer Untersuchung an der Technischen Hochschule Darmstadt. In dieser Untersuchung wurden 1985 und 1986 350 Informatikstudenten sozialpsychologisch durchleuchtet. Der Psychologe Robert Schurz und der Informatiker Jörg Pflüger kamen zu folgenden Ergebnissen:

Wer gern am Computer arbeitet, scheut den Umgang mit seinen Mitmenschen, denn er hält seine Mitmenschen für kompliziert. Er diskutiert nicht gern, nimmt von politischem und sozialem Engagement Abstand und denkt, daß Fortschritt ohne moderne Technologie nicht vorstellbar ist. Er hält sich für spätreif, zeigt auch relativ spät erst Interesse für das andere Geschlecht und denkt wenig an Sexualität.

In der Zeitschrift „Psychologie heute", in der diese Untersuchung abgedruckt wurde, heißt es dazu: „Die Computertechnologie modelliert den Menschen: Reglementierung und Systematisierung des Lebens, anspruchslose Haltung gegenüber der Kultur und konservatives Schutzbedürfnis sind die wichtigsten Merkmale des maschinellen Charakters. Die Hoffnung, nicht Opfer der Maschine zu werden, korrespondiert mit einer Angst vor Ambivalenz", also der Zweideutigkeit.

Kontaktstörungen

„Sind Computerfreaks kontaktgestört?" Diese Frage läßt sich nicht global beantworten – schon allein deshalb, weil es *den* Computerfreak nicht gibt. Bestimmt gibt es User, die tagtäglich am Computer arbeiten und auch davon fasziniert sind, ohne daß sie dadurch einen Schaden davontragen. Andere werden mehr und mehr einen „maschinellen Charakter" entwickeln, der durch „mechanisches Denken" gekennzeichnet ist. Wobei aber hier auch noch die Frage ist, ob der Computer der Verursacher ist oder ob derjenige nicht deshalb zum „Hacker" geworden ist, weil er schon vorher so mechanisch gelebt und gedacht hat.

Checkliste

Wesentlich bei der Beantwortung dieser Fragen scheint mir zu sein, daß man sich jeden einzelnen genau anschaut. Und dazu könnten folgende Anhaltspunkte hilfreich sein:

---

1) Was für eine Funktion übernimmt der Computer für den Betreffenden? Ist er Partnerersatz, Spielzeug oder Arbeitsinstrument?

2) Welche Bedeutung hat der Computer im Alltag des Hakkers? Wie lange und vor allem in welchen Situationen sitzt er vor dem Bildschirm? Welche „anderen" (z. B. sozialen, seelischen) Probleme versucht er durch „Hacking" zu lösen?

3) Sind Anzeichen von Sucht oder Zwang bei ihm festzustellen? In welchem Ausmaß? Hat er Entzugserscheinungen?

4) Gelingt es dem User, eine „Distanz" zu dem Computer zu schaffen?

5) Wie sieht sein soziales Gefüge aus? Hat er genügend intensive Kontakte zu anderen Menschen?

6) Wie ist generell sein Realitätsbezug?

Wenn die Antworten auf diese Fragen Hinweise auf Kontaktstörungen des Computer-Users geben, wird es Zeit, endlich etwas dagegen zu tun. Am besten ist das Therapeutikum in einer Wandinschrift einer Universität beschrieben: „Seht euch in die Augen – und nicht auf den Monitor."

Literatur

Eurich, Claus: Die Megamaschine. Darmstadt 1988 (Luchterhand)
Hoelscher, Gerald: Kind und Computer. Berlin/Heidelberg 1994 (Springer)
Len, Hans R.: Wie Kinder mit Computern umgehen. München 1993 (Deutsches Jugend Institut)
Lundell, Allan: Zeitbombe Computer-Virus. Reinbek 1990 (Wunderlich)
Psychologie Heute: Wie uns der Computer verändert. Weinheim 1989 (Beltz)
Reszak, Theodore: Das Ende der Computer. Reinbek 1986 (Rororo)
Volpert, Walter: Zauberlehrlinge. Weinheim 1985 (Beltz)

Mind-Machines: Phantasie Maximierung

„Es ist ein Abheben, alles wird einem – ich möcht' nicht sagen egal – aber man distanziert sich, von Problemen z. B. oder von vorbeieilenden Gedanken. Das, was man mit Meditation lernen möchte oder lernen sollte oder sich immer mal gewünscht hat, daß man es lernt, das bekommt man da innerhalb kürzester Zeit beigebracht. D. h. Sie nehmen Abstand, Sie distanzieren sich und werden ruhig. Wie genau das passiert, weiß ich gar nicht. Man folgt eben diesen Reizen bis zu einem Punkt, wo man das gar nicht mehr so im einzelnen verfolgen kann. Dann wird der Geist still", so Ulrike, 27.

„Mind-Machines", zu deutsch Gehirnmaschinen, sind Apparaturen, mit denen man versucht, die Gehirnwellen direkt zu beeinflussen. Einerseits soll das Gehirn dadurch stimuliert werden, um leistungsfähiger zu werden, andererseits sollen diese Maschinen Hilfestellungen zur Entspannung geben. Ein Mind-Machine-Benutzer beschreibt, wie das Ganze vor sich geht:

„Sie bekommen einen Kopfhörer und eine undurchsichtige Brille, setzen sich in einen Relaxstuhl und lassen so diese Dinge über sich ergehen, die da oben entstehen, via Maschine. Sie haben also diese Brille auf: Da werden Lichtfrequenzen wiedergegeben; über den Kopfhörer haben sie entweder reine Musik oder so Hemi-Sync-Cassetten. Man schwebt so über den Wolken. Man hat das Gefühl, sobald ich mir die Brille aufsetze und den Kopfhörer und das gewisse Programm eingebe, befinde ich mich in einer anderen Welt. Ich komme in eine andere Welt. Manchmal möchte man aus dieser Welt gar nicht zurück."

Farbe für die grauen Zellen

Sie heißen „mind-Xpander", „Alpha-stim", „magnetic-mood-pacer", „synchro-Energizer", oder „me^2", „Space-shuttle-relax-man", „D.A.V.I.D.1" oder „Relaxomat" und werden angepriesen als die Rettung der Menschheit aus der Bewußtseinskrise:

- „Trainieren Sie ihr Gehirn wie einen Muskel",
- „Bringen Sie Farben in Ihre grauen Zellen",
- „Bringen Sie Ihr Gehirn zum Tanzen und zum Leuchten",
- „Meditation aus der Steckdose – Wozu Zen-Meister Jahrzehnte brauchten, erreichen Sie mühelos in ein paar Minuten: Erleuchtung per Knopfdruck".

Nach dem Motto: „Alles was dein Hirn begehrt" wird die elektrische Gehirnmassage immer häufiger angeboten. An die 20 Fitness-Studios fürs Gehirn (böse Menschen nennen sie „Gehirn-Waschsalons") existieren bundesweit. Schon die Namen sagen, wo's langgeht: „Mega-Brain", „Brain-light", „Openmind", „Relax" und „Mindworld".

Der Trip beginnt im New-Age-gestylten environment, gelagert auf Futons oder Wasserbetten, angekabelt wie in einer Intensivstation. Eine dunkle Skibrille vor den Augen, Kopfhörer über den Ohren und vielleicht ein Elektrokabel am Hinterkopf.

Ulrike (27), Mitarbeiterin von „brain-tech": „Nachdem man mit der Technik einigermaßen befreundet ist, setzt man sich einen Kopfhörer auf, eine Brille auf die Nase und stellt ein bestimmtes Programm ein auf diesem walkmanartigen Computer. Und dann passiert folgendes: Es macht blink, blink und es macht piep, piep und das in sehr kurzen Abständen, daß Sie sich denken: Mein Gott, das ist ja unlogisch, eigentlich sollte ich mich jetzt entspannen, das regt mich eigentlich nur auf. Und wenn man das aber durchhält, ein bißchen, dann merkt man, ah ah, komischerweise, unlogischerweise wird es trotzdem angenehmer. Und wenn man sich dann gehen läßt und sich die Sache einfach mal anguckt, dann hebt man mit der Zeit ab und wird ganz gelassen und ganz ruhig. Und Sie stehen nach etwa zwanzig Minuten oder einer halben Stunde, je nach Programm, auf und denken, ja eigentlich kommt es mir so vor, als hätte ich jetzt eine Stunde oder Stunden mich irgendwo anders aufgehalten."

Die Kosten für diese Entspannungshilfen können sich allerdings sehen lassen: Für eine halbstündige „session" mit den Flackermaschinen muß man zwischen 30 und 50 DM zahlen. Und wenn man ein Gerät kaufen möchte, muß man zwischen eintausend und achttausend Mark auf den Tisch blättern.

Turbo-Entspannung

Der visuelle Trip beginnt mit geschlossenen Augen. Lichtblitze aus der Skibrille erzeugen ein Kaleidoskop bunter Farbmuster. Blaue Kreise, rote Spiralen, gelbe Dreiecke rauschen flirrend, sich ständig verändernd über einen hinweg, in einen hinein, aus einem heraus. Der stakkatoartige Piepston klingt wie ein elektronischer Heuschreckenchor, knatternd und synthesizerverzerrt, überlagert von einem ozeanischen Wellen-Crescedo aus meditativen Klängen und dem beruhigenden Zweitaktrhythmus des menschlichen Herzens. Klangtapeten und Klangbilder entstehen, verändern sich und verschwinden in rasender Geschwindigkeit. Bewußtseinszustände verrücken sich wie auf einem LSD-Trip. Innenwelt und Außenwelt verschwimmen.

Irgendwann ist man so reizüberflutet, daß das Bewußtsein aufgibt und der Geist losläßt. So kann es zu „Gipfelgefühlen", zu „Peak-experiences" kommen – und das ganz ohne die Mühe des Aufstiegs. Wie mit einer Seilbahn auf den Mount Everest.

Manuela (30), Pharmareferentin: „Es beginnt eben mit diesen Lichtfrequenzen, die am Anfang oder bei der ersten Session relativ unangenehm waren. Mittlerweile kann ich sogar schon die höhere Lichtintensität einstellen. Es geht bis dahin, daß ich verschiedene wunderschöne Farben sehe, die von Rot über Grün, Blau, Violett variieren und vor allem auch die Bilder, d. h. einmal hatte ich das Gefühl, ich gehe in einen Tunnel, der aber nicht irgendwie erschreckend ist, sondern mir einfach Dinge offenbart, die ich mir in den kühnsten Träumen nur vorstellen kann. Ich habe sowas noch nie erlebt."

Typologie der Bewußtseinsmaschinen

Insgesamt unterscheidet man fünf große Gruppen von Bewußt-
seins-Maschinen, also von Apparaturen und Medien, mit denen versucht wird, das Gehirn zu beeinflussen:

1. *Audielle Medien.* Sie wirken ausschließlich über die Aku-
stik, d. h. *das Ohr.* Das beginnt mit *Sphärenmusikkassetten,*
die man zu Hause, in der Straßenbahn oder im Büro im Walkman hören kann. Durch ihre Tonabfolgen sollen sie beruhigend
auf das Seelenkostüm wirken. Die nächste Stufe der audiellen
Medien sind die *Hypnosynchronprogramme,* in denen über
eine beruhigende Musik bestimmte Suggestionen gesprochen
werden, die tief ins Unbewußte dringen sollen. Es geht dabei
um Themen wie Lebenserfolg oder erfüllende Liebesbeziehun-
gen. Nach einem ähnlichen Prinzip arbeiten auch die *„Super-
learning-Kassetten",* bei denen man in kürzerer Zeit z. B. Sprachen lernen können soll. Bei den *Subliminal-Cassetten* sind
diese Suggestionen nicht direkt bewußt hörbar, sondern sollen
direkt auf das Unbewußte wirken. *Hemi-Sync-Kassetten* können nur über Kopfhörer oder Walkman gehört werden. Sie geben vor, dadurch, daß sie auf dem linken Ohr eine etwas andere
Ton- und Frequenzfolge als auf dem rechten Ohr abgeben, die
beiden Gehirnhälften in ihrer Aktivität zu synchronisieren,
also anzugleichen.

2. *Audio-visuelle-Geräte* sind Geräte, von denen wir hier
hauptsächlich sprechen. Sie arbeiten mit Lichtblitzen, Ton-Im-
pulsen sphärischer Musik und versuchen so, die Gehirnwellen
zu beeinflussen. Es gibt eine Vielzahl von audio-visuellen
Mind-Machines und einen großen Streit darüber, welches
Licht, welche Lichtfarbe verwendet werden darf, wie synchron
dazu die Töne sein müssen und welche Musik dazu paßt.

3. Bei den *elektrostimulierenden Apparaten* klebt man sich
Elektroden hinter die Ohren, durch die Schwachströme in das
Gehirn fließen. Man versucht dadurch, die Hirnwellen direkt
zu beeinflussen und das Gehirn zu veranlassen, bestimmte biochemische Substanzen auszuschütten. Diese Geräte sind wohl
der massivste Angriff auf das Gehirn. Vielleicht außer der
nächsten Mind-Machines-Gruppe:
Bei dieser Gruppe von Mind-Machines wird nämlich ver-

sucht, nicht die Gehirnströme zu beeinflussen, sondern den gesamten Körper zu desorientieren. So liegt man zum Beispiel beim *Graham-Potentializer* auf einem Bett, das sich ständig ein ganz klein wenig bewegt, man hat eine Flackerbrille und Kopfhörer auf und manche klipsen sich auch noch eine Elektrode hinter die Ohren. Zu dieser Gruppe zählen auch die *Samahdi-Tanks*. Das sind sargähnliche Apparate, bei denen man in lauwarmem Salzwasser, vollständig abgekapselt von der Umwelt, liegt. Das soll zu tiefen meditativen Erfahrungen führen.

Schließlich gibt es sogenannte *„Magnetfeldgeräte"*, die vorgeben, das Energiefeld jeder Person zu reinigen und ihm so zu mehr Gesundheit zu verhelfen.

Zahlen

Zwar gibt es keine exakten Zahlen über die Verbreitung dieser Apparaturen. Ein paar Hinweise gibt es indes doch:

Sphärenmusikkassetten und Superlearning-Programme sind sicher hunderttausendfach verbreitet, schon weniger die Hemi-Sync- und die Subliminal-Kassetten. Audiovisuelle Geräte gehen vielleicht in Tausende, die elektrostimulierenden Apparate sind sehr viel seltener. Samahdi-Tanks und Graham-Potentializer sind sehr wenig verbreitet.

Elektrische Psychopharmaka

Ernsthafte Benutzer von Mind-Machines halten diese Geräte für „elektrische Psychopharmaka". Sie glauben, daß durch die Benutzung dieser Geräte das Gehirn bestimmte Substanzen, sogenannte Endorphine (das sind körpereigene Morphine) ausschüttet und daß diese Substanzen die Abhängigkeit von äußeren chemischen Mitteln wie Heroin, Kokain oder Schlaftabletten ersetzen können.

Daß das nicht ganz an den Haaren beigezogen ist, hat die schottische Ärztin Meg Patterson bewiesen, die mit einer sogenannten „Neuroelektrischen Therapie" (NET) unter anderem bekannte süchtige Pop-Größen wie Keith Richard, Eric Clapton und Pete Townsend von Heroin entzog – relativ schmerzfrei. Und zwar mit einer direkten elektrischen Stimulation des

Gehirns, durch die die von außen zugeführte Droge Heroin durch ein im Körper selbst produziertes Endorphin ersetzt wird. Zwar ist damit nur der körperliche Entzug geschafft und die psychische Abhängigkeit bleibt bestehen, immerhin ist dadurch aber die Basis geschaffen, um auch die seelische Abhängigkeit psychotherapeutisch zu lösen. Denn ohne körperlichen Entzug gibt es keine Lösung der Suchtprobleme.

Nutzen

Was ist dran an diesen Hirnstimulationsmaschinen? Ist das alles nur eine harmlose Spielerei von irgendwelchen ausgeflippten „New-Age-lern" und „Möchte-gern-Yuppies", oder handelt es sich vielleicht doch um mächtige Instrumente, mit denen man wirkliche Veränderungen hervorrufen kann?

Von vielen Produzenten, von Verkäufern und Studio-Inhabern wird immer wieder auf Untersuchungen hingewiesen, mit denen die positive Wirkung der verschiedenen Mind-Machines bewiesen sei. Ob diese Untersuchungen wirklich durchgeführt wurden, wer sie in welchem Auftrag und mit welchen Hintergrundinteressen durchgeführt hat, wie sehr die Ergebnisse manipuliert wurden – wer will das schon genau sagen? Gerade in so einem profit-intensiven Gebiet wie dem Mind-Machines-Geschäft. Wie heißt doch der Treppenwitz der Wissenschaft: „Trau keiner Untersuchung, die du nicht selbst gefälscht hast."

Gefahren

Soviel ist klar: Das Gehirn ist unser sensibelstes Organ. Es ist nicht damit zu spaßen, einfach mal so die Gehirnwellen zu beeinflussen. Welche Auswirkungen es haben kann, wenn man das Hirn als Experimentierfeld benutzt, ist im Moment noch nicht zu überschauen.

Mitunter gibt es wirklich eine Art mystischen Katzenjammer, einen jähen Absturz von den Höhen der Mind-Machines-Euphorie in die Niederungen der Psychiatrie, Diagnose: Desorientierung oder gar Schizophrenie. Da kann einem das Gehirnjogging schon Kopfzerbrechen bereiten. Und wenn es bei einem einfachen Gedankenmuskelkater bleibt – sprich: Kopf-schmerz – kann man froh sein.

Erste Hinweise auf die Gefahren der Mind-Machines zeigen sich schon jetzt: Oliver Kirsten, Geschäftsführer von Mind-world-Frankfurt: „Also ich hatte es einmal erlebt in Zürich auf einer Messe, wo am Eingang so nachgebastelte Geräte angeboten wurden. Dort ist ein Unfall passiert. Da hat jemand so ein Rotlicht Dingsbums ausprobiert, mit Dioden, und auf einmal ist der halt vom Stuhl gefallen und hat einen epileptischen Anfall bekommen. Es war also sehr dramatisch. Alle standen drum herum, und keiner wußte, wie er reagieren soll. Und es hat eine lange Zeit gedauert, bis der Arzt gekommen ist und festgestellt hat, daß dieser Mann ein Epileptiker war und unter Psychopharmaka stand."

Menschen, die eine Anlage zu Epilepsie haben, sind nicht die einzigen, für die Mind-Machines gefährlich sein können. Auch Personen mit Herzschrittmachern, Schwangere oder psychisch kranke Menschen können durch die Beeinflussung ihrer Hirnströme Schaden erleiden. Ganz abgesehen davon gibt es auch für Dauerbenutzer von Mind-Machines eine Suchtgefahr, wenn sie diese Geräte als Fluchtmittel vor den Problemen des Alltags mißbrauchen.

Das schlimmste ist allerdings die Unbedarftheit, mit der diese Maschinen zur Zeit auf den Markt geworfen und mit überzogenen Versprechungen angepriesen werden. Denn in Wirklichkeit weiß man nicht, wie diese Geräte wirken. Alles wird zur Zeit allein den freien Gesetzen des Marktes überlassen. Skrupel gibt es keine, solange das Geld rollt. Und die Methoden werden immer rüder. Schon werden umgebaute Lichtorgeln als Mind-Machines für ein paar Mark auf den Markt geworfen und angepriesen, als wären sie der endgültige Ausweg aus der Misere des Alltags.

Aber ein psycho-soziales Problem kann man genausowenig auf physikalisch-elektronischem Weg lösen wie auf biochemischem Weg. Es ist nötig, die wirklichen Ursachen anzugehen und nicht einfach nur ein physikalisches Pflaster anzulegen. Und diese Gefahren werden einfach übersehen.

Das Gehirn als „Drei-Pfund-Universum"

Nach Ansicht der Bewußtseinsfreaks ist unser hunderttausend Jahre altes Säugetierhirn auf einem Evolutionssprung. Unser Gehirn, dieses „Drei-Pfund-Universum", viel komplexer als jeder Hochleistungscomputer, wer würde es sich nicht gerne untertan machen? Wer würde nicht gern sein Gehirn aus dem Dornröschenschlaf wecken, gar sein Gehirnwachstum steigern? Und wer würde nicht gern per Mind-Machine schnell und mühelos denken wie Einstein oder Kant? Aber genausowenig wie ein Pinsel und Farbe aus einem Normalbürger schon einen Michelangelo machen, genausowenig wird aus einem dummen Mind-Machine-Benutzer ein Einstein oder Kant – glücklicherweise, muß man sagen. Wie schrieb doch Emerson Pugh Trost:

„Wenn das menschliche Hirn so simpel wäre, daß wir es verstehen könnten, wären wir so simpel, daß wir es nicht könnten."

Und da helfen auch keine Mind-Machines.

Literatur

Berger, L./Pieper, W.: Brain Tech. Löhrbach 1989 (der grüne Zweig 133)
Holler, Johannes: Das neue Gehirn. Südergellersen 1989 (Verlag Bruno Martin)
Hutchison, Michael: Megabrain. Basel 1989 (Sphinx)

Cyberspace: Programmierte Paradiese

*„Die Landschaft verschwindet
und wir betreten die Landkarte."*

„Um ein ganz primitives Bild zu benutzen: Man geht in den Computer sozusagen herein, man geht in den Bildschirm hinein. Man hat eine große Brille auf, die aus zwei ganz kleinen Monitoren besteht, die stereoskopisch so angeordnet sind, daß auf dem einen mehr ein rechtes Bild und auf dem anderen mehr ein linkes Bild entsteht. Dann ist man stark verkabelt mit einem Rechner, hat noch einen Handschuh an, mit dem man sich in diesem virtuellen Raum bewegt, in dem man sich scheinbar befindet. Denn wenn man rechts und links guckt, sieht man weiterhin nur den Monitor, der ja auf dem Kopf festgeschnallt ist. Man hat also wirklich den Eindruck, in diesem Datenraum zu stehen und sich darin zu bewegen, je nachdem. Wenn man nur einen Handschuh hat, dann kann man auch nur mit einer Hand nach Dingen in dem Raum greifen. Wenn man einen Anzug hat, kann man sich quasi selber in diesem Raum sehen, man kann sich bewegen, agieren. Der Rechner meldet die Bewegungen über bestimmte Bewegungssensoren zurück, und so verändert sich dann auch das Bild immer. D. h. also, man sieht sich um, sieht dann eine Seitenansicht vom Gegenstand, kann auf ihn zugehen, kann ihn ergreifen, kann – weiß der Teufel, kann im Grunde alles machen."

So Thomas, ein 25jähriger Philosophiestudent.

Cyberspace ist ein Zauberwort, das durch die Köpfe von Computerfreaks und Technoenthusiasten spukt. Seit den TV-Demonstrationen in Talkshows und in Wissenschaftsmagazinen findet es auch Eingang in unsere Alltagssprache. Wörtlich übersetzt heißt Cyberspace „kybernetischer Raum", also eine aus Computerdaten generierte dreidimensionale Welt, die nicht wirklich existiert. Man spricht deshalb auch von einer „virtuellen", einer künstlichen Realität, einer Realität, die nur im Computer simuliert wird.

Der Begriff „Cyberspace" ist dem 1984 erschienenen Science-fiction-Roman „Neuromancer" von William Gibson entlehnt. Innerhalb von noch nicht einmal elf Jahren wurde aus dem Science-fiction-Begriff Realität. Und das hat seinen Grund: Nirgendwo ist die Computertechnologie so sinnlich wie im Cyberspace. Da fliegen Cybernauten durch grell bunte Phantasielandschaften, besteigen täuschend echt erscheinende Gebirge, kämpfen gegen außerirdische Wesen – und das alles, indem sie nur einen Finger krümmen.

„Cyberspace ist die höchste Form der Sinnestäuschung"

(Prof. Gerhard Schmitt, Zürich)

Von außen betrachtet sehen die Cybernauten aus wie Rennfahrer, Tiefseetaucher oder vermummte Skiläufer, die sich in einem imaginären Blindekuhspiel verirrt haben und dort ziellos herumtapsen: Unförmige Helme oder komplizierte Gestelle auf dem Kopf, die Augen verdeckt hinter klobig-blinden Bildschirmbrillen, an den Händen überdimensionale mit Glasfaserkabeln und Sensoren bestückte Lycra-Datenhandschuhe – mitunter sogar in antistatisch-synthetischen hautengen „datasuits" mit dicken Kabelsträngen an einem Computer angekoppelt, tasten oder fuchteln sie wie Schlafwandler in der Luft herum, so als wollten sie nicht vorhandene Fliegen fangen. Abgeschaltet von der realen Sinneswelt bewegen sie sich im „Cyberspace", laufen umher im Computerprogramm einer nicht existierenden Welt.

Mit dem „Klick", dem Einrasten des Helms auf dem Kopf, sind die letzten Verbindungen zur äußeren Realität gekappt. Die synthetische Wirklichkeit kann kommen, jetzt wo der Anschluß an das innere des Elektronik-Gehirns hergestellt ist. Zuerst ist es nur schwarz. Das diffuse Summen – kommt es aus den Geräten, an die man angekabelt ist oder aus dem eigenen Kopf? Augen, Ohren und Gehirn müssen sich erst an die neue Situation gewöhnen. Es dauert ein paar Sekunden, bis es vor den Augen zu flackern beginnt und die Töne sich stereophon ordnen. Plötzlich ist man in eine andere Welt „gebeamt" worden:

Poppig-klare Farben tauchen auf den eingebauten Eye-phones auf, die Formen der Realität täuschend echt nachgebildet. Der Computer ist einem sozusagen unter die Schädeldecke gerutscht. Jeder der beiden Bildschirme, die man direkt vor den Augen hat, überträgt mit moderner LCD-Technik zwanzig Bilder pro Sekunde. Durch das sogenannte Head-tracking-System wird per Sensor die Kopfbewegung des Cybernauten überwacht. Dreht man den Kopf nach links, ändert sich automatisch auch die Perspektive auf den Bildschirmen: So gelingt die perfekte Täuschung.

Man hat das Gefühl, durch einen wirklichen dreidimensionalen Raum zu gehen. Vor sich sieht man die Abbildung seiner „Data-glove-Hand". Mit ihr kann man sich durch den Raum bewegen, imaginäre Objekte anfassen und dem Computer Befehle erteilen. Der Computer weiß, daß der ausgestreckte Zeigefinger „Fliegen", die flache Hand „Stop" und die Faust „Greifen" bedeuten. So kann man rennen, schweben, fliegen, nur auf Fingerdruck. Um eine perfekte Simulation zu erreichen, muß man nicht nur den Augen etwas vorspielen, sondern auch den Ohren. Das geschieht im „Head Mounted Display" durch vier Lautsprecher, die einen Raumklang simulieren. Geräusche kommen – ähnlich wie in der Quadrophonie von links oder rechts, von vorn oder hinten.

Und bei manchen Cyberspace-Environments ist man sogar schon so weit, über den Datenhandschuh Druckempfindungen vorzugaukeln. Es ist wie das reale Leben in einem digitalen Luftschloß.

Total Immersion

Naturgesetze gelten nicht im Cyberspace: Man kann durch ein Fenster hinausfliegen, ohne mit gebrochenem Genick auf dem Boden zu landen, man kann durch eine Mauer hindurch gehen, ohne sich auch nur einen Kratzer zu holen. Es ist das totale Eintauchen in eine künstliche Welt. In der Szenesprache: „Total Immersion".

So perfekt die Simulation auch ist: Es kann schon mal vorkommen, daß der Körper die Lüge aufdeckt. Manche Cybernauten haben anfangs Schwierigkeiten, sich in der neuen Welt zurechtzufinden. Sie werden sozusagen seekrank, denn der Körper erlebt ja eine völlig andere Realität als Augen und Ohren. Der Körper steht still, während die Augen durch eine weite Landschaft fliegen. Thomas erzählt:

„Das eigenartige war, daß es alles nicht so einfach war. Wenn ich ein Buch vor mir liegen sah und ich wollte es ergreifen, war es erst mal relativ kompliziert, überhaupt zu diesem Buch zu gelangen. Man sieht ja vor seinen Augen nur eine Hand. Eine Hand, die entspricht sozusagen meiner realen Hand mit dem Handschuh, die dann über Bewegungssensoren in den Rechner eingespeist werden. Das ist dann erst mal gar nicht so einfach, überhaupt so ein Buch zu fassen und es vielleicht auch aufzuschlagen, sondern es ist wirklich eine Sache der Übung, daß man sich in dieser neuen Welt einfach erst mal zurechtfindet."

„Gott sitzt im Rechner"

(Schlagzeile des „Spiegel", 1992)

Existierten bis vor vier Jahren diese künstlichen Welten fast ausschließlich in wissenschaftlichen Labors bei Militärs und NASA, so ist heute der Cyberspace viel anwendungsorientierter. Da gibt es virtuelle Büros, Häuser und Städte, in denen man herumspazieren kann und sogar einen elektronischen Kindergarten.

Vor allem aber boomt das Cyberspace-Spektakel in der Unterhaltungsindustrie.

Und bald werden wir es nicht mehr nur mit der monotonen Knöpfchendrückerei der Telespieler zu tun haben, sondern mit Cyberspace – zunächst im Spielhallen-Betrieb und später als Home-Games.

Das „Battletech-Center" in Chicago war Anfang der 90er Jahre die weltweit erste Cyberspace-Spielhalle. An 16 Flugsimulatoren konnte man der virtuellen Realität ins Jahr 3028 reisen und einen fiktiven Krieg der Sterne gewinnen. Aber inzwischen ist die Cyberspace-Welle auch nach Europa übergeschwappt.

Nutzen

Neben der künstlichen Intelligenz sind derzeit die Forschungen über Cyberspace und virtuelle Realitäten der wichtigste Trend im Computerbereich. Es findet ein tagtäglicher Wettbewerb statt über Entwicklungen von neuen Helmen, neuen Eye-Phones, neuen Data-Gloves und Data-Suits. An der Spitze der kommerziellen Unternehmen (über Nasa und militärische Entwicklungen erfährt man kaum etwas) stehen die US-Unternehmen „VPL" und „Auto-Desk" und die englischen „W-Industries". Und das alles gleich im Auftrag von mehreren Branchen:

Bei Architektur-CAD-Programmen kann man in Häusern herumspazieren, die überhaupt noch nicht existieren und kann Wände verschieben, Farben aufhellen und Fenster vergrößern, ohne teure Baukosten und das im Vorfeld der Imagination, der Planung, der Projektierung. Türen können geöffnet werden. Schränke aufgeschlossen. Fragen können beantwortet werden wie: Ist die Küche ergonomisch sinnvoll gebaut?

In *Physik*- und *Chemie*programmen kann man um Moleküle herumlaufen, Atome herausnehmen und anderswo andocken, so daß in neuen Formeln neue Wirkstoffe entstehen.

In der *Medizin* wird man – weit mehr als in den derzeit schon verbreiteten Videooperationen – durch die inneren Organe des Patienten spazieren können, bevor man operiert. Man wird die Operation vor der realen Durchführung simulieren, die Folgen abschätzen können.

Nicht zu vergessen die *Roboter*, die man dann viel präziser virtuell in gefährlichen Situationen einsetzen kann, ob im Inneren von defekten Atomkraftwerken oder auf dem Mars.

Für den Laien werden die Cyberspace-Entwicklungen allerdings zuerst in der Unterhaltungs- oder Freizeit-Industrie zu sehen, hören oder sogar zu fühlen sein. Weil diese Technik die Intensität des Erlebens künstlicher und phantastischer Welten in einem bislang unbekannten Maß steigern wird, werden die Cyberspace-Spektakel massenweise unter die Leute gebracht werden.

Und es hat schon begonnen: Die Spielzeugproduzenten Mattel und Nintendo haben in den USA einen „Data-Glove" zum

Preis von knapp 80 Dollar auf den Markt geworfen. Er ist schon millionenfach verkauft worden. Massenweise schalten die Kids von ihrem Joy-Stick um auf den Datenhandschuh.

Denn im Cyberspace läßt sich – bei genügend großer Speicherkapazität eines schnellen Computers – jedes Szenario, jede Art von Welt generieren. Vom Innenleben eines Kühlschrankes über das eigene Herz oder den eigenen Magen bis hin zum simulierten Weltraum. In all diesen künstlichen Welten kann man dann herumspazieren, kann sie in- und auswendig aus verschiedenen Perspektiven kennenlernen, man kann z. B. probeweise im Cyberspace eine chirurgische Operation machen, bevor man sie dann in der Realität ausführt. Man kann mit Panzersimulatoren Manöver fahren, ohne die Umwelt kaputt zu machen.

Cyberspace bietet in der Zukunft jedem etwas – nicht nur den Computerfreaks:

Cyber-Sex: Die Erotik der Zukunft?

Unzufrieden mit dem Aussehen der Freundin? Kein Problem. Sex mit Marilyn Monroe ist im Cyberspace denkbar. Der Ehemann nicht passend – im Cyberspace entschädigt eine Liebesaffäre mit Humphrey Bogart, James Dean oder Rudolfo Valentino für die Unfreundlichkeiten und den Mundgeruch des realen Partners.

Der „Traumtyp für erotische Stunden" wird bereits in Nevada/USA in Nachtbars angeboten. In Kabinen – kaum größer als in Peep-shows – kann man intime Stunden mit seinem vom Computer maßgeschneiderten Sexpartner verbringen. Kopfhörer, Data-Glove und Eye-Phone sind die Instrumente, mit denen man ihn sehen, hören, ausziehen, streicheln und lieben kann. Wie einsam dieses Geschäft dann erlebt wird, hängt von der Phantasie der User ab. Thomas meint: „Sex mit Marilyn Monroe ist so'n Schlagwort. Marilyn Monroe ist tot, mit ihr wird man nie mehr Sex haben können. Virtuell ist es zumindest theoretisch möglich, das wird also öfter benutzt, das ist also durchaus denkbar, daß es auch das geben wird."

Denn was die Cyberfreaks vor allem anturnt, ist die Möglichkeit, über weite Entfernungen mit jemanden in der virtuellen Realität Kontakt zu haben, weit besser als es ein Bildtelefon möglich macht.

Denn interessant wird der Cyberspace vor allem, wenn man sich nicht allein durch die virtuelle Realität quält, sondern wenn auch noch andere mit von der Partie sind.

Benjamin Heidersberger vom „Ponton European Media Art Lab": „Eins der wichtigsten Sachen an Cyberspace ist ja der Gedanke der Telepräsenz. D. h. also, daß ich die Bewegungen meines Körpers abgetastet an einen anderen Platz auf dieser Welt übertragen kann und ich mich an einem virtuellen Ort mit Leuten treffen kann, die ebenfalls so abgetastet werden. Und das ist eben R-b-two. R-b-two heißt reality-built-for-two und bedeutet eben, daß zwei Menschen im selben Cyberspace sind, daß sich die Marionetten, die sie steuern, durch ihre wirklichen Bewegungen sehen können und auch aufeinander reagieren können."

Eins wird man dabei allerdings nie ganz genau wissen: Ist das wirklich meine Partnerin oder mein Partner, mit dem ich mich da im Cyberspace tummele oder ist es jemand anders – vielleicht auch nur ein Datenschatten?

Geld

Vor die Verwirklichung allzu utopischer Cyberspace-Phantasien haben die Götter das Geld gesetzt: Das einfachste Equipment kostet zur Zeit bei den englischen W-Industries über 50 000,– DM – und damit hat man gerade mal den Helm mit den dazugehörigen Eye-Phones, den data-glove und die dazugehörige Work-Station, also zwei Hochleistungs-Computer. Ein Data-Suit kostet viel mehr und ein cyberspace-environment für Leute, die sich nicht allein in der synthetischen Realität bewegen wollen – das viel beschworene „R-b-Two" kostet bei VPL in den USA stolze 225 000 Dollar pro equipment.

Aber es ist nur eine Frage der Zeit, bis der virtuelle Raum für viele erschwinglich wird.

Immerhin betrug 1993 der weltweite Umsatz mit der virtuellen Realität schon 100 Millionen Dollar, wovon ca. 30 Prozent auf die Unterhaltsanwendung entfiel. Für 1995 erwartet die Branche ein Wachstum von 400 Prozent. Führende Spielekonzerne wie Sega planen die weltweite Eröffnung von virtuellen Freizeitparks und Spielzentren.

Gefahren

Worin liegen die Gefahren des Cyberspace?

Benjamin Heidersberger: „Die Gefahr des Cyberspace ist dieselbe Gefahr, die ich immer am Computer habe: die Gefahr, daß ich mich als *Gott des Universums* empfinden kann, was ja nicht stimmt. Also am Computer bin ich der vollkommene Alleinherrscher über das, was darin passiert. Ich kann bestimmen, was jede einzelne Figur macht. Ich denke auch mal, daß Reize des Programmierens darin bestehen, daß Menschen halt begreifen, daß sie alles unter Kontrolle haben und alles unter Kontrolle haben wollen. Die Wirklichkeit ist ja nicht so; die Wirklichkeit ist ja so, daß wir ein hierarchisches und vernetztes Gebilde von Menschen sind, wo jeder im günstigsten Fall ein kleines unbedeutendes Teilchen ist. Und ich denke, daß diese Erfahrung auch wichtig ist, also das Erkennen der eigenen Grenzen und eben auch das Lernen, diese Grenzen zu überschreiten. Und diese Grenzen wird es im Cyberspace nicht geben, weil das ja unter kommerziellen Aspekten genutzt wird und letzen Endes auch zur *Droge* gemacht werden soll."

Chancen und Gefahren halten sich – wie bei fast allen neuen Technologien – die Waage. Was für den einen Fluchtpunkt vor einer furchtbaren Realität oder Drogenersatz ist, ist für andere eine wirkliche Hilfe:

Für Körperbehinderte kann der Cyberspace ein Stück wiedergewonnene Freiheit sein. Zum Beispiel können Querschnittgelähmte in den kybernetischen Welten noch einmal Fußball spielen, sie können die Dinge tun, die ihnen in der Realität nicht mehr möglich sind. Oder ein zerebral gelähmter Patient kann im Cyberspace ein motorisches Training beginnen, obwohl seine Muskeln dazu überhaupt noch nicht in der Lage sind. Dadurch würde der Gesundungsprozeß erheblich beschleunigt.

Ein Zugewinn an Freiheitsgraden – wenn auch nur in der virtuellen Realität.

Endzeit-Animation

Das ganze Zeitgeist-Gerede vom Cyberspace mutet wie Endzeit-Animation an:

Der letzte Tango vor dem Untergang der Realität: Kybernetisch aufgemotzt in grell-fröhlichen Hippiefarben, im hoffnungsfrohen New-Age-Look.

Bevor uns das Ozonloch verschluckt oder Rauch der brennenden Ölquellen in Kuwait unseren Kindern Pseudo-Krupp verursacht und bevor wir zu „soylent-green" verarbeitet werden, bauen wir uns noch schnell eine Cyberspace-Idylle als Fluchtburg vor dem Alltagsstreß und dem Niedergang der politischen Systeme.

Je kaputter die Welt da draußen ist, je massiver die Umweltzerstörung wird, je mehr Armut und Krieg, um so mehr wird der Cyberspace zur heilen Welt werden, in der alles noch in Ordnung ist, wo die Farben noch intensiv, die Töne noch rein und die Gefühle noch stark sind. So werden die künstlichen Welten zum Trostpflaster, wenn die reale Welt nicht mehr bei vollem Bewußtsein bewohnbar ist.

Wir werden nicht umhin kommen, uns mit „Cyberspace" zu beschäftigen – für unsere Kinder wird es vielleicht schon so normal sein, wie für uns der Videorecorder. Die neue Technik birgt viele Chancen, aber auch die Gefahr des immer größer werdenden Verlustes unserer ureigenen, menschlichen Realität. Auch hierbei gilt: Unser Umgang mit Cyberspace wird bestimmen, ob er uns bereichert oder verarmen läßt.

Die wenigsten von uns werden wohl so weit gehen wie Marvin Minsky, Vordenker des Massachusets Institute of Technology (MIT) in Sachen „künstliche Intelligenz", der gesagt haben soll, daß er sich – sobald das möglich sein sollte, eine Computerschnittstelle – einen sogenannten Bio-Clip – ins Gehirn einpflanzen lassen würde: Er träumt von der elektronischen Unsterblichkeit des Menschen.

156

Literatur

Baker, Robing: Designing the Future. Düsseldorf 1993 (Econ)

Bamme, A./Feuerstein, G. u. a.: Maschinen-Menschen-Menschen-Maschinen. Reinbek 1983 (Rororo)

Hafner, K./Markoff, J.: Cyberpunk. Düsseldorf 1993 (Econ TB)

Koch, Joachim: Abschied von der Realität. Reinbek 1988 (Rowohlt)

Levy, Steven: KL – Künstliches Leben aus dem Computer. München 1993 (Droemer-Knaur)

Moravec, Hans: Mind Children. Hamburg 1990 (Hoffmann u. Campe)

Rheingold, Howard: Virtuelle Welten. Reinbek 1992 (Rowohlt)

Rötzer, Florian (Hrsg.): Digitaler Schein. Frankfurt 1991 (Suhrkamp)

Schachtner, Christel: Geistmaschine. Frankfurt 1993 (Suhrkamp)

Sesink, Werner: Menschliche und künstliche Intelligenz. Stuttgart 1993 (Klett-Cotta)

Sherman, B./Indkins Ph.: Virtuelle Realität. München 1993 (Scherz)

Waffender, Manfred (Hrsg): Cyberspace. Reinbek 1991 (Rororo)

Liebe und Sexualität

Vom Brauchen und vom Lieben – Wenn der Partner zum Suchtmittel wird

„Verliebtheit ist eine lustvolle,
aber vorübergehende Geisteskrankheit"

Jeder war schon einmal verliebt, und die meisten kennen den „Taumel dieser angenehmen Unzurechnungsfähigkeit"; aber nur wenige können sich vorstellen, daß Liebe und Sexualität süchtig entgleisen können. Und manche sagen: „Wenn schon eine Sucht, dann diese".

Das Modethema „Liebessucht" ist vor allem der amerikanischen Partnertherapeutin Robin Norwood und ihrem Bestseller „Wenn Frauen zu sehr lieben – die heimliche Sucht gebraucht zu werden", von dem in den USA 2,5 Millionen Exemplare und in der Bundesrepublik fast 500 000 verkauft wurden, zu verdanken. Viele Frauen scheinen sich in den Fallgeschichten des Buches wiederzufinden: Innerhalb von ein paar Jahren haben sich Selbsthilfegruppen für Liebessüchtige von Hamburg bis München, von Stuttgart und Frankfurt bis Berlin gegründet.

Die These von Robin Norwood: „Wenn Liebe für uns gleichbedeutend ist mit Schmerz und Leid, dann lieben wir zu sehr. Wenn Gespräche mit unseren engsten Freundinnen sich häufig nur um unseren Partner drehen, um seine Probleme, seine Gedanken, seine Gefühle – wenn fast alle unsere Sätze mit ‚Er ...' anfangen, dann lieben wir zu sehr (...) Zu sehr lieben, das bedeutet: blind zu sein für die eigenen Bedürfnisse und sich nur noch um die Probleme und Ansprüche des anderen zu kümmern. Zu sehr lieben kann bedeuten: sich in der Beziehung zum Partner derart zu verzehren, daß die eigene seelische und körperliche Gesundheit Schaden nimmt."

Ulla, eine 32jährige Lehrerin: „Z. B. bei meinem letzten Freund war es so, daß ich eine wahnsinnige Sehnsucht nach ihm hatte, obwohl wir zusammenlebten und wir uns fast jeden Abend geliebt haben. Aber diese Sehnsucht war nicht zu stillen. Ich habe tagsüber am Schreibtisch gesessen, und die Zeit, wo er immer nach Hause kommen sollte, da habe ich am Fenster gestanden und habe gewartet. Manchmal ging ich tagsüber durch die Wohnung und habe nach ihm gerufen, also richtig bescheuert. Oder habe z. B. den Schrank aufgemacht und die Hemden gestreichelt, obwohl er vielleicht in zwei Stunden nach Hause hätte kommen können. Obwohl er wirklich da war, habe ich ihn immer nur als in der Ferne erlebt und als nicht erreichbar."

Ganz anders zeigt sich die Liebessucht bei Maria-Luise (27): „Ich lerne irgendwo einen Mann kennen. Irgendwas springt über. Ich habe immer geglaubt, das wäre der Funken der großen Liebe und habe mir eingebildet, das sei Verliebtsein. Nachdem dieser Funke übergesprungen ist, gibt es für mich nichts Wichtigeres, als die Zuwendung von diesem Mann zu erlangen. Es ist nicht wichtig für mich, ob ich diesen Mann nun geliebt habe. Es geht mehr darum, etwas zu bekommen. Wie so ein Loch, das zu füllen ist.

Ich habe immer erwartet, daß irgend jemand kommt und mich erfüllt. Je mehr dieser Mann sich dagegen sträubt und nicht will und mir signalisiert, daß er mich nicht will, desto schlimmer wird der Wunsch, gerade von diesem Mann Zuwendung zu bekommen. Ich habe eigentlich immer gespürt, daß da irgendetwas nicht stimmt, daß ich diesen Mann nicht loslassen kann, daß in meinen Gedanken nichts anderes mehr Platz hat, ja, daß dieser andere mir wichtiger ist als ich selber ...

Ich weiß selbst nicht so genau, was dieses Loch ist. Ich glaube, wenn ich das wüßte, dann müßte ich es nicht mit irgend etwas zustopfen, was es doch nicht füllt. Ich glaube, daß ich selbst nicht so gut in der Lage bin, mich zu mögen, mich so zu nehmen, wie ich bin. Ich glaube, daß es anderen Leuten leichter fällt, mich so zu nehmen wie ich bin. Ich gehe dann lieber zu anderen Menschen, die mir signalisieren, daß sie mich gern haben, weil ich es mit mir alleine kaum aushalten kann. Ich habe mich alleine nicht so gern."

Zwar sind es in der Mehrzahl Frauen, die unter Liebessucht

leiden, aber es ist bei weitem kein ausschließlich weibliches Problem. Andreas, ein 29jähriger Krankenpfleger: „Als sich meine Freundin von mir trennte – so intensive seelische Schmerzen habe ich nie in meinem Leben vorher erfahren. Den Alkohol und Drogenentzug – die waren schlimm; aber das war im Vergleich zu diesem Entzug von Liebe wirklich gar nichts. Ich kann das nicht vergleichen. Das war so ein tiefer seelischer Schmerz und Entzug, dadurch sind mir auch die ganzen alten Konflikte mit meinen Eltern und früheren Freundinnen hochgekommen."

Andreas hat eine regelrechte Suchtkarriere hinter sich: Mehrere Jahre Alkoholprobleme, Abhängigkeit von Tabletten und sogar Heroin. Er meint, all das waren nur Ersatzstoffe für das, was ihm wirklich fehlte: Liebe, Geborgenheit, Zuwendung, Wärme.

Liebessucht – Eine echte Sucht?

Liebessucht ist in den letzten Jahren zu einem Modewort geworden – aber ist es überhaupt eine Sucht? Man versteht unter diesem schillernden Begriff alles mögliche: von der Beziehung als Fluchtburg vor der rauhen Welt, bis zur hörigen Abhängigkeit vom Liebespartner, von der absoluten Selbstaufgabe in einer symbiotischen Beziehung, bis zur Anonymität der zwanghaften Promiskuität. Der Begriff Liebessucht wird oft für ganz entgegengesetzte Phänomene benutzt. Soviel scheint klar:

Im Zustand überschwenglicher Verliebtheit produziert das Gehirn der Liebenden tatsächlich seine eigene Rauschdroge aus der Gruppe der Weckamine, der Aufputschmittel. Der Innsbrucker Arzt Gerhard Crombach hat es in der Zeitschrift Sexualmedizin belegt: Der Stoff, aus dem die Verliebtheit ist, trägt den wenig romantischen Namen *Phenyläthylamin*. Daß *Phenyläthylamin* ein echtes Suchtmittel ist, zeigen Tierexperimente, in denen Ratten unendliche Entbehrungen auf sich nehmen, um zu einem Schuß „Speed" zu kommen. – Genau wie der Liebende, der richtig süchtig nach seinem Liebesobjekt ist und regelrechte Entzugserscheinungen durchleidet, wenn er es verliert. Und so ist es auch nur logisch, wenn von ihrem Suchtmittel entwöhnte Heroinsüchtige, Alkoholiker oder Tablettenabhängige sich ständig Situationen suchen oder schaffen, in denen

der Körper die Suchtstoffe selbst produzieren muß: Beim Spielsüchtigen ist es der „Kick" am Spieltisch oder am Automaten.
Der Arbeitssüchtige hat sein „high", wenn er richtig rotiert und
der Liebessüchtige, wenn er entweder total verliebt ist oder aber
die Beziehung wankt. Deshalb ist es auch verständlich, daß Liebessüchtige immer wieder die Verliebtheit mit ihrem Herz-
klopfen, Sinnestaumel und Nervenkitzel suchen. Sie haben
Angst, daß diese Liebe in einer langfristigen Beziehung veren-
det, die beschwert ist mit der Last der Alltagsprobleme. Sie sind
„sehn"-süchtig nach immer intensiveren Erlebnissen.

Wie im Blindflug

Liebessüchtige sind hochsensible Menschen. Sie spüren intui-
tiv die Lücken des Gegenübers auf und füllen sie auf – oft ohne
das überhaupt selbst wahrzunehmen. Sie gehen, wie man in
der Psychologie sagt, eine symbiotische Bindung ein.

Marie-Luise, eine Betroffene, beschreibt den Zustand folgendermaßen: „Das ist ein Gefühl von Verschwimmen ineinander.
Es gibt keine Grenzen mehr zwischen uns. Ich will auch keine
mehr. Ich habe dann Angst vor den Grenzen und habe dann
auch die Vorstellung, wenn wir nur richtig verschmelzen würden, dann wäre das das größte."

Wie im Blindflug finden sie so den zu ihren unbewußten Mu-
stern passenden Partner. Unbewußt suchen sich Liebessüchtige nämlich oft Partner, die Alkoholiker oder Drogenabhän-
gige sind. Man spricht dann von Co-Abhängigkeit. Hintergrund ist oft, daß die Co-Abhängigen in ihrer Ursprungsfamilie
mit einem süchtigen Elternteil aufgewachsen sind. Den in der
Kindheit gelernten Umgang mit einem süchtigen Vater oder einer süchtigen Mutter übertragen sie dann auf ihre Partnerbe-
ziehung. Erhalten bleibt die süchtige Grundstruktur des/der
Co-Abhängigen. Selbst als Erwachsene sind sie auf der kindlichen Suche nach elterlicher Liebe, da sie sie in ihrer Kindheit
nicht erhalten haben. Sie mußten als Kinder erwachsener sein,
als es ihnen angemessen war, deshalb müssen sie als Erwachsene ihre unerfüllten kindlichen Wünsche leben. Es geht ihnen
mehr um das Geliebtwerden als um Lieben. Und sie suchen die
Erfüllung dieser Wünsche nach Liebe dann bei jemandem, der

dem geliebten Elternteil ähnlich ist. Und das ist dann oft ein Alkoholiker oder Drogenabhängiger.

Ob es sich bei den „Beziehungssüchten" überhaupt um Sucht im engeren Sinne handelt, kann man nur im Einzelfall beurteilen. Immerhin – möglich scheint es.

„Liebe", so heißt es in einem russischen Sprichwort, „Liebe ist ein Glas, das zerbricht, wenn man es zu unsicher oder zu fest anfaßt." Und Liebessüchtige fassen sehr unsicher zu. Entweder sind sie knallhart und überrealistisch oder aber sie träumen sehnsüchtig von der großen Liebe.

Sex-Sucht

„Rausch ist die Erlösung des Bewußtseins vom Bewußtsein des Bewußtseinsverlustes"

(Ernst Jünger)

Für Peep-Shows und Pornofilme, Telefonsex und Prostituierte geben sie einen Großteil ihres Einkommens aus. Sie sind ständig auf der Suche nach einem Sexualpartner, oder sie masturbieren. Manche fordern von ihrer ständigen Partnerin mehrmals täglich Sex, andere brauchen außergewöhnliche sexuelle Stimuli, um sexuell erregt zu werden oder zum Orgasmus zu kommen. Die Rede ist von Sex-Süchtigen. Ein Betroffener erzählt:

„Ich war in Frankfurt einkaufen und hatte einen guten Tag gehabt, obwohl es mir, weil die Beziehung gerade zu Ende war, total beschissen ging, plötzlich kommt mir der Gedanke: „Du bist in Frankfurt, du könntest in den Puff gehen." Und ich wollte das erst nicht. Ich habe den Gedanken verdrängt. Aber der ist immer stärker geworden, und ich wußte auch in dem Moment, ich tue mir damit weh. Ich wußte es ganz genau. Ich bin trotzdem gegangen. Ich konnte es nicht sein lassen. Ich wußte sogar, daß ich nachher mehr Probleme habe als vorher. Das war mir vom Kopf her klar. Aber dieser Drang, dieser Zwang, diese Besessenheit waren einfach stärker als ich, als mein Gefühl für mich.

Das war wie ein Rausch. Ich habe mich danach zwar noch viel beschissener gefühlt, aber irgendwie auch so eine Illusion, mal eine kurze Zeit zu vergessen, mal einfach loslassen zu können, entspannen zu können, eben so sein zu können, wie ich eigentlich gerne wäre, nämlich gelöst, enthemmt und sich mal gehen lassen. Dieser Illusion, die ich eigentlich nie realisieren konnte, bin ich immer wieder hinterher gerannt."

Der Psychologe John Money von der John-Hopkins-Universität in Baltimore/USA unterscheidet heute im wesentlichen drei verschiedene *Sex-Sucht Charaktere:*

1. *Menschen, die ständig wechselnde Sexualpartner haben. Sie streifen jeden Abend in Bars oder Parks umher, um jemanden für ein kurzes Abenteuer zu finden. Das können Männer und Frauen gleichermaßen sein, Homo- wie Heterosexuelle. Früher nannte man das Hypersexualität oder Don Juanismus bei Männern oder Nymphomanie bei Frauen.*

2. *Personen, die exzessive sexuelle Anforderungen an ihren festen Partner stellen. Sie wollen z. B. tagtäglich fünf- bis zehnmal mit ihrer Frau schlafen und werden sonst ungenießbar, weil sie „das brauchen", wie sie sagen.*

3. *Paraphylitiker sind Menschen, die im wahrsten Sinne des Wortes „daneben lieben". Sie sind abhängig von ungewöhnlichen sexuellen Stimuli, um sexuelle Erregung zu verspüren oder zum Orgasmus zu kommen. Hierzu zählen Masochismus und Sadismus, Sodomie und Pädophilie, Voyeurismus und Exhibitionismus, also das, was man gemeinhin unter Perversion versteht.*

Bizarre Spiele

Wir scheinen in einer Zeit zu leben, in der die tradierten sexuellen Normen heftig ins Trudeln geraten sind: Der zweimal wöchentliche Sex ist mehr oder weniger bizarren Spielen gewichen; Single- und Swinger-Clubs haben Hochkonjunktur, sadomasochistische Praktiken und Telefonsex scheinen zu boomen – zumindest wenn man sich die Themen der TV-Talkshows und die nächtlichen Werbespots für die unzähligen Sex-Hotlines ansieht.

Nach einer Untersuchung an 1200 Bundesbürgern haben rund 35 Prozent der Befragten schon sexuelle Handlungen ausprobiert, die die Mehrzahl der bundesdeutschen Bevölkerung für pervers hält, davon immerhin 10 Prozent „härtere" Spielarten wie *Sadomasochismus, Analverkehr* oder *Urophilie*. Auch wenn diese Untersuchung nicht repräsentativ ist, so gibt sie doch auch Hinweise auf die sexuelle Ausrichtung in bundesdeutschen Schlafzimmern.

Zahlen

Und das ist sozusagen das Reservoir, aus dem sich das Heer der späteren Sex-Süchtigen rekrutiert. Und wenn es auch keine exakten Zahlen über Sex-Süchtige gibt – in den Vorstufen zur Sex-Sucht befinden sich viele. Immerhin erschrecken schon die Zahlen, die das statistische Bundesamt jährlich erstellt:

1993 standen in der Bundesrepublik 6376 Menschen wegen „Straftaten gegen die sexuelle Selbstbestimmung" (§§ 174–184b StGB) vor Gericht. Dazu zählen z. B. exhibitionistische Handlungen, Verführung, sexuelle Nötigung und der sexuelle Mißbrauch Abhängiger. Wenn es sich auch sicher nicht nur um Sex-Süchtige handelt, geben diese Zahlen doch Hinweise auf die Verbreitung dieser Sucht im Endstadium, dann, wenn der Betreffende seine Sucht überhaupt nicht mehr kontrollieren kann und andere zu Opfern macht.

Sex-Sucht ist eine besonders tragische Variante der stoffungebundenen Suchtformen, denn oft verbirgt sich hinter dem Wunsch nach exzessiver Sexualität auch etwas ganz anderes. Betroffene berichten:

– „Mein wirkliches Bedürfnis war Liebe, Wärme, Verständnis, Geborgenheit, Sicherheit und Schutz. Und was ich gekriegt habe, war totaler Identitätsverlust, Selbsthaß, Abscheu vor mir selbst, Ekel, abgrundtiefe Isolation, Schuldgefühle, mein Selbstwertgefühl war flöten gegangen, von Selbstachtung erst überhaupt nicht anzufangen, die war genauso im Arsch."

– „Ich hab dann erst viel später gemerkt, daß ich diese Gefühle nicht herstellen kann und mußte einsehen, daß ich durch Sexualität nie diese Gefühle herstellen kann. Daß ich einfach gegenüber meiner Sexualität machtlos bin."

- „Enttäuschung, Ekel, Abscheu. Ich habe mich selbst ge-
haßt. Ich habe mich selbst angewidert. Ich habe mich
wahnsinnig geschämt und habe mich nicht getraut, mich
anderen mitzuteilen. Ich habe dann auch wieder „so getan", also nach außen hin eine Fassade aufrechterhalten.
Es war furchtbar, moralische Schuldgefühle, Gewissensbisse. Es hat mich eigentlich alles daran gehindert, wirklich zu kapitulieren und mir einzugestehen, daß ich nicht
mit Sexualität umgehen kann."

Inzwischen gibt es bundesweit etwa 20 Selbsthilfegruppen
(„Anonyme Sexaholiker") für Sex-Süchtige, die nach einem
ähnlichen Konzept wie die „Anonymen Alkoholiker" arbeiten.

Literatur

Carnes, Patrick: Wenn Sex zur Sucht wird. München 1991 (Kösel)
– Zerstörerische Lust – Sex als Sucht. München 1987 (Heyne)
Fuchtmann, Engelbert (Hrsg.): Identität und Sexualität. Freiburg 1988
   (Lambertus)
Keen, Sam: Die Lust an der Liebe – Leidenschaft als Lebensform. Wein-
   heim 1984 (Beltz)
Norwood, Robin: Wenn Frauen zu sehr lieben, Reinbek 1988 (Rowohlt)
Wieck, Wilfried: Männer lassen lieben. Stuttgart 1987 (Kreuz)

Arbeit

Arbeit ist das ganze Leben

„Wir leben, um zu arbeiten. "

(Graf von Zinzendorf)

Der Deutschen liebstes Kind – neben dem Essen – ist die Arbeit. Während die Franzosen, die Italiener und die Engländer als „faule" Völker eingestuft werden, sind die Deutschen fleißig, streb- und arbeitsam. Wenn uns unsere Arbeitswut und Ordnungsliebe im Ausland neben Bewunderung und Achtung auch Spott und Mißtrauen gebracht hat, im Landesinnern war und ist man des Lobes voll: „Arbeit adelt", „Arbeit macht das Leben süß", „Ohne Fleiß keinen Preis" sagen die tradierten Lebensweisheiten, in denen die deutschen Ideale sprichwörtlich geworden sind.

Man kann aber auch Gefangener seiner Arbeit, arbeitssüchtig, werden.

Natürlich fällt unter Arbeitssucht nicht jede Arbeit schlechthin, nicht einmal jedes übermäßige Arbeiten. Vielmehr ist hier die Rede von einem Benutzen der Arbeit bzw. der Arbeitsstelle zum Zwecke der Flucht, z. B. vor Konflikten in Partnerschaft oder Familie, eigener innerer Leere oder des Genusses, etwa bei der Ausnützung von Befehlsgewalt am Arbeitsplatz.

Nun darf man Arbeitssucht nicht mit viel und fleißigem Arbeiten oder Arbeitenmüssen, etwa aus ökonomischem Zwang oder zeitweiligem Termindruck, verwechseln. Doch ehemals von außen herangetragene Zwänge können sich bei entsprechender Gewohnheit und Dauer verselbständigen.

Nehmen wir zum Beispiel Hartmut. Hartmut ist 42 Jahre alt und freier Graphiker: „Ja, das gibts schon phasenweise, daß ich so eine Art Hochgefühl habe – einfach weil man wie so ein Computer auf Hochtouren läuft. Also daß man sagt: Das kannst du bringen, daß man also sagt: Das ist ,ne Sache. Du machst jetzt eine Arbeit an einem Tag, die du sonst an zwei, drei Tagen gemacht hättest. Irgendwie so ein bißchen Stolz kommt da schon durch. Das sind so Sachen, daß ich mich da selber so reinsteigere. Und dann kommt natürlich auch dazu, daß ich absehen kann, wann es zu Ende ist. Das ist ganz wichtig für mich. Ich sage mir ganz genau: Das geht noch so zwanzig Stunden oder zwei Tage. Und das Schlimmste, was mir dann passieren kann, ist dann, daß derjenige, der jetzt die Arbeit kriegt, sagt, ‚da ist was zu ändern‘ oder so, und ich muß noch einen Tag dranhängen. In dem Moment merke ich, ich habe mich verausgabt. Ich habe meine Kräfte und auch so mein Wohlbefinden drauf eingestellt, habe mich schon gefreut auf den Punkt, an dem es nun endlich zu Ende ist. Und wenn ich jetzt von jemand anderem gezwungen werde, über diesen Punkt raus immer noch zu arbeiten, dann bricht das alles zusammen; dann habe ich unglaubliche Schwierigkeiten, überhaupt noch weiter zu machen, weil dann in mir nur noch so was ganz Negatives ist: Ich will richtig raus! Also wie so ein Ausbruch eigentlich. Ich bringe also alles in die Arbeit ein. Ich kann dann in der Zwischenzeit auch überhaupt nichts anderes planen oder denken, und ich erwarte dann auch zum Beispiel von anderen Menschen, wenn ich denen sage: Ich kann heute irgendwie nicht mit dir kommunizieren oder dich besuchen, daß die das akzeptieren. Weil da einfach bei mir nichts mehr drin ist, um so etwas noch ausführen zu können."

Arbeit als Droge

In der Psychologie werden solche „economic animals" oder „Arbeitstiere" als unglückliche Zeitgenossen betrachtet, die mit der Arbeitssucht ihre psychischen Probleme zu verdrängen suchen. Ihre Betriebsamkeit diene ihnen als Schutzwall gegen ihre Ängste. Der Mensch versuche, so meinen viele Psychologen, seine Ängste durch verschiedene Methoden zu kompensieren, wovon eine das zwanghafte Arbeiten sei. Arbeit ist für manche Menschen eine Droge mit allen Folgen einer Suchtkrankheit.

Nehmen wir Walter. Er ist von Beruf Lehrer: „Früher hatten meine Arbeitsschwierigkeiten meinen Tagesablauf total bestimmt. Weil ich ja immer einen Riesenwust von Arbeit vor mir hatte, habe ich mich nicht getraut, feste Verpflichtungen einzugehen, Verabredungen im voraus zu treffen, denn ich mußte ja ständig arbeiten. Und wenn ich mich trotzdem mal mit Bekannten und Freunden getroffen habe, dann ist das immer aus der Situation heraus spontan geschehen, aber es war nie langfristig geplant. Insofern also muß ich sagen: Meine Arbeitsschwierigkeiten haben mich dazu veranlaßt, die Beziehungen immer nur auf ziemlich großer Distanz zu halten.

Häufig habe ich mich eingebuddelt in meiner Arbeit, ich habe mich verschanzt hinter meinem ‚ich habe keine Zeit'. Das kam mir vor wie eine riesengroße Mauer, hinter der ich gesteckt habe, die mir auch zum großen Teil Sicherheit gegeben hat. Denn an meinem Schreibtisch, da mußte ich mich nicht mit den anderen auseinandersetzen, da war ich in meiner gewohnten Situation. Dagegen in Freizeitsituationen, wo es um Spaß, um Vergnügen ging, da habe ich ja viel zu oft nur gelitten und habe die daher auch gemieden. Ja, wenn ich mir einen Namen geben müßte an Hand der Eigenschaft, die für mich die größte Bedeutung hat, dann würde ich sagen, ich heiße ‚ich hab keine Zeit'. Ein anderer Name könnte genausogut lauten ‚ich bin total überlastet' oder ‚laßt mich in Ruhe, ich muß dringende Termine erledigen'."

Arbeitszeiten

Die meisten Menschen freuen sich auf ihren Feierabend, das Wochenende oder den Urlaub. Nur wenige leisten dauernd freiwillig Überstunden bis tief in die Nacht, nehmen für das Wochenende Arbeit mit nach Hause und sind sogar im Urlaub noch mit den Gedanken bei der Arbeit.

Viele Leute würden lachen, wenn man ihnen vorwerfen würde, sie wären arbeitssüchtig. „Ich – arbeitssüchtig? Ich habe eher zu wenig als zu viel Lust zum Arbeiten." – Als ob es bei Arbeitssucht um Lust ginge.

Die Zahl der Arbeitssüchtigen liegt vollkommen im Dunkeln. Zumal die Betroffenen meist nichts von ihrer Abhängigkeit ahnen, sondern sich das Deckmäntelchen von Verantwortung, Tüchtigkeit und Terminen überstreifen.

Allerdings gibt es ein paar Hinweise auf das Ausmaß dieser Sucht: Prof. Detlev Müller-Böling hat 1988 an der Universität Dortmund in einer Studie an 1 500 Top-Managern festgestellt, daß sie durchschnittlich pro Woche 59 Stunden arbeiten. Dabei arbeiten nur 5 Prozent unter 50 Stunden, 34 Prozent arbeiten zwischen 50 und 60 Stunden, 45 Prozent zwischen 60 und 70 Stunden und 15 Prozent sogar über 70 Stunden pro Woche.

Daß ausgerechnet die höchsten Tugenden unserer Leistungsgesellschaft – Fleiß, Tüchtigkeit, Erfolg – Ausdruck einer Krankheit sein können, will einem nicht in den Kopf.

Denn es ist gar keine Frage: Arbeit hat natürlich einen Nutzen, einen positiven Effekt.

Aber neben diesem offensichtlichen und effektiven Nutzen bietet Arbeit die Möglichkeit, sein Selbstwertgefühl aufzumöbeln: Beate, Pädagogik-Studentin: „Ich schreibe nur deshalb eine Diplomarbeit, weil ich denke, das Produkt, das da nachher möglicherweise herauskommen kann, ist *eine* Möglichkeit, mein Selbstwertgefühl aufzubessern. Also kann ich mir sozusagen beweisen, daß ich ja jemand bin, daß ich das kann und daß ich das packen kann. Das ist die Funktion bei all diesen Sachen. Zum Teil verschlimmere und verschlechtere ich mir meine Lebenssituation nur, um mir zu beweisen, daß ich die Ärmel hochkrempeln und alles wieder von vornher aufbauen kann".

Auf den ersten Blick könnte man dieses Verhalten als Zeichen besonderer Strebsamkeit und großen Engagements ansehen. Bei kritischer Betrachtung kann man das vielleicht noch als übersteigerten Ehrgeiz und Karrieresucht verstehen. Und sicher trifft dies auch auf manchen zu. Besonders dann, wenn seine Tätigkeit ihn befriedigt, weil er sich dabei mit seinen Fähigkeiten selbst verwirklichen kann. Inzwischen wissen wir, daß dieses ungewöhnliche Verhalten Warnzeichen der Arbeitssucht sein kann, wo die Arbeit als eine Art „Droge" benutzt wird, um seelische Konflikte unter Kontrolle zu halten – genauso wie durch Alkohol, Tabak oder Medikamente.

Denn genau hier fängt die Arbeitssucht an: dann nämlich, wenn sich Menschen immer wieder Situationen schaffen müssen, in denen sie dann wieder mal so richtig feste arbeiten dürfen.

Arbeitszwang

Thomas Leithäuser, Professor für Psychologie an der Universität Bremen, spricht deshalb von einem Arbeitszwang: „Arbeitssüchtig ist ein Mensch dann, wenn er sich keine Muße, keine Freizeit und keine Ferien gönnen kann. Des weiteren kann man einen Arbeitssüchtigen so beschreiben, daß er es schwer hat, befriedigende und lustvolle Beziehungen zu anderen Menschen fern vom Prinzip der Arbeit herzustellen. Das ist Arbeitssüchtigen kaum möglich.

Das Wichtigste ist, daß dieses Verhalten zwanghaft geschieht, es ist ein innerer Zwang. Das ist das eigentlich krankhafte Moment an der Arbeitssucht, daß man so handeln muß, wenn man auch anders möchte, so doch nicht anders handeln kann."

Es stimmt: Viele Menschen sind eher „Zwangsarbeiter" als Arbeitssüchtige. Sie arbeiten in der Hauptsache, um ihren Lebensunterhalt zu verdienen.

Dabei ist die Unterscheidung zwischen Arbeitszwang und Arbeitssucht – zumindest oberflächlich betrachtet – eher müßig. Beides mündet letztlich in der gleichen Hektik: Ob man eher vom Erfolg gelockt und gezogen oder von der Angst und den Minderwertigkeitsgefühlen geschoben wird, ist erstmal zweitrangig.

Dabei sind es nicht nur die richtigen Arbeitssüchtigen oder die „Zwangsarbeiter", die unter diesem Problem leiden: Da die Übergänge fließend sind, kann es auch Normalsterblichen passieren, daß sie in Zeitnot geraten, um sich um so hektischer in die Arbeit zu stürzen. Gehören auch Sie zu diesen „Zeitgenossen"?

Obwohl die Zeit absolut gerecht verteilt ist – jeder hat 60 Minuten pro Stunde und 24 Stunden pro Tag – zerrinnt sie dem einen zwischen den Fingern, während der andere nicht weiß, wie er sie totschlagen soll. Zeit vergeht wie im Fluge oder erscheint wie eine Ewigkeit. Es gibt sogar Menschen, die gar keine Zeit haben. Sie haben sie sozusagen verloren und finden für die wichtigen Dinge des Lebens keine Zeit mehr.

Zeitfallen

So gibt es eine große Zahl von „Zeit-Fallen", in die viele tagtäglich rutschen:

- Sich zu viel Arbeit aufladen
- Alles selbst machen
- Nicht fertig werden wollen
- Die Angst vor der Leere, wenn es nichts mehr zu tun gibt
- Überflüssige Anwesenheit, zu viele Termine
- Schlechte Arbeitsorganisation
- Unordnung
- Die Unfähigkeit, Prioritäten zu setzen
- „Kleckerzeiten" nicht sinnvoll nutzen
- Die' wichtigen Tätigkeiten aufschieben
- Termin nicht halten
- Mehrere Dinge gleichzeitig (dafür nichts richtig) machen
- Die Unfähigkeit nein zu sagen
- Ständige Unterbrechungen
- Zu viel Kleinkram
- Ermüdung durch sinnlose Arbeit

Leben auf der Überholspur

Walter, ein Lehrer, sagt über sich: „Hm, ich bin arbeitskrank, ja, aber ich hab mir noch nie überlegt, ob ich mein Arbeitsverhalten als Arbeitssucht bezeichnen würde, weil ich ja so viel arbeite und komme trotzdem nur wenig weiter. Und daher bezeichne ich mich als arbeitskrank."

Und da gibt es Menschen, die arbeiten zehn, zwölf oder vierzehn Stunden am Tag und das fünf, sechs oder gar sieben Tage in der Woche: ein Leben auf der Überholspur. Sie kennen kein Privatleben, und Freizeit ist ihnen ein Greuel. Wer mehr als fünf Stunden schläft, ist für sie ein Penner.

In den USA, wo die meisten Untersuchungen über Arbeitssucht gemacht wurden, hat man für die „Droge Arbeit" sogar einen Begriff gewählt, der sehr an den „Alcoholism", den Alkoholismus, erinnert. Hier heißt Arbeitssucht „Workaholism", und der Arbeitssüchtige „Workaholic".

Den Verdienst, den Begriff „Arbeitssucht" hier in der Bundesrepublik bekannt gemacht zu haben, hat Dr. Gerhard Mentzel, ehemaliger Chefarzt der Hardtwaldklinik Bad Zwesten. Er schreibt in einer Untersuchung über die Arbeitssucht: „Besonders auffällig ist, daß das Verhalten der Arbeitssüchtigen in erstaunlichem Maße dem der Alkoholiker gleicht. Natürlich ist die Wirkung der „Droge Arbeit" anders als die der Droge Alkohol oder Heroin. Direkte Gesundheitsstörungen bleiben aus, aber indirekt sind die Folgeerscheinungen nicht viel anders."

Außerdem hat Mentzel – analog zu dem Fragenkatalog, der auf das Erkennen von Alkoholismus hinzielt – 30 Fragen zur Erkennung der Arbeitssucht entwickelt.

Wer von 30 Fragen fünf mit „ja" beantwortet, der ist suchtgefährdet, bei zehn Ja-Antworten ist die Arbeitssucht ziemlich sicher.

Fragenkatalog zur Arbeitssucht

nach G. Mentzel

ja	nein	
		1. Leiden Sie an Gedächtnisschwächen nach starker Arbeit?
		2. Arbeiten Sie heimlich?
		3. Denken Sie häufig an ihre Arbeit?
		4. Arbeiten Sie hastig?
		5. Haben Sie wegen Ihres Arbeitens Schuldgefühle?
		6. Vermeiden Sie in Gesprächen Anspielungen auf die Arbeit?
		7. Haben Sie ein unwiderstehliches Verlangen, weiterzuarbeiten?
		8. Gebrauchen Sie Ausreden, warum Sie arbeiten?
		9. Zeigen Sie ein besonders abweisendes Benehmen gegen die Umwelt?
		10. Versuchten Sie periodenweise, sich mehr Freizeit zu nehmen?
		11. Neigen Sie zu innerer Zerknirschung und dauerndem Schuldgefühl wegen übermäßigen Arbeitens?

12. Haben Sie ein System der Arbeitszeitbeschränkung versucht?
13. Haben Sie häufiger den Arbeitsplatz gewechselt?
14. Richten Sie ihren Lebensstil auf die Arbeit ein?
15. Haben Sie einen Interesseverlust an anderen Dingen als an der Arbeit bemerkt?
16. Zeigen Sie auffallendes Selbstmitleid?
17. Haben sich Änderungen im Familienleben ergeben?
18. Neigen Sie dazu, sich einen Vorrat an Arbeit zu sichern?
19. Vernachlässigen Sie ihre Ernährung?
20. Wurden Sie wegen Arbeitsmißbrauches in ein Krankenhaus aufgenommen?
21. Arbeiten Sie regelmäßig am Abend?
22. Haben Sie mitunter tagelang hintereinander gearbeitet?
23. Beobachten Sie einen moralischen Abbau an sich selbst?
24. Wurde Ihr Denkvermögen beeinträchtigt?
25. Tun Sie Arbeiten, die weit unter Ihrem Niveau stehen?
26. Machen Sie sich gelegentlich künstlich Arbeit?
27. Wurde die Arbeitsleistung geringer?
28. Beobachten Sie morgendliche Unsicherheit, wenn der Terminkalender zu leer ist?
29. Wurde das Arbeiten zum Zwang?
30. Hatten Sie bereits einen Nervenzusammenbruch?

„Action ist Satisfaction"

Zwar dürfen die „Arbeits Junkies" bei uns noch ziemlich ungehindert ihrer Sucht frönen. Vielfach ernten sie sogar Applaus, wenn sie mit Aktenordnern ins Bett gehen und auch noch im Wartezimmer des Zahnarztes Börsenberichte studieren. Die amerikanische Psychologin Marilyn Machlowitz berichtet über solche Workaholics, die gewettet haben, wer an einem bestimmten Tag mehr arbeiten würde. Der eine brachte es dann in der Tat auf 24 Arbeitsstunden und hatte dennoch die Wette nicht gewonnen, denn sein Mitbewerber war an jenem Tag mit dem Flugzeug von New York nach Californien geflogen und konnte aufgrund der Zeitverschiebung 27 Arbeitsstunden nachweisen: „Action" ist für Arbeitssüchtige „satisfaction".

Hartmut, der freie Graphiker, sagt über die unangenehmen Seiten seines Arbeitsstiles: „Die negative Seite ist zum Beispiel bei mir im Büro, gerade wenn ich solche Aufträge habe, die über 14 Tage oder drei Wochen laufen, etwa Messevorbereitungen, wo ich dann eben tagelang unter solchem Druck stehe, daß ich genau weiß, ich muß irgendwann fertig werden, und dann nur unter diesem Druck auch wirklich ganz intensiv arbeite, und zwar viel intensiver, als ich normalerweise plane. Das heißt also, ich bringe dann als Ergebnis Arbeiten fertig an einem Tag, die normalerweise für zwei Tage angelegt oder kalkuliert waren, einfach, weil es dieser Druck ist. Aber ich merke, daß ich da über eine Grenze rausgehe, die ich eigentlich nicht überschreiten sollte, so rein körperlich und auch eben psychisch.

Ja, ich werde irgendwie hektisch und empfinde die ganze Arbeit als negativ, daß heißt also, der Spaß geht weg, und ich muß mich dann echt dazu zwingen und komme dann drüber weg und merke mit einem Mal, daß ich ganz mechanisch arbeite. Also daß ich überhaupt kein gutes körperliches Gefühl mehr dabei habe bei der Arbeit, aber trotzdem dauernd Leistung bringe; und ich merke, daß ich irgendeine Grenze überschritten habe: Ich brauche nichts zu essen, ich trinke lediglich was. Und obwohl ich dann meinetwegen 20 oder 24 Stunden oder so was am Stück gearbeitet habe, habe ich große Schwierigkeiten, dann zum Beispiel zu schlafen."

Hartmut ist – wenn man so will – freier Unternehmer. Das hört sich grandios an. Ist es aber nur auf den ersten Blick. Da seine Firma allein aus ihm besteht, ist er auf Aufträge der Industrie angewiesen – und er nimmt, was er bekommen kann. „Ja, normalerweise ist das so, daß ich schon die Arbeit so veranschlage, daß ich mit der Zeit hinkäme. Aber ich bin bei meiner Arbeit immer wieder von Lieferanten abhängig, die unter Umständen die Termine nicht einhalten; oder ich muß einen Termin wahrnehmen – zusätzlich – den ich ursprünglich eigentlich nicht geplant hatte. Dadurch kommen dann Verzögerungen zustande, so daß ich oftmals gezwungen bin, 20 oder mehr Stunden hintereinander zu arbeiten. Und ich lege dann eben meine Pausen so, wie ich das rein körperlich oder so psychisch empfinde, daß ich eine Pause brauche. Und das empfinde ich eigentlich bei meiner Arbeit als angenehm, daß da eben keiner dahintersteht, der sagt: Du mußt jetzt erstmal fertigmachen, und dann darfst du eine Pause machen."

Hartmut ist keiner von den „lustvollen" Arbeitern, sondern er arbeitet eher aus Angst, irgendwann nichts mehr zum Beißen zu haben und aus dem Zwang heraus, Geld verdienen zu müssen.'

Wie schlimm der Streß ist, in den sich Arbeitssüchtige hineinwerfen, zeigt sich bei Hartmut oft hinterher: „Meistens sieht das bei mir so aus, daß sich das über Tage hinzieht, und daß es dann irgendwann – meistens nachts oder morgens – zu Ende ist, weil eben der Liefertermin meistens morgens ist. Dann muß ich erstmal mindestens einen Tag gar nichts tun. Wobei ich dann versuche, irgendwas völlig Entspannendes zu tun, etwas, was mir einfach gefällt: Ich gucke mir an, wo eine Ausstellung ist. Ich frage irgend jemanden, ob er mit mir – vielleicht nach draußen ins Grüne fährt oder so etwas. Oder wenn ich das beides nicht kriege, dann habe ich bei mir beobachtet, daß ich dann sowas mache wie Frustkäufe. Ich gehe in die Stadt und kaufe mir irgendwas, wobei ich heute so weit bin, daß ich mir nicht irgendwelche Klamotten oder sonstwas kaufe, sondern ich kaufe mir irgendwelche Bücher, die ich mir normalerweise nicht kaufen würde oder einen Stapel CDs oder so etwas. Ich muß mir was Gutes tun, nachdem ich mich so gequält habe."

Checkliste

Relativ einfach ist es auch für den Laien, die Karikatur eines Arbeissüchtigen herauszufinden, den es leider wirklich gibt:

Er ist der Mann, der auf drei Telefonen gleichzeitig telefoniert, nebenbei seiner Sekretärin Anweisungen gibt, währenddessen die Börsenkurse studiert, sich überlegt, wie und wann er am günstigsten zur Messe nach Hannover fährt und sich ein paar Ideen zur nächsten Konferenz aufschreibt. Er ist einer von denen, die nie da sind, wo sie sich gerade aufhalten, sondern in Gedanken schon in der Zukunft. Er hat gleichzeitig sieben Eisen im Feuer und tanzt auf fünf Hochzeiten zur selben Zeit.

Schwieriger ist es, die Anfänge von Arbeitssucht festzustellen, zumal auch hier die Übergänge zwischen normalem und süchtigem Verhalten fließend sind.

Und es ist ganz und gar nicht so, daß die Arbeitssucht eine

„Managerkrankheit" ist. Tatsächlich sind Männer und Frauen aus verschiedenen sozialen Schichten mit unterschiedlichen Berufen und Tätigkeiten der Arbeitssucht verfallen: Vom Handelsvertreter über Generaldirektor, Pfarrer und Krankenschwester bis hin zur Hausfrau, die als „Putzteufel" die Familie terrorisiert, reicht die Palette.

Gerda ist 36 und von Beruf Journalistin: „Gerade bevor ich meinen letzten Partner zu mir ins Haus nahm und wir noch in dem Stadium waren, daß wir uns verabredet haben, da fragte er: ,Was machst du morgen?' ,Ich arbeite.' ,Was machst du übermorgen?' ,Ja, arbeiten, weißt du doch, das und das muß noch raus. Du weißt doch, der Verlag wartet auf das Manuskript.' ,Ja, und den Tag darauf?' ,Da muß ich meine Wohnung putzen, ich muß doch meine Gardinen waschen und meine Kleider ändern'. – Und so ging das in einer Tour. Das war vor einem Jahr, da habe ich erst gemerkt, daß ich mich hinter Arbeit verschanze, um nicht meine Angst vor Nähe zu spüren."

Typologie

Arbeitssüchtiger ist nicht gleich Arbeitssüchtiger. So unterscheidet die amerikanische Psychologin Marylin Machlowitz vier Arten von Arbeitssüchtigen:

1) *Der eingleisige Arbeitssüchtige:* Er entspricht genau dem Stereotyp vom „gewöhnlichen Arbeitssüchtigen". Er probiert erst gar nicht, auch andere Interessen in seine Arbeit mit einzubeziehen, weil er gar keine hat. Die eingleisigen Arbeitssüchtigen wirken oft langweilig, humorlos und starr -- und sie sind es meistens auch.

2) *Der vielseitige Arbeitssüchtige:* Ihm bedeutet Arbeit zwar auch alles, aber ihm gelingt es, in die Arbeit auch andere Interessen zu integrieren. Aufgrund ihrer Persönlichkeit oder aus beruflichem Interesse integrieren diese Arbeitssüchtigen Sozialkontakte und Reisen in ihre Arbeit.

3) *Der „Hans Dampf in allen Gassen"* verzettelt sich oft, hat seine Finger überall und tanzt auf vielen Hochzeiten, ob nun bei der Arbeit oder in seiner Freizeit. Er wirkt überdreht und unstet. Solche Leute wechseln oft ihre Stellung

und ihr Betätigungsfeld. Ihre Interessen sind so vielseitig, daß sie einem vorkommen, als säßen sie auf einem sich immer schneller drehenden Karussell.

4) *Der passionierte Arbeitssüchtige:* Seinen Freizeitaktivitäten geht er mit ebenso großer Leidenschaft, Umsicht und in gleichem Maße nach, wie seiner Arbeit. Hobbys sind für ihn eine „andere Art von Arbeit": Für ihn ist das ganze Leben Arbeit.

Der Nutzen der Arbeitssucht

Im Gegensatz zu den Alkohol- und Eßsüchtigen oder den Medienabhängigen, die labil, passiv und „sich-gehen-lassen" wirken, erscheinen die Arbeitssüchtigen aktiv und lebenstüchtig. Sie sind ständig am werkeln, kommen nicht zur Ruhe, ihre Gedanken drehen sich ständig um alle möglichen Tätigkeiten. Selbst in der Freizeit – wenn sie sich so etwas überhaupt zugestehen – lesen sie Fachbücher und Fachzeitschriften, im Urlaub fahren sie an Orte, die sie beruflich irgendwie verwerten können. Sie können nicht wirklich ausspannen. Da fragt man sich natürlich, was ein Workaholic davon hat. Thomas Leithäuser: „Er hat davon, daß er eine Menge von Problemen, die ihn psychisch belagern, damit abwehren kann. Er kann damit die Angst vor dem Kontrollverlust bewältigen, er kann damit die Angst vermeiden, sich hingeben zu müssen, sich einem anderen Menschen auszuliefern. Wir müssen uns den Arbeitssüchtigen als einen Menschen vorstellen, der von vielfältigen Ängsten belagert ist, die er in dieser zwanghaften Weise abwehren kann ... Wenn man die Arbeitssucht mit anderen Suchtformen, die gegenwärtig sehr relevant sind wie die Drogensucht, aber auch vor dem Fernsehgerät sitzen oder das Kettenrauchen und was es sonst noch gibt, vergleicht: Sie ist gewissermaßen produktiv, zumindest kann sie produktiv genutzt werden."

Und genau deshalb ist die Arbeitssucht auch so schwer zu erkennen, denn der Arbeitssüchtige ist immer aktiv, scheint – wenn er irgend welchen Tätigkeiten nachgehen kann – mit seinem Leben ganz zufrieden zu sein. Nur wenn man ihm die Arbeit wegnimmt, dann kommt es zum Eklat.

So besitzt der Arbeitssüchtige das höchste Prestige aller Süchtigen. Nach außen sieht das so aus, als sei alles in Ordnung, aber was sich in der Person abspielt, ist oft ziemlich tragisch.

Der Unterschied zwischen einem Arbeitssüchtigen und jemanden, der viel arbeiten muß, liegt in seiner Einstellung zur Arbeit und in seinem Arbeitsstil. Arbeitssüchtige arbeiten immer mehr als man von ihnen verlangt. Sie stellen vor allem zu große Anforderungen an sich selbst. Sie sind unfähig, ihre eigenen Leistungen anzuerkennen und mit sich zufrieden zu sein, wenn das angebracht ist. Statt dessen suchen sie dauernd nach neuen Zielen und Möglichkeiten, sich zur Geltung zu bringen.

Arbeitssüchtige arbeiten nicht nur unmäßig, sondern auch hektisch und verkrampft. Sie sind ungeduldig und überpünktlich. Sie meinen, nur wenn sie alles alleine machen, werde alles zuverlässig, ordentlich und schnell erledigt. Sie können keine Arbeit delegieren, weil sie Wichtiges nicht von Unwichtigem unterscheiden können und einem falsch verstandenen Perfektionismus frönen. Andere etwas tun lassen, bedeutet für sie, die Kontrolle abzugeben oder zu verlieren. Und Kontrolle – oder die Einbildung, alles unter Kontrolle zu haben, ist für den Arbeitssüchtigen lebensnotwendig.

Der Grund für die Aktivität vieler Arbeitssüchtiger ist oft ein chronisch schlechtes Gewissen, nicht genügend zu tun. So als dürfe nur – wie es in einem Sprichwort heißt – der essen, der auch arbeitet. Arbeitssüchtige erkämpfen sich sozusagen ihren Lebenssinn durch diese ständige Aktivität. Walter sagt: „Ja, Arbeit bedeutet für mich Angst, daß ich es nicht schaffe, daß ich versage; und für mich ist Arbeit, am liebsten weglaufen wollen."

Um so ein System von Suchtstruktur aufrecht erhalten zu können, strickt sich der Arbeitssüchtige eine Ideologie Marke Eigenbau. „Life is rough and if you wanna survive, you've gotta be tough" – das Leben ist hart, und wenn du überleben willst, mußt du hart sein – ist der Tenor dieser Arbeitssuchtideologie.

Freizeitstreß oder die Unfähigkeit zu entspannen

Nun könnte man denken: Arbeit und Aktivität sind doch auch eine Art und Weise der Selbstverwirklichung, des „Sich-selbst-Ausdrückens", und mit Tätigkeiten hinterlassen wir eine Spur im Treibsand der Geschichte. Und das ist sie sicher auch. Nur bei Arbeitssucht ist die Arbeit gewiß keine Selbstverwirklichung mehr, sondern eine Methode, um vor sich selbst und dem ganzen Leben wegzulaufen. Wer ständig keine Zeit hat, hat auch keine Zeit, sich mit sich selbst zu konfrontieren.

Was Erich Fromm unter „vita activa", einem aktiven Leben, verstand, ist sicher nicht identisch mit dem, was Arbeitssüchtige mit ihrem Leben so veranstalten. Zwar sind sie immer aktiv – aber sie sind zwanghaft aktiv. Sie können nicht passiv sein und sich entspannen. Auch der Urlaub sieht dementsprechend aus: Sie wandern, machen Aktivurlaube oder Bildungsreisen. Alles, was sie tun, muß einen äußerlich nachprüfbaren Effekt und Sinn haben.

Statt sich in der Freizeit und im Urlaub zu entspannen, sind Arbeitssüchtige gereizt, unzufrieden und von innerer Unruhe geplagt. Wenn sie lesen, so ist dies sachbezogen, wenn sie spazierengehen, zumindest konstruktiv: Undenkbar für einen Arbeitssüchtigen – so eine amerikanische Freizeitberaterin spöttisch – einen Spaziergang zu genießen, ohne wenigstens die Namen der Bäume und Insekten zu kennen.

Nie sind Arbeitssüchtige weniger entspannt als dann, wenn sie sich entspannen. Denn Entspannung können sich Arbeitssüchtige nur gestatten, wenn sie einmal krank sind. Heidi sagt: „Ich glaube schon, daß, wenn mir jetzt – schlagartig – meine ganze Arbeit genommen würde, ich dann ganz verzweifelt dastehen würde und sehr große Schwierigkeiten hätte, einen Ersatz dafür an Erfüllung zu finden. Wahrscheinlich würde ich irgendwie mit Krankheit reagieren oder ins Bett flüchten, um erst mal Zeit zu gewinnen, mir was zu überlegen. Zum Beispiel haben viele meiner Kollegen und Kolleginnen die Angewohnheit, regelmäßig nachmittags ihr Mittagsschläfchen zu machen, weil sie von der Schule total ausgepowert zurückkommen und das erst mal brauchen. Und das glaube ich mir irgendwie nicht gestatten zu können. Und wenn der Körper wirklich mal nicht mehr anders kann, wenn ich wirklich ganz fertig bin, dann kommen automatisch irgendwie Kopfschmerzen oder Übelkeit, daß ich von daher also die Begründung für mein Ausruhen finde, und da lege ich mich dann ins Bett, weil ich glaube, dann eben krank zu sein. Ja, dann kann ich mir das gestatten. Nur einfach so zum Ausruhen – glaube ich – schaffe ich das dann einfach nicht."

Aber nicht nur das holen sich die Arbeitssüchtigen über Krankheit. Peter, der Bankmanager, beschreibt, wie er sich über Krankheit auch Zuwendung geholt hat: „Ja ich bin dann total erschöpft ins Bett gefallen. Ich habe mich natürlich überall bedauern lassen, da ich ja soviel arbeiten muß. Und das ist sowieso beim Süchtigen eine solche Eigenschaft, sich immer bedauern zu lassen, und man ist ja immer der Ärmste der Armen."

Es ist wie in dem Märchen von der „goldenen Gans". Was immer der Arbeitssüchtige anpackt – es wird Arbeit. Jedes Hobby wird nach kurzer Zeit eine Pflicht oder ein Job.

Die New York Times veröffentlichte über einen prominenten Industriellen ein Porträt, in dem zu lesen stand, daß er noch nie Urlaub gemacht habe. Der Arzt hatte ihm daher versichert, der geeignete Kandidat für einen Herzinfarkt zu sein, wenn er sich nicht bald ein Hobby zulege. Daraufhin begann der Mann wie besessen Uhren zu sammeln, so daß ihm sein Arzt schließlich auch das verbot.

Die Neigung des Süchtigen, von einem Extrem ins andere zu fallen, läßt leicht auch jedes Hobby zur Sucht entarten.

Die Spannungen, die sich aus einem so unausgeglichenen Lebensstil ergeben, stellen für den Arbeitssüchtigen und die Mitbetroffenen ein menschliches Dilemma dar. Für den Unbeteiligten aber sind seine Reaktionen eine nicht versiegende Quelle von Komik und Heiterkeit: Als ein Mitarbeiter seinem Kollegen erzählte, daß er am Wochenende am Strand gelegen, spazierengegangen und Zeitung gelesen hatte, erwiderte dieser ungläubig: „Und dazu braucht man das ganze Wochenende?"

So manches, was Arbeitssüchtige als Entspannung ausgeben, ist nur eine andere Form von Arbeit: Ein Arbeitssüchtiger, der morgens um fünf regelmäßig seinen Dauerlauf macht, tut dies nicht zum Spaß und denkt nicht an seine Gesundheit, sondern nur daran, erfrischt und mit neuer Energie noch ein paar Stunden länger arbeiten zu können. Lawrence Susser, ein amerikanischer Psychiater, der sich auf die Probleme von Arbeitssüchtigen spezialisiert hat, hält es für lebensnotwendig, daß seine Klienten einen Ausgleich zwischen Arbeit und Freizeit finden.

Er ist überzeugt: Arbeitssüchtige begehen langsam Selbstmord, wenn sie ihrem Bedürfnis nach Entspannung nicht nachgeben.

Bei der Arbeitssucht haben sich in unserer Leistungsgesellschaft hochgeschätzte Eigenschaften wie Fleiß, Zielstrebigkeit und Ehrgeiz so weit verselbständigt, daß folgenschwere Verhaltensstörungen, Depressionen und psychosomatische Erkrankungen auftreten. Obwohl diese in ihrer Gesamtheit und ihrem Verlauf das Bild einer Suchterkrankung zeichnen, wird sie auch von Ärzten meist verkannt. Anders aber als bei den bekannten Süchten, wird hier der Süchtige in seinem Verhalten durch Anerkennung von Bekannten, Kollegen und Vorgesetzten bestärkt. Fehlverhaltensweisen in dem Sinne, daß Egoismus und Solidarität, Aktivität und Passivität, Emotion und Rationalität, Wohlbefinden und Unwohlsein nicht mehr im Gleichgewicht zueinander stehen.

Workaholic-Profil

Jay B. Rohrlich hält es in seinem Buch „Arbeit und Liebe" für nötig, klar zwischen chronischer Arbeitssucht und periodisch wiederkehrenden Ausbrüchen zu differenzieren.

Er stellte folgende Charakteristika bei Arbeitssüchtigen fest:

1. *Unbehagen gegenüber Eigenschaften wie Gefühl, Phantasie und Spontanität.*
2. *Er ist besessen von genauen Definitionen, Zielen, Verfahrensweisen, Fakten, Listen, Messungen, Methoden, Arten des Vorgehens und Strategien. Er kann das „Unbeschreibliche" nicht akzeptieren.*
3. *Ein Arbeitssüchtiger ist ein Geschöpf des Aggressionstriebes. Konzentration und Disziplin stellen eine Form der gegen das eigene Selbst gerichteten Aggression dar.*
4. *Er kann nicht in der Gegenwart leben. Sein Bewußtsein ist durch Ziele und Produkte, die Endpunkte eines linearen Arbeitsprozesses, bestimmt.*
5. *Effizienz und Effektivität gehören zur Religion des Arbeitssüchtigen. Ziele müssen in möglichst kurzer Zeit mit dem Mindestaufwand an Energie und Zeit erreicht werden.*

Arbeitssüchtige verachten alle, die nicht so arbeiten wie sie und versuchen ständig, andere für ihre Ziele einzuspannen. Der Mitmensch wird von ihnen nur in der Rolle, die für die eigene Arbeitswelt von Bedeutung ist, erlebt und gesehen.

Eine im Umgang mit Arbeitssüchtigen erfahrene New Yorker Psychiaterin meint, daß Arbeitssüchtige entweder Abstand oder Macht brauchten. Sie könnten mit zwischenmenschlichen Beziehungen nichts anfangen, weil es einfacher sei, eine Beziehung zur Arbeit aufzubauen als zu einem Menschen – dabei Befriedigung zu finden und sein Selbstwertgefühl zu stärken.

Blendende Verlierer

Zur Persönlichkeitsstruktur solcher Heldennaturen bemerkt der Psychoanalytiker Horst Eberhard Richter in seinem Buch „Lernziel Solidarität": „Der äußerliche Scheinerfolg, das Männlichkeitsprestige und die Prämien der Überanpassung in der Arbeitswelt, entlarven sich als die blendende Fassade eines faktischen Scheiterns, das freilich lange verborgen bleibt. Dieser Typ, der so fabelhaft wie kein anderer in unserer Konkurrenzgesellschaft funktioniert und obendrein als Inbegriff sexueller Attraktivität propagiert wird, ist wahrscheinlich der kränkste überhaupt, denn kein anderer – abgesehen von den Drogenabhängigen – betreibt den Ruin des eigenen Körpers mit der gleichen fatalen Zielstrebigkeit wie er."

Das Zeigen menschlicher Schwäche fällt dem Arbeitssüchtigen besonders schwer. Er unterdrückt vor allem Gefühle, die seine Leistungsfähigkeit beeinträchtigen könnten: Müdigkeit, Ärger, Unlust und Verzweiflung.

Zu den Gemeinsamkeiten der Arbeitssüchtigen gehört auch, daß vor allem ihre Kontakte zu anderen Menschen gestört sind. Sie „benutzen" die anderen nur, um in ihrem süchtigen System voranzukommen, sie funktionalisieren sie. Alle Sozialbeziehungen werden dem Götzen „Arbeit" geopfert. Kontakte werden nur zu solchen Menschen gepflegt, die „was bringen".

Thomas Leithäuser: „Wenn ein Mensch arbeitet, dann konzentriert er sich auf eine bestimmte Aufgabe, das heißt er versucht, seine nähere Umgebung, das heißt auch andere Personen, die im Raum anwesend sind, in dem er arbeitet, auszublenden. Er hat also wenig Kontakt. Es ist auch seine Aufgabe, sich auf seine Aufgabe zu konzentrieren, um ein bestimmtes Ziel, einen bestimmten Zweck zu erreichen. Die Arbeitssüchtigen haben es also schwerer, unabhängig von diesem zweckgerichteten, strategischen Handeln die Mitmenschen mit einzubeziehen. Etwa so neben der Arbeit Beziehungen aufzunehmen, etwa die familiäre Seite in die Arbeit mit einzubeziehen. Sie haben es schwer, die Zeitstruktur des Alltagslebens, die ja sehr viel komplexer ist als die Zeitstruktur der Arbeit, zu verwirklichen, sondern sie müssen ihr Zeiterlebenis – was sie bei der Arbeit haben – auf alle möglichen Bereiche des Zeiterlebens ausdehnen. Der Arbeitssüchtige sucht also permanent nach einem Ergebnis, nach einem Ziel. Es fällt ihm schwer, sich einer Sache hinzugeben, es fällt ihm schwer, die Kontrolle einer Situation aufzugeben, er konkurriert, er strebt nach Macht und Herrschaft in seinem Arbeitsbereich. Er darf es sich auf keinen Fall erlauben, die Übersicht zu verlieren."

Den Nutzen, den Arbeitssüchtige und „Zwangs-Arbeiter" durch ihre Sucht haben, zeigt sich in folgender Auflistung:

Arbeitssüchtige

- *erheben sich über die Masse der Menschen,*
- *erleben immer wieder Neues und Interessantes,*
- *finden immer eine Möglichkeit zu dokumentieren, wie wichtig sie sind,*
- *nehmen sich das Recht, im Beruf wie privat arrogant zu sein,*
- *sind unkooperativ. Sie setzen sich gegen andere durch, befriedigen ihren persönlichen Ehrgeiz,*
- *zwingen andere Menschen, sich nach ihrem Tageslauf zu richten und dürfen andere Menschen warten lassen,*
- *brauchen keine Selbstdisziplin zu üben. Die anderen haben sich ja nach ihnen zu richten,*
- *dürfen ihren inneren Zwängen nachgeben. Wer einen Schlafzwang oder einen Waschzwang hat, gilt als neurotisch. Wer einen Arbeitszwang hat, gilt als vorbildlich,*
- *dürfen nervös sein,*
- *dürfen masochistisch sein; viel rauchen, trinken und essen, ihre Gesundheit ruinieren, Raubbau mit ihren Kräften treiben,*

- können alle Launen, allen Unmut durch ihre Arbeitsbelastung erklären und dürfen darüber klagen,
- betrügen ihren Partner mit der Arbeit,
- vermeiden so die Angst, daß menschliche Kontakte unbefriedigend sein können,
- „tun das alles" für die Familie, nur Zeit geben sie ihr nicht,
- müssen sich nicht einsetzen, wenn mal ein Familienmitglied krank wird oder Probleme hat
- dürfen meckern, wenn Familienangehörige mehr Schlaf brauchen als sie selbst,
- dürfen zu Hause müde sein,
- können es sich erlauben, in ihrer Freizeit so vollständig wegzuschlaffen, daß sie genauso unerreichbar bleiben wie während ihrer Arbeit,
- dürfen über Kleinigkeiten meckern (ungeleerte Papierkörbe, unordentliche Schreibtische, Unpünktlichkeit anderer Menschen),
- können immer davon träumen, einmal Zeit für sich zu haben, Zeit, die sie eigentlich gar nicht wollen.

Entstehung der Sucht

Wie alle Suchtformen entwickelt sich die Arbeitssucht allmählich. Am Anfang der Suchtproblematik steht oft die Flucht in die Arbeit, um mit Enttäuschungen und unangenehmen Erlebnissen wie Tod von Angehörigen, Scheidungen und Ähnlichem besser fertig zu werden. Vorübergehend kann diese Haltung sehr hilfreich sein. Bleibt der Betreffende aber dauernd dieser Verhaltensweise verhaftet, um sich mit der unverarbeiteten Realität nicht auseinandersetzen zu müssen, dann mißbraucht er seine Arbeit, so wie ein Alkoholiker sein Suchtmittel mißbraucht. Und die Basis für diese Suchtstrukturen wird allzu oft schon in der Kindheit gelegt. Schon in der Familie übt sich früh, wer ein Arbeitssüchtiger werden will:

Vielleicht waren die Eltern solche „Arbeitstiere", vielleicht lebten sie mit solch einem Menschen zusammen, vielleicht hatten sie einen arbeitssüchtigen Lehrer, Professor oder Vorgesetzten. Dann ist man vermutlich schlecht dran, denn neben solchen Leuten kann man nur schlecht aussehen. Sie haben Ehrgeiz, Pflichtgefühl, Spaß an der Arbeit, werden etwas im Leben und verdienen zumeist ordentliches Geld – alles Werte, die in unserer Gesellschaft hoch angesehen sind. Allerdings: Mag die Leistungsbilanz der Arbeitssüchtigen noch so strahlen, ihre Lebensbilanz tut es selten.

Als Ursache der Arbeitssucht fand Gerhard Mentzel immer wieder eine ausgeprägte Identifizierung mit einem besonders tüchtigen Elternteil. Viele entwickeln z. B. aus dem Wunsch heraus, erfolgreich wie der Vater zu sein, eine Geltungshaltung. „Ich bin nicht arbeitssüchtig, ich bin eigentlich ‚ehrsüchtig‘", gestehen viele. Das ganze Erleben ist davon bestimmt, ob man „richtig" gesehen wird, alles tadellos gemacht hat.

Psychoanalytisch gesprochen entsteht Arbeitssucht folgendermaßen. Thomas Leithäuser: „Wir wissen schon seit Freud, der ja der Arbeit auch eine entscheidende Position in der psychodynamischen Entwicklung zugewiesen hat, auch ihre Notwendigkeit im alltäglichen Leben als psychisches Moment erkannt hat, daß an der Arbeit sehr viele, in der frühkindlichen Sozialisation entstandene Momente sich anheften. Wir können also sagen: In der Arbeit entstehen Situationen, wo zum Beispiel ein Mensch mit dem Vorgesetzten in der Form streitet, wie er früher mit seinem Vater gestritten hat. Wir können eine Fülle von anderen frühkindlichen Interaktionsweisen, Interaktionsformen, ausfindig machen, die das Arbeitssuchtverhalten von Menschen bestimmen, sich dort aktualisieren. Hier kann es z. B. eine Rolle spielen, daß ein Kind sehr früh von der Mutter verlassen worden ist, daß es alleine gelassen worden ist. Es könnte als ein Moment in der Genese eine Rolle spielen, das Ohnmachtsgefühl, das die Kinder haben müssen – dieses Ohnmachtsgefühl kann sich fixieren, spielt im späteren Erwachsenenleben eine Rolle und wirkt sich auch im Arbeitsverhalten aus, kann dort einen Zwang, einen inneren Zwang zur Arbeit fixieren, der dazu führt, daß man in der Arbeit seine Selbstbehauptung gewinnen muß, daß man dort sein Ohnmachtsgefühl, das eine frühkindliche Genese hat, zu bewältigen sucht.

Man kann die Arbeitssucht aber nicht als ein rein narzißtisches Problem auffassen, es gibt durchaus auch ödipale, unbewältigte Störungen, die sich in der Arbeitssucht auswirken können. Zum Beispiel kann man bei Arbeitssüchtigen zwanghaftes Rivalisieren vorfinden: Rivalisieren, eine Form, die er mit Geschwistern erlebt hat. Rivalisieren, Konkurrieren mit dem Vater um die Mutter, all das sind Momente, die, wenn sie in der Entwicklung sich nicht entsprechend aufgelöst haben, als Aspekt der Arbeitssucht auftreten können. Man kann das so zusammenfassen: Es gibt keine eindeutige Genese; man kann aber sehr wohl zeigen, daß frühkindliche Störungen und unbewältigte Probleme als Momente der Arbeitssucht sich im Arbeitsverhalten des Erwachsenen aktualisieren."

Die Kosten der Sucht

Suchtkranke pflegen ihre Abhängigkeit – mehr oder minder bewußt – geschickt zu tarnen. Und so wie der Alkoholiker seinen Getränkekonsum verniedlicht, bagatellisiert auch der Arbeitssüchtige sein Arbeitspensum.

Dem Arzt bietet er zumeist Symptome an, die entweder in keinerlei Zusammenhang zu seiner Sucht stehen oder Allerweltssymptome sind: Herz- und Kreislaufbeschwerden, Magenschmerzen, Nervosität, Abgeschlagenheit und Depressionen.

Mit den Jahren bröckelt diese äußere Fassade und kann nur noch mühsam und mit immer größeren psychischen und physischen Kraftakten aufrecht erhalten werden. Das vom Arbeitssüchtigen mit Panik beobachtete Nachlassen seiner Arbeitskraft versucht er mit einer noch weiteren Ausdehnung seiner Arbeitsstunden wettzumachen. Dies geht meist auch noch unter Zuhilfenahme bedenklicher Krücken einher: Aufputsch- und Beruhigungsmittel im Wechsel, Alkohol und Nikotin tun ein Übriges, den Abstieg eines Aufsteigers zu programmieren.

Meistens entwickelt sich bei Arbeitssüchtigen – sowohl als Ausgleich und Belohnung für die sich selbst zugefügte Kasteiung als auch, um sich zuzuschütten, um nichts mehr mitzukriegen – noch eine andere Form der eher passiven Süchte – wie Alkoholismus, Tablettensucht, Rauchen oder Essen. Die Suchtstruktur ist sowieso schon da – und mit was sie gefüllt wird, ist letztlich zweitrangig. Süchte sind austauschbar. In der Psychotherapie nennt man so etwas Suchtverlagerung oder Syndrom-Shift.

Die Gefahr der Arbeitssucht liegt darin, daß man sie erst

nach Jahren bemerkt, dann, wenn es schon zu spät ist. Die Symptome dieser Sucht: Erschöpfungsgefühle, die im Frühstadium dadurch kompensiert werden, daß man noch mehr arbeitet, (gegen) depressive Verstimmungen, Konzentrationsstörungen, Ängste.

Die körperlichen Störungen stellen sich in Form von Herz-Kreislauf-Beschwerden, Kopfschmerzen, Magenschmerzen ein oder greifen das jeweils empfindlichste Organ des Körpers an.

Hans-Jürgen, Journalist und Verleger: „Auf der körperlichen Seite hat sich das so gezeigt, daß das mit Magengeschwüren begann. Das ging weiter über funktionelle Herzschmerzen, chronische Sinusitis, Bronchitis. Alles blieb chronisch oder wurde chronisch. Auf der psychischen Seite wurde es mitunter so schwierig, daß mir am PC dann auf einmal ganze Segmente meines Sprachschatzes fehlten. Ich konnte einfach nicht weiterschreiben. Ich saß da, und mir fehlten also die Vokabeln, die ich tausendmal gebraucht hatte. Die waren einfach nicht mehr verfügbar in dem Moment. Dazu kam eine ständige Reizbarkeit, die also weit über das normale Maß eines Ärgers hinausging, die also auch ständig da war. Die war immer präsent, zumindest die letzten zwei Jahre."

In der Regel werden auch diese Signale des Körpers nicht beachtet und überspielt und durch vermehrten Arbeitseinsatz wett gemacht – so lange, bis es nicht mehr geht. Der Arbeitssüchtige hält – wie jeder Süchtige – seine Kräfte für unerschöpflich, das heißt, er treibt süchtigen Raubbau an seinem Organismus, was einer Selbstzerstörung Stück für Stück gleichkommt. Aber auch dann, wenn ein Arbeitssüchtiger es ohne körperlichen Schaden bis ins Rentenalter schafft, tauchen mitunter erst dann die Folgen auf: Depressionen, Selbstmordgedanken, Sinnlosigkeitsgefühle, Alkoholismus.

Wie Sie kurzfristig „aussteigen" können aus arbeitssüchtigem Verhalten:
- *Nehmen Sie sich zwei Stunden Zeit zum Mittagessen.*
- *Machen Sie jedes Wochenende wenigstens einen halben (besser noch einen ganzen) Tag frei.*
- *Lesen Sie irgendwas, was nichts mit Ihrer Arbeit zu tun hat.*

- *Finden Sie ein Hobby, in dem Sie nicht mit jemandem konkurrieren. Machen Sie das allerdings nicht zwanghaft.*
- *Lernen Sie mit Ihren Kindern zu spielen – ohne darin Meister zu werden.*
- *Zeigen Sie Ihrer Familie, wie sehr Sie sie schätzen. Sie brauchen sie mindestens so sehr, wie diese Sie braucht – wenn nicht sogar mehr.*

Therapie der Arbeitssucht

Wie bei allen Suchtkrankheiten nützt auch beim Arbeitssüchtigen kein noch so gut gemeintes Zureden oder der Appell an seine Vernunft. Er ist von der „Droge Arbeit" abhängig geworden und bedarf psychotherapeutischer Hilfe.

Die Therapie der Arbeitssucht gestaltet sich meist schwierig, weil die Arbeitssucht von allen Suchtformen die höchste gesellschaftliche Anerkennung erhält, besonders wenn sie mit beruflichen Erfolgen verbunden ist. Damit gibt es nicht nur keinen äußeren Grund dafür, sich von seiner Sucht zu befreien, sondern die Freiheit von der Sucht würde ihm kurzfristig sogar am Arbeitsplatz schaden.

Vielen Workaholics fehlt oft die Krankheitseinsicht überhaupt. Wahrscheinlich wäre die Therapie weit einfacher, wenn sich unsere Gesellschaft nicht so stark auf Leistungs- und das verwandte Wachstumsdenken konzentrierte. Zum anderen wird die Arbeitssucht meist lange Zeit überhaupt nicht als Krankheit erkannt, denn ihre negativen Auswirkungen auf Körper und Seele treten nicht eindeutig und erst relativ spät in Erscheinung.

In gewisser Hinsicht ist das Problem beim Alkohol sehr viel einfacher als bei der Arbeitssucht. Da kann man sagen: „Hände weg vom ersten Glas." Das sind klare Richtlinien. Bei der Arbeitssucht muß der Abhängige lernen, zwar weiter zu arbeiten, aber weniger und anders, d. h. nicht süchtig zu arbeiten. Man unterscheidet verschiedene Schritte in der Therapie von Arbeitssüchtigen:

1. Die Diagnose durch Anamneseerhebung und Fragebogen.
2. Der Patient muß erkennen, daß er arbeitssüchtig ist.

189

3. Der Patient erlebt Therapie und Selbsterfahrungsgruppe als hilfreich.
4. Um suchtfreies Arbeiten zu ermöglichen, ist es notwendig, die infantile Bindung an dem arbeitsorientierten Elternteil psychotherapeutisch zu bearbeiten.
5. Die perfektionistische Haltung ist anzusprechen, um dem Patienten dazu zu verhelfen, mit sich zufrieden zu sein, auch wenn er nicht immer perfekt ist.
6. Die impliziten Selbstzerstörungstendenzen des Patienten sollen bewußt gemacht und unter Kontrolle gebracht werden – zum Beispiel durch Setzen von neuen konstruktiven Lebenszielen.

Für viele Arbeitssüchtige ist entweder eine ambulante Psychotherapie bei einem klinischen Psychologen notwendig oder sogar ein längerer Therapieaufenthalt in einer psychosomatischen Klinik, wenn die Arbeitssucht besonders schlimm ist. Nach dem Klinikaufenthalt ist dann eine Intervalltherapie, zu der der Patient jedes halbe Jahr für eine Woche in die Klinik kommt, notwendig, um wieder aus der gewohnten Umgebung herauszutreten und darüber nachzudenken: „Was ist im letzten Halbjahr schiefgelaufen – was war gut, und wie kann man es noch verbessern?" Genauso wichtig wie die Einzeltherapie ist die Arbeit mit Partner und Familie.

„Aufschwung ins Nichts": Vom gesellschaftlichen Nutzen der Arbeit

Bei der gesamten Problematik Arbeitssucht stellt sich natürlich die Frage: Braucht unsere Wirtschaft vielleicht die Arbeitssüchtigen? Ist nicht ein Großteil der Schnellebigkeit, der scharfen Konkurrenz, die mit der Arbeitssucht einhergeht, nicht eben das Salz in der Suppe der freien Wirtschaft?

Das Verhalten Arbeitssüchtiger wird immer öfter zum Maßstab dessen, was man gerade in der freien Wirtschaft unter einem „dynamischen Mitarbeiter" versteht. Nicht zuletzt deshalb sind Politik und Wirtschaft ideale Tummelplätze für Geltungs-, Macht- und Habsüchtige. Man kann sogar fragen: Wer kann heute noch etwas werden, wenn er nicht arbeitssüchtig ist?

Gefördert wird die Arbeitssucht derzeit durch den vermehrten Streß im Berufsleben und der vielen Arbeitnehmern im Genick hängenden Angst vor dem Verlust des Arbeitsplatzes: Die Arbeitslosigkeit winkt drohend aus der Ferne. Das führt nicht gerade dazu, daß der Mitarbeiter ein gesundes Verhältnis zu seiner Arbeit aufbaut. Gewissermaßen bedingen sich sogar Angst vor der Arbeitslosigkeit und Arbeitssucht. Leithäuser: „In dem Motiv der Arbeitssüchtigen mag die Angst, keine Arbeit mehr zu haben, eine ganz große Rolle spielen, daß er sich in seinem Betrieb, in dem er als Manager arbeiten mag, gewissermaßen durch Mehrarbeit, dadurch, daß er sehr viel länger im Betrieb ist, daß er mehr tut, daß er Sachen mit nach Hause nimmt, seinen Arbeitsplatz sichern will. Das gehört in das strategische Kalkül des Arbeitssüchtigen durchaus hinein. Das alles muß eine ganz große Angst machen, der Gedanke, daß er eines Tages ohne Arbeit sein könnte. Gegenwärtig wirkt eine starke Bedrohung, die den Arbeitssüchtigen noch mehr anspornt, um zu arbeiten und auch seinen Platz zu sichern. Es gehört auch mit zu der Strategie des Arbeitssüchtigen, seinen Platz zu sichern. Umgekehrt könnten natürlich viele sagen, die arbeitslos geworden sind: Diejenigen, die arbeitssüchtig sind, die ihre Arbeitszeit versuchen auszudehnen, nehmen uns in Wirklichkeit die Arbeit weg. Und ganz so unrealistisch ist der Vorwurf nicht. Die Klage, daß diejenigen, die zuviel arbeiten, die Arbeit wegnehmen, und daß die Arbeit anders verteilt werden muß, ist durchaus berechtigt."

Literatur

Fassel, Diane: Wir arbeiten uns noch zu Tode – Die vielen Gesichter der Arbeitssucht. München 1991 (Kösel)
Hofstetter, Helmut: Die Leiden der Leitenden. Köln 1988 (Datakontext)
Machlowitz, M.: Workaholism. Yale Universität 1976
Mentzel, Gerhard: Über die Arbeitssucht – in: Zeitschrift für psychosomatische Medizin und Psychoanalyse 25/1979
Psychologie Heute: Arbeit – Die seelischen Kosten. Weinheim 1982 (Beltz)
Rohrlich, J. B.: Arbeit und Liebe. München 1982 (Kösel)

Kaufsucht

Im Konsumrausch

„Je größer die Löcher in der Seele,
um so größer müssen die Perlen
in der Krone sein."

Fehlendes Selbstwertgefühl

Nach einer repräsentativen Untersuchung des Emnid-Institutes sind 9 Prozent der über 14jährigen Westbürger kaufsuchtgefährdet, da sie den Verlockungen der Konsumgesellschaft nur schwer widerstehen können und das Kaufen als Droge zur Bewältigung ihrer Alltagskonflikte einsetzen.

Birgit (42), in der Werbung tätig: „Frustkäufe gibt's auf jeden Fall, wenn's einem mies geht, und man hat viel Streß zu Hause oder im Job, tut man sich was Gutes, indem man durch die Geschäfte schlendert und schaut mal nach, vielleicht brauche ich mal eine Jeans oder vielleicht mal ein neues T-Shirt. Oder vielleicht gehe ich einfach mal gut essen, um ein bißchen Geld auszugeben, was man schon in der Zeit mit viel Streß angespart hat, einfach dann mal ausgibt. Man nimmt sich 500 Mark und geht durch die Geschäfte und guckt, was könnte mir jetzt gefallen."

Was so beginnt, endet nicht selten im finanziellen Ruin. Unbezahlte Rechnungen, überzogene Konten und hohe Kredite, die es abzuzahlen gilt, sind das Kennzeichen der „Shopaholics".

Ähnlich wie bei der Spielsucht wird alles Geld, das zur Verfügung steht, umgesetzt. Während der Spielsüchtige alles in den Automaten steckt oder auf dem Roulettetisch setzt, trägt der Kaufsüchtige alles in die Geschäfte. Von Kosmetika über Elektroartikel bis hin zu Kleidern und auch Autos reicht die Palette – je nach Geldbeutel.

Kaufsüchtige entsprechen dem Wunschbild eines jeden Marktwirtschaftlers: Konsumfreudig, unkritisch und leicht manipulierbar.

Dr. Carole Liebermann aus Beverly Hills berichtet in der Zeitschrift „USA-Today" von mehr als hundert Patienten in den letzten drei Jahren, die bei ihr wegen Kaufsucht psychiatrische Hilfe gesucht haben. Von einer Amerikanerin wird berichtet, die innerhalb weniger Tage hundert Paar Schuhe und fünfzig Kleider gekauft haben soll. Doch warum kaufen Shopaholics mehr, als sie sich leisten können?

Petra (37), Hausfrau, zwei Kinder: „Es ist genauso berauschend, wie vielleicht für jemanden, der krankhaft Kleptomane ist. Für ihn ist es auch berauschend, dieses Risiko dabei. Und beim Kaufen ist es halt eine andere Art von Befriedigung."

Gerhard Scherhorn von der Universität Stuttgart-Hohenheim nennt zwei wichtige Gründe: Zum einen leiden Kaufsüchtige an einem sehr *schwach ausgeprägten Selbstwertgefühl*. Dies wurde meist schon in der Kindheit der Kaufsüchtigen geprägt, den Kindern wurde zu wenig eigene Entscheidungsfreiheit gewährt, sie wurden oft nicht mit ihren Bedürfnissen und Gefühlen akzeptiert und lernten daher auch nicht, ihre eigenen Gefühle überhaupt wahrzunehmen. Ihren Selbstwert hoffen Kaufsüchtige dann mit materiellen Dingen erhöhen zu können. „Ich möchte begehrt sein und bei den Leuten ankommen. Deshalb kaufe ich auch so viel Kleidung – ich möchte immer schön sein und glänzen", berichtet eine Betroffene.

Einen anderen Grund für die Kaufsucht sieht Scherhorn in dem *Warenüberangebot unserer Konsumgesellschaft*, in der alles nur darauf angelegt ist, den Menschen zum Kaufen zu verführen. Pascale (28), Bankangestellte: „Das erste, wonach ich schaue, ist erst mal nach der Optik des jeweils betreffenden Stückes. Und danach gehe ich erst nach der Marke. Obwohl ich sagen muß, die Marke ist für mich persönlich schon wichtig. Stücke, wo man bei anderen Menschen Neid erwecken kann, Statussymbole."

Frauen führend

Die Kaufsucht findet sich in allen Schichten, Alters- und Einkommensgruppen, bevorzugt allerdings in den „besseren" Kreisen. Man vermutet, daß Frauen eher von der Kaufsucht betroffen sind, einfach schon deshalb, weil das Einkaufen für den täglichen Bedarf eine eher frauenspezifische Tätigkeit ist. Shopaholics sind einem inneren Zwang ausgesetzt, der sie Dinge kaufen läßt, die sie gar nicht benötigen und sich nicht leisten können. Die Kaufsucht in ihrer ausgeprägtesten Form zeigt alle typischen Suchtkriterien von Kontrollverlust über Entzugserscheinungen und Dosissteigerung bis hin zur Interessenabsorption. Kaufsüchtige schirmen sich im Kaufen von ihrer Umwelt ab, von der sie scheinbar nur Kränkung erfahren, isolieren sich mehr und mehr und schränken auch andere Hobbies und Interessen – oft aus Geldmangel – ein.

Geld

Am Gelde hängt, zum Gelde drängt alles bei den Kaufsüchtigen. Das Leben zentriert sich bei ihnen um diesen Wunderstoff unserer Wirtschaft. Das Geld sitzt ihnen locker in der Tasche – und somit passen sie eigentlich gut in unsere konsumorientierte Zeit. Wenn es da nur nicht die Schulden gäbe. Durch die Verlockungen der Warenwelt verführt, wird die Scheckkarte oder das „Electronic Banking" zum Zauberstab, mit dem man alle Wunder des Konsumparadieses bekommen kann. Das Ergebnis sind dann überzogene Konten und mit unsinnigen Waren vollgestopfte Wohnungen.

Denn auch hier scheint das Gekaufte die „Löcher in der Seele" nur kurzfristig zu stopfen. Neben den hohen Schuldenbergen sind auch die seelischen und körperlichen Folgen schlimm: *Schuldgefühle, Nervosität, Erschöpfungszustände*.

Symptome

Typische *Symptome* von Kaufsüchtigen sind:

* Zwang, unkontrolliert Dinge einzukaufen, die sie nicht brauchen und oft nicht bezahlen können,
* Wachsender innerer Druck, der erst beim Kauf einer Ware schwindet,
* Vorübergehendes Glücksgefühl beim Kauf,
* Schuldgefühle danach.

Bei der Kaufsucht handelt es sich aber *nur im Extrem* um wirkliche *Sucht* – und das ist selten. Wenn man sich ab und zu aus Frust ein paar T-Shirts und Schallplatten oder zur Belohnung Parfüm oder Pralinen kauft, hat das noch lange nichts mit Sucht zu tun. Immerhin – es kann dazu werden, wenn es sich chronifiziert und zum ständigen Konfliktlösemechanismus entwickelt.

Sehr oft findet man kaufsüchtiges Verhalten bei Personen, die unter anderen Süchten leiden (z. B. Medikamentenabhängigkeit oder Eßsucht). Und gerade dann, wenn sie beginnen, dieses Suchtverhalten in den Griff zu bekommen, wird das kaufsüchtige Verhalten stärker – zumindest in einer Übergangszeit. Sehr viel seltener ist die reine und ausschließliche Kaufsucht.

Literatur

Damon, J. E.: Shopaholics (engl.). Los Angeles 1988 (Price Stern Sloan-Inc.)
Scherhorn, Gerhard u. a.: Kaufsucht – Bericht über eine experimentelle Untersuchung. Stuttgart 1990
Wesson, Caroline: Kaufrausch. Bergisch-Gladbach 1994 (Bastei-Lübbe Verlag)

Schuldnerberatung:

Just, Werner u. a.: Sozialberatung für SchuldnerInnen. Freiburg 1994 (Lambertus)
Münder, Johannes u. a.: Schuldnerberatung in der sozialen Arbeit. Münster 1992 (Votum-Verlag)

Extremsituationen

Im Rausch der Gefahr

„Eine Sucht nach starken Reizen erfaßt Millionen: Sie stürzen sich an Gummibändern von Brücken und Kränen, „Surfen" auf Dächern und Trittbrettern von S- und U-Bahnen oder klettern ohne Seil an senkrechten Felswänden hinauf. Andere prügeln sich allsamstäglich in und vor Fußballstadien, rasen mit Tempo 200 über die Autobahn oder – weniger riskant, aber nicht weniger erregend – ergötzen sich per Reality-TV an der Lebensgefahr anderer." – So beginnt ein Artikel in der Zeitschrift „Psychologie heute" (Juni 1994) mit dem Titel „Das Leben als Thriller: Nervenkitzel oder Glückssache?"

Und fürwahr: Extremsportarten wie „snow-boarding", „skysurfing" oder Fallschirmspringen haben heute Konjunktur. Noch nie – so scheint es – gab es so viele „thrill-seeker", so viele Reizsucher.

Anscheinend ist das Leben vieler, gerade junger Menschen heute so reiz- und abenteuerarm, daß sie diesen Kitzel brauchen, um sich selbst intensiv zu spüren.

Einerseits fühlen sich viele Menschen in ihrem Arbeitsprozeß so reglementiert und im Streß, daß sie auf diese Art ausbrechen müssen, andererseits sind es gerade auch arbeitslose Unterschichtjugendliche, die diese Art von „kick" suchen.

Das Bedürfnis nach Angst-Lust, das bei früheren Generationen entweder gar nicht da war (weil der nackte Überlebenskampf alle Energien verbrauchte) oder nicht zuletzt durch Kriege gestillt wurde, entlädt sich heute anscheinend in diesen merkwürdigen Aktivitäten.

Über die eigenen Grenzen gehen: Der „Odysseusfaktor"

Die Sehnsucht, die eigenen Grenzen zu überwinden und die Suche nach Extremsituationen ist so alt wie die Menschheit.

Sich selbst überwinden, die eigenen Begrenzungen überschreiten, Neues erforschen, es genauer wissen zu wollen, Experimentieren mit riskanten Situationen – all das gehört zur Evolution der Menschheit. „Testing the lines" (die Grenzen erproben) nennen es die Psychologen.

Und im Grunde sind die Entdeckungen neuer Kontinente, das Erforschen und Erfinden eben nur andere Ausprägungen des „Odysseusfaktors", dieses scheinbar grundlosen Drangs, in neue Dimensionen vorzustoßen.

Das Abstecken und Überwinden der eigenen Grenzen zeigt sich bei der Suche nach Extremsituationen nur in anderer Weise: Wenn Leute über glühende Kohlen laufen (*„Feuerlaufen"*) oder aus fahrenden S-Bahn-Zügen klettern, um dort Graffitis anzubringen (*„S-Bahn-Surfen"*), wenn sie sich an Gummiseilen von hohen Türmen stürzen (*„bunjee-jumping"*), sich auf riskante Bergtouren begeben (*„free-climbing"*) oder waghalsige Auto- und Motorradrennen (*„joy-riding"*) unternehmen, dann ist der Streß für sie Lust. Genauso, wenn sie auf Skiern steile Geröllhalden hinunterrasen (*„trash skiing"*) oder mit einem Schlauchboot Wildwasser zu bezwingen versuchen (*„rafting"*). Ob das ganze Wahnsinn ist, ob Todesmut oder Lebensmüdigkeit – wer will das schon sagen?

Gefahr und Risiko sind eben auch „High-Macher", bei denen es nicht nur um äußerliche und vorzeigbare Erfolge geht, sondern auch um einen inneren Prozeß, also um Selbstüberwindung und Selbstkontrolle.

Wo die Angst ist, geht's lang

Denn nur in den seltensten Fällen sind die Risikosucher „Selbstmord-Kandidaten" oder „Himmelfahrt-Kommandos", sondern eher klar kalkulierende Risiko-Abschätzer. Denn fast immer geht es bei diesen *selbstgewählten Angstsituationen* darum, das Risiko in den Griff zu bekommen. Man bezeichnet diese Reizsucher deshalb auch als *Kontra-Phobiker*, die nach dem Motto leben: „Wo die Angst ist, geht's lang." Für viele sind diese Extremsituationen wie ein Ritt auf dem Tiger. Und das Gefühl, vom Rücken des Tigers jederzeit in dessen Maul landen zu können, macht diese „Angst-Lust", die mit einer erhöhten Adrenalinausscheidung ebenso verbunden ist wie mit erhöhtem Herzschlag und schweißnassen Händen.

Der Reiz des Risikos

Neuere Forschungen zeigen, daß auch bei diesen Extremsituationen die angst- und schmerzhemmenden *„Endorphine"* im Gehirn freigesetzt werden (siehe Kapitel: „Was ist Sucht?"). Diese körpereigenen „Drogen" können durchaus zu einem Stimulus werden, der – wie bei Reinhold Meßner, Niki Lauda oder Michael Schumacher – immer wieder gesucht wird und in eine gewisse Abhängigkeit führen kann, wenn es sich auch nur in den seltensten Fällen um wirkliche Sucht im klinischen Sinne handelt.

Psychologische Bedeutung

Die Psychoanalytiker deuten die Ambivalenz dieser Personen dem Risiko gegenüber als den Versuch, die als verschlingend erlebte Mutterfigur unter Kontrolle zu halten. Einerseits lieben und brauchen sie die Mutter, andererseits fühlen sie sich von ihr bestimmt, dominiert, verschlungen. Deshalb müssen sie gegen das geliebte Objekt kämpfen, um es zu bezwingen und sich so die Liebe ebenso zu erhalten, wie die Bewunderung durch die anderen und das innere Gefühl der grenzenlosen Freiheit.

Literatur

Apter, Michael: Im Rausch der Gefahr. München 1994 (Kösel)
Aufmuth, Ulrich: Zur Psychologie des Bergsteigens. Frankfurt 1988 (Fischer-TB)
Schulze, Gerhard: Die Erlebnis-Gesellschaft. Frankfurt 1992 (Campus)
Semler, Gert: Lust an der Angst. München 1994 (Heyne)
Simpson, Joe: Sturz ins Leere. München 1991 (Piper)

Eine Sucht kommt selten allein –
Unser tägliches Gift gib uns heute

Der Frankfurter Psychiater Hans-Jürgen Bochnik sagt: „Eine kleine Leidenschaft kann bei fehlender Selbstbeherrschung zur Sucht führen, eine große bei größerer innerer Stärke zu ungewöhnlichem, ungefährlichem Erlebnisreichtum".

So gesehen kann so gut wie jede Tätigkeit, zu der der Mensch in der Lage ist, süchtig entarten.

Der Dealer ist überall

Bezieht man die alltäglichen Mittel zum Süchtigwerden mit ein, dann liegt dabei die Hauptgefahr darin, daß man sie ohne große Probleme an jeder Ecke erstehen kann: Der Dealer ist überall. In diesem Sinn ist Sucht immer *Ablenkung* vom Problem, nie *Hinlenkung*. Sie ist der Ausdruck einer Fixierung auf einem Nebenschauplatz. Es steht nie das wirkliche Problem und angemessene Lösungsversuche im Vordergrund, sondern man klebt an Unwesentlichem, an einer Nebensache – eben dem Suchtmittel.

Drei Effekte

Daher gibt es verschiedene Effekte, die durch den Einsatz von Suchtmitteln hervorgerufen werden:

1. Das kann einmal Erregung sein, wie sie durch Arbeit, durch Streit-, Macht-, Eifer- oder Spielsucht oder durch Drogen wie Kokain oder „speed" (Preludin, Ritalin, etc.) hervorgerufen werden.
2. Direkte *Befriedigung* wie durch Essen, Schlafen, Genußsucht oder Drogen wie Heroin, Morphium, Valium oder Librium.

3. Befriedigung der *Phantasie* durch Fernsehen, Musikhören oder Drogen wie LSD, Haschisch oder Meskalin.

Sucht: Ein Streßblocker?

In der Steßforschung fand man heraus, daß Sucht – zumindest bei Tieren – ein Versuch ist, Streß abzublocken:

Ratten essen gewöhnlich nur, um ihren Hunger zu stillen. Wenn man allerdings an ihrem Schwanz eine Klammer befestigt, so werden sie durch diesen permanenten Reiz motiviert, weiterzufressen, auch wenn sie längst satt sind.

Der Psychologe Seymour Antelman von der University of Pittsburgh hat festgestellt, daß ein solcher äußerer Reiz wie die Klammer am Rattenschwanz auch andere Verhaltensweisen motiviert, die ähnlich wie das zwanghafte Weiterfressen stereotype Handlungen sind. So lecken die Ratten den Boden, nagen unablässig an etwas oder spielen Mutter für eine junge Ratte, egal ob sie selbst Weibchen oder Männchen sind. Offensichtlich ist dieser ständige Zwickreiz am Schwanz für die Ratte ein Streß, der durch die Aufnahme einer anderen stereotypen Tätigkeit „überspielt" wird.

Und diese Hypothese läßt Antelman auch über die Bedeutung dieses Phänomens für die Streßforschung bei Menschen spekulieren: Er glaubt, daß Menschen ständig, allerdings in unterschiedlichen Ausprägungen, solches Streß-Verhalten zeigen. Wenn beispielsweise Menschen unter starkem Streß unaufhörlich essen, so ist dieses Verhalten analog zur Schwanz-Zwick-Reaktion der Ratte. Es kann vermutet werden, daß Tiere und Menschen auf ein repetitives Verhalten ausweichen, um die interne Übertragung von Streß-Empfindungen zu blockieren. Sie beschäftigen sich also mit etwas, was die Weiterleitung von Streß-Signalen verhindert. Das zwanghafte Verhalten von Drogensüchtigen, Alkoholikern, Eß- und Arbeitssüchtigen ließe sich – wenn man die Tierversuche so einfach auf den Menschen übertragen würde – also als Versuch erklären, die Weiterleitung von Streß zu blockieren.

Herrsch – Sucht	–	Geltungs – Sucht
Hab – Sucht	–	Geld – Sucht
Tob – Sucht	–	Streit – Sucht
Konsum – Sucht	–	
Ich – Sucht	–	Rach – Sucht
Sehn – Sucht	–	Eifer – Sucht
Schwind – Sucht	–	Gelb – Sucht
Schlaf – Sucht	–	Putz – Sucht
Genuß – Sucht	–	Vergnügungs – Sucht

Welche Süchte fallen Ihnen noch ein?

Sucht ist Ausdruck einer Verwahrlosung des Innenlebens

„Je mehr wir versuchen, überflüssiges Leiden überflüssig zu machen, desto schärfer erfahren wir, daß notwendiges Leiden notwendig ist, angenommen und bejaht werden muß, um Not zu wenden."

Klaus Dörner

Bei all diesen Suchtformen findet man eine ähnliche Sucht-struktur: Die Personen sind aus dem Gleichgewicht geraten, sind fixiert auf ihr Suchtmittel, an das sie immer häufiger denken. Langsam engt sich der Blickwinkel auf die Sucht ein; alles, was nicht direkt mit der Sucht zu tun hat, wird uninteressant. Die Kontakte zu den Mitmenschen werden immer geringer. Langsam verliert der Süchtige – ähnlich wie ein Fixer oder Tablettenabhängiger – die Kontrolle über sein Verhalten.

Suchtpersönlichkeiten

„Es sind alles Menschen, die versuchen, ihre innere Not, meist eben ihr mangelndes, ihr ungenügendes Selbstwerterleben mit Hilfe von äußeren Mitteln unersättlich – und damit eigentlich vergeblich – aufzufüllen. Und dieses Unersättliche bedingt, daß sie immer wieder Objekte aufnehmen müssen, wobei dann der Objektcharakter verlorengeht, sobald diese Objekte aufgenommen sind. Wir können beispielsweise eine Bemächtigungssucht erkennen, nicht nur bei den Sammlern, sondern auch bei gewissen politisch Hochstehenden. Und kaum ist beispielsweise ein Gebiet oder ein Land wieder verschluckt, so ist dann die Gefahr gegeben, daß das einverleiben dieses anderen Landes negiert wird und schon wieder nach einem neuen Opfer Ausschau gehalten wird. Wir erkennen solche Tendenzen in Diktaturen, die immer nach schwachen Ländern und Völkern Ausschau halten, damit sie ihren Machthunger stillen können. Er wird aber nie gestillt werden. Demokratien sollten vielleicht endlich einmal lernen, daß eine Diktatur, die sich immer auch an einem gestörten Selbstwerterleben aufbaut, nie in der Lage ist, sich endgültig gesättigt zu fühlen." (Battegay)

Symptomwechsel

Die verschiedenen Suchtformen sind – wenn sich eine Suchtstruktur in der Person chronifiziert hat – austauschbar, gehen ineinander über, überlagern sich oder wechseln ab.

So kann süchtiges Rauchen, vermehrter Alkoholkonsum und süchtiges Essen die Arbeitssucht ablösen oder unterbrechen: genauso wie Kaufsucht, Spielsucht oder Sexgier die Eßsucht ersetzen kann. Vielfach treten auch hier mehrere Suchtarten gleichzeitig als Mischformen auf und bedingen sich gegenseitig.

Arbeiten und Essen zum Beispiel: Da arbeitet jemand süchtig und zur Belohnung schiebt er sich – genauso süchtig – ein opulentes Mahl ein. Oder Essen und Fernsehen: Da ist man enttäuscht über den letzten Freßanfall und dreht dann den Fernseher an, um das Ganze zu vergessen.

Krankhafte Formen der Daseinsbewältigung

Die alltäglichen Süchte sind krankhafte Formen der Daseinsbewältigung und der Sinnerfüllung. Der entscheidende Auslöser von Suchtverhalten ist ein zu schwach ausgeprägtes Selbstwertgefühl, das sich zeigt in mangelnder Selbstsicherheit oder in übertriebener grandioser Weise. Es ist auffällig, daß sich Süchtige von äußeren Einflüssen leicht irritieren lassen. Scheinbar banale Dinge, die auf sie zukommen, bringen sie schnell aus dem seelischen Gleichgewicht. Sie nehmen sich vieles zu sehr zu Herzen, lassen vieles an sich heran und sind aufgrund dieser Irritierbarkeit starken Stimmungsschwankungen unterworfen. Dieses schwache Selbstwertgefühl entsteht durch eine Vielzahl von seelischen Verletzungen oder Defiziten, die sich im Laufe der Entwicklung eines Menschen ansammeln. Es kann bei Sozialisationsdefiziten beginnen. Das heißt: Jemand wächst unter Bedingungen auf, die einen Mangel an Selbständigkeit fördern: wie gestörte familiäre

Verhältnisse, wenig Vermittlung von Gefühlen der Geborgenheit, Zuwendung und Liebe oder aber auch Überfürsorge. Wer in so einem Klima aufwächst, das ihm wenig Möglichkeiten gibt, Gefühle zu äußern, mit Gefühlen angemessen umzugehen, der wird möglicherweise süchtig.

Hungerkrankheiten

Raymond Battegay meint in seinem Buch „Die Hungerkrankheiten – Unersättlichkeit als krankhaftes Phänomen":

„Der Mensch benötigt, besonders in seiner frühen Kindheit, aber auch später, materielle und gefühlsmäßige ‚Nahrung'. Wird sie ihm versagt, so können sich das ganze Leben hindurch Hungerkrankheiten einstellen: die Mager- oder Fettsucht, Magen-Darmstörungen, Beeinträchtigungen des Selbstwerterlebens, unbändiger Tätigkeitsdrang mit daraus folgenden Herz-Kreislauferkrankungen, Bluthochdruck, Süchte verschiedener Art, allgemeine Unersättlichkeit bis zur Eroberungs- und Zerstörungswut."

Battegay bezeichnet die Süchtigen in ihrer Unersättlichkeit als Prototypen der Hungerkranken, da sie danach streben, eine frühkindlich erlittene Mangelerfahrung in bezug auf Liebe und Stimulation durch Einverleibung von Objekten wettzumachen.

In seinen allgemeinen Betrachtungen versteht er unter Hunger alle jene Manifestationen, die des Menschen aktives, aggressives Verlangen nicht nur nach (oraler) Nahrung, sondern auch nach gefühlsmäßiger, warmer (taktiler) Zuwendung. Er glaubt, „daß der Hunger nicht nur ein orales Verlangen ist, sondern auch ein Wunsch und Bestreben nach narzißtischer Fusion, nach einer Stärkung des Selbst bei Menschen, die in ihrer frühen Kindheit nicht genügend warm umhegt oder aber übergebührlich umsorgt worden sind und sekundär eine gefühlsmäßige Leere verspürt haben".

Er ist der Meinung, daß ein Individuum, das im Kleinkindalter nicht genügend Bestätigung in Form von Wärme, Stimulation und Kognitionsmöglichkeiten erhält, im Bereich des Selbst ungestillt ist. Mit dem Einverleiben der süchtig begehrten Gegenstände schwindet deren Objektwert; sie sind nach wie vor hungrig und streben immer noch unersättlich nach Objekten: „Bei allen Süchten besteht ein unersättlicher Hunger nach immer neuen Objekten, die die innere Leere, den Zwiespalt zwischen Wollen und Können, zwischen Wünschen und Realität, zwischen Illusion und Wirklichkeit, zwischen Schein und Sein auffüllen sollen."

Kritische Situationen in der Lebensgeschichte

Eine Erhebung ergab, daß Spannungssituationen beim Aufwachsen, ein ungesichertes Elternhaus (Scheidungs-, Trennungs- und Mußehen) sowie ein frühes Fehlen der Mutter für spätere Sucht verantwortlich gemacht werden können.

Auch die mangelnden individuellen Entfaltungsmöglichkeiten, die innere Leere, Leitbild- und Ideallosigkeit vieler Jugendlicher verursachen eine Ausbreitung und Zunahme im Bereich der Drogen und des Alkohols. Die Anforderungen der sozialen Realität, die leistungsorientierte Gesellschaft führen zu Protesten gegen die Norm.

Klaus Dörner, der Gemeinsamkeiten von seelisch leidenden und gestörten Menschen untersuchte, bezeichnet das süchtig, psychisch oder psychosomatisch Krank-Werden als eine menschliche Möglichkeit in allen Kulturen, sozusagen als eine allgemeinmenschliche Ausdrucksmöglichkeit, als zum Wesen des Menschen gehörig. Es ist für ihn eine Möglichkeit, die mit der Grenze des menschlichen Seins zu tun hat. „In keinem Fall ist der Mensch ausschließlich Opfer äußerer Umstände, in jedem Fall auch Subjekt, Täter, der sein Handeln selbst herstellt, weil er keine andere Möglichkeit mehr sieht."

Es ist der Versuch eines Menschen, die ihm angemessene Weise zu finden, mit seiner Angst und seinem Leid umzugehen.

Klaus Dörner bezeichnet Sucht als Anzeichen dafür, daß der Betroffene sich gegen seine Angst, sein Leiden wehrt, dagegen protestiert, die Angst bekämpft, sie vermeidet, sie nicht als zum menschlichen Leben zugehörig erachtet. Diese Auseinandersetzung mit seinem Selbst, seinem Körper und mit anderen Menschen ist ein Versuch, sich selbst zu helfen.

Sucht als mißlungener Selbstheilungsversuch

Raymond Battegay spricht vom Selbstheilungsversuch bei Süchtigen, die mit Hilfe der eingenommenen Mittel ihr beeinträchtigtes Selbst zu stärken trachten.

Die mehr oder weniger bewußte Abkehr von den Anforderungen der inneren oder der äußeren Realität führen oft zu direkten oder indirekten Selbstschädigungsversuchen.

Aus Opposition gegen die Gesellschaft wechseln Phasen der Auflehnung und Entrüstung, Phasen der Resignation mit einem Desinteresse gegenüber der Gesellschaft ab.

Zur Flucht in eine Scheinwelt führen die maßlosen Ansprüche der Umwelt (unerfüllte kindliche Wünsche), die die Realität nicht erfüllt. In der Phantasie werden diese Wünsche – scheinbar – erfüllt.

Der Süchtige zeigt eine Unersättlichkeit in seiner Erwartung restloser Befriedigung und vollkommener Zufriedenstellung. Überhöhte Ansprüche und Erwartungen an sich selbst führen ihn zum Einsatz von Hilfsmitteln, um eigene Leistungen zu steigern. Die sofortige Erfüllung von Wünschen beinhaltet eine fehlende Frustrationstoleranz, d. h., daß Entbehrungen nicht lange ertragen werden können. Unlustverhütung und ein Dauerstreben nach Lust sind die Folgen.

Ein weiteres Kriterium für Süchtigkeit ist die Unfähigkeit zu spontaner Freude und Genuß. Große Erwartungen gegenüber Mitmenschen, die überfordert sind und sich dagegen wehren, führen zu permanenten Enttäuschungen. Es fehlen echte Beziehungen, so daß die Süchtigkeit oft mit Vereinsamung einhergeht.

Dem Süchtigen fehlt oft die tiefere Einsicht in das eigene Wesen, seine Erwartungen richtet er an die Außenwelt.

Er ist beherrscht von einer Sehnsucht nach einer infantilen Welt mit der Forderung, vorbehaltlos angenommen, umsorgt und gefördert zu werden. Ihm fehlt die Fähigkeit, die Realität so anzunehmen, wie sie ist.

Merkmale von Süchtigen

Hierheraus kommt dann oft eine süchtige Persönlichkeitsstruktur mit folgenden Merkmalen:

- starke gefühlsmäßige und psychovegetative Sensibilität und Labilität;
- geringe emotionale Integration, die sich in Abwehr von Gefühlen und impulsiv-selbstbezogenem Verhalten äußert;
- Schwierigkeiten, reife Kontaktbeziehungen zu anderen Menschen aufzubauen;
- angstbesetzte Befindlichkeit;
- Stimmungslabilität;
- hypochondrische und neurotische Symptome;
- depressive Grundstruktur,
- hohe Selbstachtung und hohes persönliches Anspruchsniveau.

Das richtige Maß finden

Es gibt einen wichtigen Unterschied zwischen den „alltäglichen Suchtformen" und den Formen der Drogensucht im engeren Sinne.

Der Alkoholiker weiß, wenn er das nächste Glas Bier anfaßt, ist's passiert. Die Schwierigkeit bei anderen, alltäglichen Suchtformen ist, daß sie ein Mittelmaß finden müssen. Essen müssen sie, arbeiten müssen sie, und einkaufen müssen sie auch. Das Problem ist hier also: zu essen, ohne süchtig zu essen; zu kaufen, ohne in einen Anfall zu rutschen; und zu arbeiten, ohne darin zu versinken.

Obwohl man Spielen und Fernsehen nicht unbedingt zum Leben braucht, kann es doch auch sinnvolle Tätigkeit sein, die nicht zur Sucht entarten muß, wenn man sie ausgewählt einsetzt. So ist der Weg aus den Alltagssüchten ein Weg über einen schmalen Grat, den man sich mühsam durch einen kontrollierten Umgang immer breiter treten muß. Der Ursprung für alle Suchtformen ist allerdings sehr ähnlich. Bertold Kilian meint dazu: „Alkohol, Drogen, Medikamente und viele andere abhängigmachende Verhaltensformen sind nach meinem Dafürhalten wie Pflaster, die Menschen auf Wunden auflegen, die nicht geheilt sind. Wunden, die zum Teil auch nicht heilen. Auf eine Wunde, die der Behandlung bedarf, kann ich ein Pflaster machen, einen Verband. Damit kann ich dann die Wunde verdecken, vielleicht auch ein wenig schützen, aber ich heile sie nicht. Und ich denke, daß Menschen erst dann gesund werden, wenn sie sich mal ganz entscheidende Fragen stellen, zum Beispiel ,Was fehlt mir eigentlich?', ,Was brauche ich?', ,Was tut mir gut?', oder auch ,Was macht mich krank?' Daraus kann dann vielleicht resultieren: ,Was kann ich nun ändern und was muß ich dringend ändern, damit ich am Leben bleibe, damit ich nicht krank werde und damit ich nicht von falschen Träumen – von Pflastern – abhängig werde?'"

Das Gefühl, immer zu kurz zu kommen oder: „Horror vacui" – die Angst vor der Leere

Niemand wird es wohl ernsthaft bezweifeln: Wir leben in einer Konsumgesellschaft. Und bis heute gelten die vier Gebote des Wohlstandes: Noch mehr, noch größer, noch besser, noch bequemer. Auch wenn wir langsam an die Grenzen des Wachstums stoßen, sind Wohlstand, Geld, Macht und Ansehen unsere Leitbegriffe. Lebensqualität hieß in den letzten 30 Jahren vor allem: konsumieren können. „Ich konsumiere, also bin ich", war die Philosophie der Bewohner der Industriestaaten. „Homo consumens" nannte der Psychoanalytiker Erich Fromm diese Spezies Mensch.

Und das war ja zunächst einmal nach dem Zweiten Weltkrieg auch verständlich. Die ausgehungerten und vom Krieg geschlagenen Deutschen wurden denn auch bald europäische Vorreiter einer Fortschrittsideologie ungekannten Ausmaßes. Der Glaube an Wissenschaft und Technik wurde zur Basis eines materiellen Größenwahns: „Alles ist machbar, Herr Nachbar." Der zivilisierte Mitteleuropäer hielt sich nicht nur für die „Krone der Schöpfung", sondern glaubte auch, die Natur total beherrschen und ausbeuten zu können.

Konsumkarussell

Freß-, Kleider-, Möbel- und Fernsehwellen zogen übers Land und man errang Auto, Kühlschrank und Haus. Und das war für die Nachkriegsgeneration erst einmal alles, was sie sich ersehnt hatte: „Und es kann so weitergehen", so verkündeten die Prediger des Fortschritts. Das Lebensglück wurde Quantitativ meßbar: Wer mehr hatte, war glücklicher – ganz klar: „Haste was, biste was".

Damit einher schlich eine merkwürdige Konsumhaltung: Die Probleme löste man nicht mehr selbst, man ging zum

Fachmann oder lenkte sich einfach ab. Man konnte das Glück ja kaufen – warum sollte man sich darum bemühen? So wurde jede Belohnung eine materielle, und dadurch wurde aus der Flucht in den Überfluß – Konsumsucht. Und die wurde von einer verkaufsorientierten Wirtschaft ständig durch Neuheiten genährt. Aber das war ja alles nicht so schlimm, sondern einfach und bequem. Geld ersetze den Lebenssinn, Konsum die Gemeinschaft, Bescheidenheit war etwas für Brave, Dumme und Träumer.

Religion ohne Gott

Vielfach verbarg sich dahinter ein tiefes Gefühl von Sinnlosigkeit und damit verbunden eine massive Angst vor der Leere – „Horror vacui". Dieses existentielle Vakuum wurde verdrängt durch noch mehr Konsum.

Und da keiner „zu kurz" kommen wollte, belohnten sich die Leute für den Frust der Arbeit mit Konsumartikeln: hier ein neues Kleid, da ein größerer Fernseher, hier ein gutes Essen, da ein schöner Urlaub. Und je mehr konsumiert wurde, desto besser ging es der Wirtschaft; und je besser es der Wirtschaft ging, desto mehr Produkte wurden produziert. Und die Leute kauften und kauften – ob sie sie brauchten oder nicht. Und das Konsumkarussell drehte sich immer schneller. Denn Konsum hatte eine Symbolfunktion erhalten. Konsumieren hieß: Selbstverwirklichung, Lebensglück, Wohlbefinden. Es hieß, sich und den anderen zu bestätigen: Ich existiere, und es geht mir gut. An die Stelle des natürlichen Genießens war eine neue Form getreten, die Ersatz-Lustbefriedigung. – Eine Art Religion ohne Gott.

Gesetze des Konsumparadieses

So wurden Appetit und Gier immer unersättlicher: Es mußte noch mehr sein, noch raffinierter, noch exotischer, noch „individueller". Und die Gesetze des Konsumparadieses waren so einfach, klar und bequem:

  1. Sieh immer nach vorn und nie zurück. Was gestern neu war, ist heute schon veraltet.

2. Kaufe heute, was dir als modern angeboten wird, auch wenn du das Geld dafür erst verdienen mußt. Es gibt ja Kredit. Bezahlen kannst du später.
3. Laß die Technik für dich arbeiten, damit du dich bequem hinsetzen und ein schönes Leben führen kannst.
In den USA hat diese Philosophie ihre schlimmsten Blüten getrieben – und das führte dazu, daß dort, wo nur 2 Prozent der Weltbevölkerung leben, 40 Prozent der Energieproduktion und der Rohstoffe der Welt verbraucht werden.

Habgier

Aber wir Westeuropäer waren schon immer gute Schüler. Auch wir hatten den Kontakt zu unseren Grundbedürfnissen verloren. Wir aßen nicht mehr, was uns sättigte, sondern das, was uns angeboten oder eingeredet wurde. Wir wußten gar nicht mehr, was wir wirklich brauchten. Wir wußten nur noch, was wir wollten, und das war möglichst alles. Habgier war zum Leitmotiv der Erwerbsgesellschaft geworden:
„Bereichert euch", hieß die Parole.
Schon vor über hundert Jahren hatte Karl Marx geschrieben: „In unserer Zeit ist das Überflüssige leichter herzustellen als das Notwendige." Und das traf für die Zeit des Wirtschaftswunders noch in viel stärkerem Maße zu. Und schon bald zeigten sich auch schon die Auswirkungen des Überflußlebens: Die Zahl der Herz- und Kreislauftoten steigt jährlich um 5 Prozent. Die Zahl der Wohlstandskrankheiten nimmt ständig zu. Die Psychosomatosen, die körperlichen Erkrankungen, die durch psychische Probleme ausgelöst werden, sind ebenfalls im Steigen begriffen: der Tribut des Körpers an den Wohlstand.

Opfer der eigenen Begierden – Die versteckte „Versüchtelung" der Gesellschaft

> *„Krankheiten befallen uns nicht aus heiterem Himmel, sondern entwickeln sich aus täglich kleinen Sünden wider die Natur"*
>
> *(Hippokrates)*

All das führte in den letzten Jahren zur versteckten „Versüchtelung" unserer Gesellschaft. Viele können heute nicht mehr unterscheiden, ob das, was sie tagtäglich tun oder konsumieren, wirklich notwendig ist, ob es ihnen gut tut, ob sie es wirklich brauchen: „Nimm, was du kriegen kannst, es ist doch egal, wovon dir schlecht wird", hieß ein Graffiti an der Frankfurter Universität. So werden Sehnsüchte durch Werbung und Konsumangebot umfunktioniert in Kaufsucht. Da werden Wünsche geweckt, die nicht vorhanden sind. Der Supermarkt und das Kaufhaus sind in gewisser Hinsicht die „Haschwiese" oder die „Opiumhöhle" des Normalbürgers.

Medielle Drogen

Täglich sehen wir uns mit einer Fülle von Drogen im weitesten Sinn konfrontiert, Fernsehen, Video- und Telespiele, Mind-Machines etc.

Konsum aller Art. Es sind „medielle" Drogen, die uns glauben machen wollen, die Welt bestehe aus lauter Glück. Wir alle haben ein Bedürfnis nach Ruhe, Glück und Geborgenheit, aber können diese Drogen uns wirklich helfen, mit dem Alltag fertig zu werden? Wir werden in eine Scheinwelt entführt, der nüchterne Alltag wird verdrängt.

Heute sind wir von diesem begeistert, morgen lehnen wir es total ab, und übermorgen hängen wir unser Herz an das Gegenteil: ein Ausdruck eines sinnlos erlebten Lebens.

Wir haben zwar die Freiheit der Wahl zwischen sehr vielen Angeboten – aber wir haben die Kriterien verloren, nach denen wir auswählen können. Statt dessen bekommen wir selbst hier alles mögliche angeboten: Philosophien, Religionen und Weltbilder von der Stange. Und jede hat einen totalen Anspruch, die einzig richtige zu sein.

Orientierungslosigkeit

Diese Orientierungslosigkeit ist es, die der beste Nährboden für die Versüchtelung unserer Gesellschaft ist: Leute, die nicht wissen, wer sie sind, was ihnen gut tut oder fehlt, was sie wollen und wo für sie der Sinn liegt, sind extrem anfällig für das erstbeste Angebot. Sie sind leicht manipulierbar: die Wirtschaft und Werbung als Dealer unserer alltäglichen Sucht. Wieviel von dem, was wir als unseren Wohlstand bezeichnen, basiert gerade darauf? Wie nötig hat diese Wirtschaft genau diese leicht manipulierbaren „Menschen ohne Eigenschaften", die glauben, daß ein neues Auto, ein exotischer Urlaub, ein neues Deo-Spray, ein teures Essen, die neueste Videoproduktion oder ein besserer Beruf ihnen wirkliche „Individualität" verleiht?

Diese Entwicklung (und damit die Suchtanfälligkeit) vieler Menschen sowohl was ihren eigenen Bedürfnissen und Wünsche als auch ihren Lebenssinn generell angeht – ist weit fortgeschritten und liegt im Interesse dieser Form der Wirtschaft. Denn viele der wirklichen Bedürfnisbefriedigungen sind nicht durch Geld zu kaufen: Liebe, Geborgenheit, Sinn sind nicht käuflich und auch nicht leicht zu haben. Dazu bedarf es einer anderen Art von Energieeinsatz, als nur auf den Knopf am Fernseher zu drücken, ein Auto zu kaufen oder schnell eine Versicherung abzuschließen. Dazu ist die ernsthafte Auseinandersetzung mit sich selbst und den anderen notwendig. Und das ist nicht schnell und leicht zu haben, sondern erfordert hohen Energieaufwand. Das alte Wort „Selbsterkenntnis" ist heute zu „Selbsterfahrung" verkommen, die man sich schnell mal an einem Wochenendworkshop reinzieht. Und auch mit vielen anderen altehrwürdigen Begriffen ist Schindluder getrieben worden. Sie sind vermarktet worden – von Medien und der „Psycho-Industrie". Und das alles unter dem Siegel der Selbsterkenntnis, der Lebensqualität oder des Genusses.

Pseudo-Genüsse

„Noch nie war die Möglichkeit, sich Genüsse zu verschaffen, so groß. Und doch – trotz allgegenwärtiger Genußangebote und Aufforderungen scheint uns langsam, aber sicher die Fähigkeit zu genießen abhanden zu kommen. – Ein Paradox? Nein, denn die meisten Genüsse, die uns angeboten werden, sind Pseudo-Genüsse, Ersatz für wirklich genußvolles (Er)Leben", so schreibt Holger Probst in „Psychologie heute". Für ihn ist die fast totale Außengelenktheit des zivilisierten Menschen die Ursache für den Verlust von Sinn und von wirklichen Sinnesfreuden. Er plädiert für ein Wiedergewinnen selbstbeherrschter Lebensbereiche – Freiräume, in denen man selbst die Verantwortung trägt. Dazu ist ein Infragestellen der immer künstlicher werdenden Bedürfnisse nötig: Man soll nur kaufen, was man wirklich braucht, und nicht, was gerade besonders günstig angeboten wird oder neu auf dem Markt ist. Dazu ist es notwendig, den Überfluß bei sich zu erkennen, und man muß sich selbst freiwillig Beschränkungen und Verzicht auferlegen. Letztendlich ist es eine Aufforderung zur Selbsterkenntnis und Selbstdisziplin. Erst das ermöglicht eine langsame Rückgewinnung der eigenen, echten Genußfähigkeit. Solange man ständig im Strom der Reizüberflutung – hier ein Sonderangebot, dort die Weckung und Ausbeutung eines neuen Bedürfnisses – hin- und herschwappt, ist ein wirklich befreiender Genuß gar nicht möglich. Ein Ausstieg aus dem sich immer schneller drehenden Konsumkarussell ist dringend von Nöten.

Alternativen und Hilfen

Nichts hilft ohne Selbsthilfe

1. *Prüfen Sie sich und Ihre süchtigen Anteile genau.*
2. *Bekennen Sie sich zu Ihrer Sucht.*
3. *Gestehen Sie sich zu, daß die Behandlung einer Sucht schwierig, aber möglich ist und daß Sie viel eigene Energie brauchen, um anders mit dem Suchtmittel umgehen zu können – egal ob Sie das allein, mit Freunden, mit einer Selbsthilfegruppe oder mit einem Psychologen zu ändern versuchen.*
4. *Suchen Sie andere Menschen, die das gleiche Problem haben wie Sie und die daran interessiert sind, es zum Positiven zu verändern. Suchen Sie jemanden, der es geschafft hat, mit dem Suchtmittel umgehen zu können. Suchen Sie eine Selbsthilfegruppe von Leuten mit Ihren Problemen oder gründen Sie eine.*
5. *Wenn Sie glauben, daß Ihnen das nicht genug ist, gehen Sie zu einem Psychologen, bei dem Sie das Gefühl haben, daß Sie ihm vertrauen können und daß er Ihnen helfen kann.*
6. *Entziehen Sie der Sucht den Nährboden und beschäftigen Sie sich mit den dahinterliegenden Problemen.*
7. *Meiden Sie „schlechte Gesellschaft", also Leute, die Sie zur Sucht verführen.*
8. *Setzen Sie sich realistische Ziele.*
9. *Gestehen Sie sich Zeit zu, sich zu verändern.*
10. *Seien Sie sich selbst gegenüber konsequent, aber nicht übermäßig hart.*
11. *Verzeihen Sie sich Rückfälle und Fehler und lernen Sie daraus.*
12. *Geben Sie nicht auf. Es ist zu schaffen.*

Eine Alternative: Beschränkung auf Wesentliches

Während große Teile der Gesellschaft weiterleben wie bisher, zeigten sich schon seit Mitte der 60er Jahre Gegenbewegungen zu der glimmenden Faszination des Wirtschaftswunders. Da wuchs eine Generation heran, die weder den Hunger des Krieges gekannt noch die Konsumgier der Eltern teilte. Man nannte die zunächst wenigen Dissidenten „Gammler", „Hippies", später „Alternative", und heute nennt man sie „die neuen Bescheidenen".

Für sie ist Konsum mehr eine Last als eine Freude oder zumindest beides gleichzeitig. Für sie ist Besitz eher eine Einengung als ein Schutz.

Sie wollen sich von dem Tretmühlendasein der Überflußgesellschaft befreien: all den überflüssigen Plunder, der sich in Wohnung, Körper, Geist und Seele angesammelt hat, endlich loswerden und herausfinden, was sie wirklich brauchen. Sie versuchen das in neuen Lebensformen, zum Beispiel in Wohngemeinschaften in der Stadt und auf dem Land, aber auch in traditionellen Ehen und Beziehungen. Ihr Ziel ist letztendlich eine Ethik des neuen Zeitalters, die Ethik einer nachindustriellen Gesellschaft und ein neues Menschenbild. Die Werte, nach denen sie zu leben versuchen, sind: Nicht-Ausbeutung der Natur, sondern Zusammenleben mit ihr; Verantwortung für sich selbst und für das Ganze; Genügsamkeit und Bescheidenheit.

Bescheidenheit

Bescheidenheit gehört nicht gerade zu jenen Begriffen, die derzeit „in" oder „en vogue" sind – außer wenn man davon ausgeht, daß Bescheidenheit in einer Reihe von Sprichwörtern ständig präsent ist: „Es geht mir bescheiden" bedeutet, daß es einem nicht gerade gut geht. Mit „sich bescheiden" meint man, sich zufriedengeben mit den Dingen, wie sie sind, ohne sie groß verändern zu wollen. Und unter „bescheidenem Auftreten" versteht man, daß sich jemand nicht protzig in den Vordergrund spielt, sondern sich dezent-zurückhaltend benimmt. „Keine falsche Bescheidenheit" heißt, daß man sein Licht nicht unter den Scheffel stellen soll, und die „demonstrative Bescheidenheit" der Pharisäer ist der Inbegriff von Unehrlichkeit. So ist der Begriff „Bescheidenheit" schillernd, doch verbindet man mit ihm meistens Verzicht, Einschränkung und Disziplin. Schließlich unterstellt man bescheidenen Menschen auch, daß sie lust- und sinnesfeindlich seien. In der US-Zeitschrift „Psychology Today" bläst man ins gleiche Horn: Die „free-spenders", die Leute also, die viel Geld ausgeben, seien glücklicher und gesünder als die „Pfennigfuchser", „Knauserer" und „Dagobert-Duck-Typen", heißt es da.

So ist es verständlich, daß Bescheidenheit für viele einen merkwürdigen Beigeschmack hat: Der Geruch von miefiger und biedermännisch-kleinlicher Ängstlichkeit hängt genauso zwischen den Buchstaben wie die lustfeindliche Heuchelei puritanischer Ansprüche.

Eine Tugend vom Makel befreien

„Zu oft ist die Forderung nach *Bescheidenheit* von denen erhoben worden, die damit mehr Freiraum für ihre eigene Unbescheidenheit gewinnen wollten. So hat der Begriff einen repressiven Charakter erhalten. Zu oft ist das Bekenntnis zur Bescheidenheit von denen ausgesprochen worden, die zu schwach, zu ängstlich oder zu feige waren, über sich selbst hinauszuwachsen. So hat der Begriff einen duckmäuserischen Beigeschmack bekommen. Zu oft ist das Bekenntnis zur Bescheidenheit von denen vorgebracht worden, die sich einschmeicheln, um ihre Großmannssucht zu verbergen. So haftet dem Begriff etwas Heuchlerisches an, das ihn entwertet.

Es gilt also, diese Tugend von einem Makel zu befreien, dem sie durch unverschuldeten Mißbrauch anheimgefallen ist, ein Schicksal, das die Bescheidenheit mit vielen anderen hohen Werten und Zielen teilt, deren Wahrheit durch skrupellose Verwendung zur Lüge wurde, zum Betrug, auf den man nur noch mit Ärger und Spott reagiert", schrieb der Zukunftsforscher Robert Jungk in seinem Aufsatz „Lebensgewinn durch Bescheidenheit". Wenn auch nicht als Wort, so ist Bescheidenheit, Selbstbeschränkung oder Sparsamkeit nicht nur bei den Alternativen und Grünen als versteckter Anspruch vorhanden. Denn gerade als Alternativer sollte man – zumindest theoretisch – möglichst wenig Energie und Ressourcen verbrauchen. Man sollte nichts verschwenden und sollte sich möglichst gesund ernähren. Soweit der Anspruch.

Indes: Die Praxis des bescheidenen Lebens ist viel schwieriger. Denn der Sprüche gibt's gar viele, die mehr oder weniger offen zum Sparen und zur Selbstbeschränkung auffordern: Von dem offiziellen „Ich bin Energiesparer" über „Ich schwärme für Sonnenwärme" und „Atomkraft – nein danke" bis hin zu „Energiesparen – ja bitte".

Theorie und Praxis

Leicht gesagt, doch schwer getan, denn viel Worte gab's, doch Taten viel weniger: Da kleben dann die Energiesparappelle auf den Autos, die den Sprit gleich hektoliterweise saufen, da wird zwar gefordert, daß keine Atomkraftwerke gebaut werden; zu Hause lassen die gleichen Leute dann das Licht rücksichtslos im ganzen Haus brennen wie bei einer regulären Schloßbeleuchtung oder benutzen alle möglichen energiefressenden Elektrogeräte wie elektrische Dosenöffner, elektrische Zahnbürsten oder elektrische Brotmaschinen, die man ohne weiteres auch mit der Hand betätigen könnte.

Auch in der sogenannten Alternativ-Bewegung klaffen Theorie und Praxis sehr oft auseinander. Nehmen wir zum Beispiel die Situation in einem alternativen Naturkostladen. Rita gehört seit mehreren Jahren zu dem „Lebensbaum"-Kolletiv: „Wir teilen uns das so zu, daß man 700 Mark pro Monat kriegt bei vier halben Tagen Arbeit pro Woche. Ich selber habe mich jetzt entschieden, sogar ein bißchen weniger zu arbeiten, um mehr freie Zeit zu haben. Wir haben es am Anfang sehr rigide gehandhabt, daß jeder vier halbe Tage arbeiten *mußte* und soviel Geld bekommen hat und machen es jetzt etwas flexibler, daß Leute, die sagen, mit den 700 Mark, das ist zu schwierig für mich, ich kann mich nicht so beschränken oder will mich nicht so beschränken, einen halben oder einen Tag mehr arbeiten als andere und dafür etwas mehr Geld kriegen.

Es ist in unserer Gruppe öfter ein Problem und Gesprächsthema, wie wir damit umgehen, daß wir wenig Geld verdienen. Und es ist für Einzelne schwierig, und es kommen immer mehr, möchte ich fast sagen, oder immer phasenweise Wünsche hoch wie ich möchte mir mal neue Kleidung kaufen, oder ich habe eine schöne Hose gesehen, die ich gerne hätte, oder mein Auto fährt so schlecht, ich würde gerne mal ein andres haben. Und wir kommen oft nicht gut damit klar, zu sagen, nee wir können uns das nicht kaufen, sondern wir haben eigentlich bisher immer versucht, das Gehalt, das wir kriegen, immer ein bißchen zu erweitern, also ein bißchen mehr Geld zu verdienen, nachdem der Laden besser läuft."

Und es ist verständlich, daß die Lebensbaum-Menschen Probleme damit haben, ein bescheideneres Leben Wirklichkeit werden zu lassen. Schließlich lautete die Devise in den letzten 30 Jahren doch wohl eher: „Bescheidenheit ist eine Zier, doch weiter kommt man ohne ihr."

Sein statt Haben

Die meisten Leute stellen sich denn auch unter einem bescheidenen Menschen einen normierten, in allen Fragen des Lebens kleinlichen Kleinbürger vor, der sich immer nur das Billigste kauft, dessen Geschmack normiert ist, der nicht auffallen will – „nur nicht aus der Rolle fallen" – und der sich nichts gönnt. Das mag früher gestimmt haben, bei der neuen Bescheidenheit der jungen Leute trifft das wohl kaum zu, wenn auch ein gewisser Konformismus nicht abgestritten werden kann. Denn sie sind erstmal Abweichler. Sie leben in Möbeln vom Flohmarkt, kaufen ihre Kleider in Secondhand-Shops, basteln ihre Regale selber, und sie leben – was Ernährung angeht – sogar meistens teurer als die Normalbevölkerung, weil sie nämlich ihr Essen in Bioläden oder Reformhäusern kaufen. Man könnte sagen, ihr Leben ist eine Konzentration auf das Wesentliche – ein Fleck im Schrank ist ihnen genauso egal wie der Flicken am Pullover – sie wollen das Überflüssige loswerden, weil ihnen das – ihrer Meinung nach – hilft, zu sich selbst zu finden. „Sein statt Haben" ist das Ziel. Dagegen hat die Konsumparole „mehr scheinen als sein" hier ausgedient.

Pfennigfuchser

Man wirft den freiwillig bescheidenen Menschen vor, daß sie lust- und sinnenfeindlich, „Pfennigfuchser" oder „Knauserer" seien. Sie seien griesgrämig, hätten keinen Spaß am Leben und wären nur darauf bedacht, egoistisch ihr Geld zusammenzuhalten. Das mag für sparsame Menschen gelten, die nur Geld für sich horten; es gilt wohl kaum für bescheidene Menschen, die deshalb weniger verschwenden, weil sie weniger brauchen, und weil sie einsehen, daß es ihnen und der gesamten Bevölkerung schadet, wenn sie verschwenderisch leben. Eher das Gegenteil ist der Fall: Weil sie weniger konsumieren, haben sie mehr davon.

„Maßvoll wirtschaften – Geld sparen – Natur und Ressourcen schonen" heißt es in der „Pfennigfuchser-Depesche", die „Deutschlands berühmtester Sparer" Richard Grimmel seit 1993 in Garbsen herausgibt. Auch bei seiner Fan-Gemeinde ist das Ziel ein bescheidenes und lustvolles Leben – ohne Verschwendung, aber mit Spaß.

Und auch damit hat Selbstbeschränkung etwas zu tun – auch wenn es auf den ersten Blick nicht so aussieht; der Rückzug aus der chronisch gewordenen Reizüberflutung, besonders in den großen Städten. Rita: „Mir ist gerade eingefallen, daß ich sehr viel weniger weggehe, zum Beispiel Tanzen oder in Cafés oder in Kneipen, in Kinos als ich das früher gemacht habe, und daß das auch wirklich einem Bedürfnis entspricht, und ich merke, wenn ich einmal einen Abend in die Disco gehe, das reicht mir dann für einen Monat. Das war dann toll, aber das ist wirklich so viel Reiz, der dann ganz lange nachwirkt. Ich könnte es nicht ertragen, das jeden Tag oder alle drei Tage zu machen. Und das mit dem Fernsehen ist vielleicht ähnlich: Da merk' ich's auch oft, daß ich manchmal gerne Fernsehen guck', aber ich spüre es viel deutlicher als früher; oder auch wo ich keine Musik ertragen kann, wo ich einfach nur die Stille will."

Das Bedürfnis nach Selbstbeschränkung ist vielleicht das Bedürfnis nach weniger Vielfalt. Rita: „Ich hab' oft Schwierigkeiten, wenn ich zu viele Dinge mache und zu viele Eindrücke habe, daß ich damit nicht klarkomme, daß ich das Gefühl habe, ich werde chaotisch, ich verliere den Bezug zu mir selber, zu meinem Zentrum, mehr oder minder. Ich habe zum Beispiel Erfahrungen, wie auf dem Land sein, in einer sehr einfachen Umgebung, auch in einem Haus, das sehr einfach eingerichtet ist, daß es sehr erholsam ist und beruhigend auf mich wirkt."

„Die vielen Dinge machen uns arm"

„Weniger ist mehr", ist denn auch die Devise der jungen Menschen, die ihr Leben – wenn auch mit Mühe – bescheidener zu gestalten versuchen. Peter Mosler drückt es mit dem Titel seines Buches so aus: „Die vielen Dinge machen uns arm". Es geht hier um einfache Dinge: Glück, Liebe, Stille, Arbeit – Dinge, über die selten geschrieben wird. Es heißt da: „Statt von Arbeit ist von Entfremdung die Rede, also Unglück. Statt von Zeit ist von Streß die Rede, also Mangel an Zeit. Statt von Stille ist von Lärm die Rede.

Ich schreibe von Wunschbegriffen, aber auch von Wunsch und Tat. Ich sage lieber Tat, weil das Wort ‚Praxis', wie alle Worte, aus dem verwissenschaftlichten Vokabular im populären Gebrauch einen feinen Klang hat ...

Damit begriffen wird, daß die Sache vom besseren Leben kein utopisches Spintisieren ist, erzähle ich von Beispielen des anderen Lebens, einem anderen Gebrauch der Zeit, von Arbeit und Glück, von Liebe und Stille, in der es gespannte Aufmerksamkeit für den Augenblick gibt."

Sehr plastisch hat das Michael Ende in seinem Märchen „Momo" ausgedrückt. Dort nämlich treten in einer zwar armen, aber zufriedenen Kleinstadt plötzlich die kleinen grauen Herren von der „Zeit-Sparkasse" auf und wollen den glücklichen Kleinstädtern helfen, die Zeit zu sparen, die sie bei ihnen aufs Konto legen können und dafür Zinsen bekommen. Und was passiert? Sie haben zwar alle mehr Geld und mehr Wohlstand, aber – im Druck, die Zeit zu sparen – immer weniger

Zeit, hetzen durch die Gegend, vertragen sich untereinander nicht mehr, können nichts mehr genießen, und letzten Endes haben sie nichts davon, daß sie die Zeit bei der Sparkasse gespart haben, weil sie sie nämlich nicht mehr zurückbekommen – und weil man Zeit gar nicht sparen kann.

Reichtum an Zeit oder Reichtum an Geld?

Peter Mosler schreibt: „Man muß sich entscheiden: für einen Reichtum an Zeit oder einen Reichtum an Geld. Beides zusammen ist nicht zu haben. Reichtum an Zeit, das bedeutet nicht Askese, im Gegenteil. Es ist die Entwicklung von Fähigkeiten im Gebrauch der Zeit. Sie zu entwickeln, wird immer notwendiger, denn die Zeit wird immer knapper. Die Alternativen sind die ersten, die den Reichtum an Zeit gewählt haben. Sie sind eine prophetische Minderheit, denn wie soll in der nachindustriellen Gesellschaft Glück entstehen, wenn nicht in der frei verfügbaren Zeit? Nicht in der Freizeit, das ist nur eine Parodie der Arbeit. Nicht der Zeitrest nach der Arbeit soll mit der Zeit vorher versöhnen, sondern die Lebenszeit selbst wollen die Alternativler wieder besitzen. Das ist ein Angriff gegen die Gewißheiten der industriellen Gesellschaft, einerlei, ob kapitalistisch oder sozialistisch."

Small is beautiful

„Es läßt sich an zahlreichen historischen Beispielen zeigen, daß äußere Bescheidenheit und inneres Wachstum einander bedingen. Immer wieder begann der Weg geistiger Erleuchtung mit dem Verzicht auf materielle Fülle. Es wäre unsinnig, ja grotesk, zu meinen, ein solcher tiefgreifender Beschluß, sein Leben zu ändern, sei primär aus Sparsamkeit oder in Befolgung von Regierungsdekreten gefaßt worden. Er war stets stärker von dem neuen Zustand bestimmt, den man erreichen will, als dem alten, den man hinter sich lassen wollte", schreibt Robert Jungk.

Ein Mann, der das Problem schon Ende der 50er, Anfang der 60er Jahre gesehen hat, ist der inzwischen verstorbene englisch-deutsche Nationalökonom E. F. Schumacher. Er galt damals als belächelter, einsamer Rufer in der Wüste des total konsumorientierten Wirtschaftswunders. Heute bezeichnet man ihn voller Ehrfurcht als „Ein-Mann-Frühwarnsystem". Der ehemalige Wirtschaftsmanager hat sich gegen die verhängnisvolle Tendenz zur unmenschlichen Größe und Komplexität gewandt und dann auch die Parole „Small is beautiful" – klein ist schön – geprägt. Er hat damit für überschaubare und dezentrale wirtschaftliche Einheiten plädiert und versucht, diese Strukturen auch auf das soziale Leben zu übertragen. Klein ist für ihn nicht nur schön, sondern auch möglich und notwendig. Für ihn heißt Bescheidenheit denn auch neben der „Entwicklung eines Konsumstils, ... bei dem die echten menschlichen Bedürfnisse mit einem Minimum von Verbrauch befriedigt werden können", Wirtschaft und Technik ganz entscheidend umzustrukturieren. Vor allem in den USA haben die Gedanken Schumachers inzwischen einen großen Widerhall gefunden. Mehr als 4 Millionen Amerikaner, so schätzt man, versuchen auf allen möglichen Gebieten die Ideen Schumachers umzusetzen.

Wenn auch nur in Grenzen beginnt – wie wir gesehen hatten – in einzelnen Gruppen ein Umdenkungsprozeß, die Wachstumsideologie abzulösen. Auch bei den „Etablierten" fängt er langsam an, sich durchzusetzen. Wenn Ex-Bundeskanzler Schmidt – sonst doch sehr fortschrittsgläubig – forderte, daß „nicht alles, was technisch machbar ist, auch gemacht werden sollte", dann sind das – wenn auch nur zaghaft – Ansätze dazu. Denn auch das ist eine Art von Selbstbeschränkung. Sie kann allerdings nur freiwillig erfolgen und muß aus der bewußten eigenen Einsicht heraus geboren werden; ansonsten verkommen die Forderungen an andere zu Zwangsmaßnahmen, denen man sich widersetzt oder über die man zumindest klagt. Wirkliche Bescheidenheit ist eben freiwillig und kein Zwang und richtet sich vor allem auf die eigene Person – nicht auf andere.

Literatur

Mosler, Peter: Die vielen Dinge machen uns arm. Reinbck 1981 (Rowohlt)

Schumacher, E. F.: Die Rückkehr zum menschlichen Maß. Reinbek 1977 (Rowohlt)

Schumacher, E. F.: Rat für die Ratlosen, Reinbek 1979 (Rowohlt)

Kirschner, Joseph: Die Kunst, ohne Überfluß glücklich zu leben. Locarno 1980 (Droemer-Knaur)

Jungk, Robert: Lebensgewinn durch Bescheidenheit, in: Was der Mensch braucht. Stuttgart/Berlin 1977 (Kreuz-Verlag)

Fromm, Erich: Vita activa, in: Was der Mensch braucht. Stuttgart/Berlin 1977 (Kreuz-Verlag)

Fromm, Erich: Haben oder Sein. Stuttgart 1976 (DVA)

Weniger ist mehr – vom Versuch, bescheidener zu leben

Um es gleich vorweg zu sagen: Ich gehöre nicht zu jenen – zum Teil von mir bewunderten – Heroen, die in der Lage sind, ihr Leben radikal von einem Tag auf den anderen zu verändern, und die es geschafft haben, all dem Konsum unserer Zeit ade zu sagen und ganz schnell ein bescheidenes Leben zu führen. Genauer gesagt habe ich gerade mit diesem Anspruch, ein bescheideneres Leben zu führen, ziemliche Schwierigkeiten. Ich habe zwar schon öfter dazu angesetzt, habe mich aber ganz schnell verzettelt – bin da mal mit voller Wucht in eine Sackgasse gelaufen, habe mich zu anderen Zeiten gefühlt, als hätte ich's jetzt endlich kapiert, und ein paar Tage später habe ich mich dann gefragt, was das ganze denn eigentlich soll, und warum ich mein Leben nicht einfach genieße, anstatt es mir immer wieder so schwer zu machen.

Bei mir kommen zwei Dinge zusammen: Einmal habe ich das Gefühl, daß dieser ganze materielle Kram, dieser ganze Konsum, dieses Gieren nach einem neuen Auto, einer größeren Wohnung, nach noch mehr Geld, nach noch mehr Ansehen und einem noch besseren Essen nicht der Sinn meines Lebens sein kann. So fühle ich oft, daß es mit etwas weniger auch ginge, ja, daß ich vielleicht sogar mehr davon hätte, wenn ich weniger arbeiten und auch weniger konsumieren würde.

Hinzu kommen natürlich die Ansprüche der sogenannten Alternativbewegung, die mir einfach einleuchten: Man soll möglichst wenig Energie und Ressourcen verbrauchen. Man soll mit dem auskommen, was man wirklich benötigt, was wirklich ursprüngliche Bedürfnisse befriedigt, und all die künstlichen Ersatzbefriedigungen weglassen, die Werbung und Alltag an uns herantragen.

Das hört sich gut an, ist leicht gesagt und theoretisch auch ganz einsichtig. Allein mit der Praxis hapert es: Ein wirklich bescheidenes Leben ist für so einen alten Raffzahn schwer zu bewerkstelligen. Wo soll ich hin mit all meinen künstlich erzeugten Ersatzbefriedigungen? Was hätte das für einen Einfluß auf mein Leben, wenn ich es mal bescheidener versuchen würde? Was müßte ich alles ändern? Will ich das denn? Und schließlich: Was habe ich davon?

Glücklicherweise muß ich mich da nicht allein fühlen. Meine Schwierigkeiten sind Schwierigkeiten, die viele haben, wenn sie versuchen, ihr Leben zu ändern.

Theoretisch ist mir schon klar, daß Bescheidenheit der „Zaun der Weisheit" und der „Anfang der Vernunft" ist, wie der österreichische Schriftsteller Ludwig Anzengruber meint. Ich denke schon, daß Einfachheit der Mut zum Wesentlichen ist, allerdings habe ich eben einfach Probleme mit der Praxis. Wenn Anspruchslosigkeit Seligkeit ist, wie Marie Ebner-Eschenbach schreibt, wie schaffe ich es denn, anspruchsloser zu werden? Wer hätte nicht gern ein bißchen Seligkeit?

Was immer große Geister da schreiben – ich denke, daß ich – zumindest zeitweise – ein ganz schöner Gierhals bin. Und da hilft es nicht, das einfach zu beklagen und schnell mal gute Vorsätze zu fassen – diese Vorsätze sind wie Schecks, die ich bei einer Bank einlösen will, bei der ich gar kein Konto habe; ich bin nun einfach mal gierig.

Immerhin habe ich gemerkt, daß die Gier bei mir ganz eng mit Angst verknüpft ist; Angst essen Seele auf – Sucht stopft das Loch. Je ängstlicher ich bin, um so gieriger bin ich, um so gieriger stürze ich mich in „das große Fressen", um so leichter rutsche ich in einen sinnlosen Kaufrausch, und um so mehr stürze ich mich in die Arbeit. Denn das sind die Bereiche, in denen sich meine Gier – man kann auch sagen: meine Unbescheidenheit – am ehesten zeigt: in der Arbeit, bei der Suche nach Anerkennung, im Kaufen und beim Essen.

Irgendwo finde ich das auch eine ganz verständliche Reaktion für Leute, die es von früh auf gelernt haben, auf Konflikte mit „Kampf" zu reagieren. Denn das Ausleben von Gier ist für mich wie ein Kampf, und die Angst ist das Ergebnis so eines Konfliktes.

Nehmen wir zum Beispiel einmal die Situation der freien Journalisten in den Rundfunkanstalten oder bei Zeitschriften, von denen ich einer war. Jetzt einmal abgesehen davon, daß jammern und klagen – wie in so vielen Berufen – auch bei uns zum Handwerk gehörte, war unsere Situation ganz objektiv ziemlich mies. Wir konnten zwar kurzfristig eine ganze Menge Geld verdienen, aber wir hatten kein festes Einkommen wie die Gehaltsempfänger, sondern ob wir genügend Butter aufs Brot hatten, hing ganz eng und ganz direkt davon ab, wie gut unsere Arbeit war, wie viele Kontakte wir hatten, und vor allem davon, wieviel wir arbeiteten. Wir waren in keiner Weise abgesichert – „vogelfrei", wie es lakonisch bis heute heißt. Das sah dann zum Beispiel so aus: Wenn wir krank oder arbeitsunfähig wurden – und keine Krankentagegeldversicherung abgeschlossen hatten, hatten wir nichts zu beißen. Es sei denn, wir hatten etwas gespart oder einen Partner, der uns unterstützte.

Warum ich das erzähle? Ganz einfach: Jedesmal, wenn ich mir meine Situation so richtig klar machte, packte mich die Angst. Ich erinnere mich an Situationen, wo ich von Gewerkschaftstreffen der freien Mitarbeiter kam und es mir unheimlich mies ging, weil ich dachte: „Wie soll das bloß weitergehen? Du wirst ja auch mal krank, oder dir fällt irgendwann nichts mehr ein. Und irgendwann wirst du auch mal alt und arbeitsunfähig." Mit solchen Angstsituationen ging ich – vor allem, wenn mir die Angst nicht bewußt war – folgendermaßen um: Ich stürzte mich in die Arbeit, rief wild in der Gegend herum irgendwelche Redaktionen an, um mir neue Aufträge zu beschaffen; sagte mir: Jetzt ist die Sache mit der Altersversorgung aber endgültig dran. Oder ich knallte mir was zu Essen rein. „Frustfressen" nannte ich das bei mir, obwohl „Angstfressen" wahrscheinlich richtiger wäre.

Eine weitere Möglichkeit: Ich war einfach nur deprimiert und kriegte den großen Weltschmerz und fragte mich, wie es passieren konnte, daß ich in so eine grausame Welt hineingeboren wurde. Wenn es mir bewußt wurde – und glücklicherweise ist das in letzter Zeit öfter – gelang es mir manchesmal, die Notbremse zu ziehen. Ich sagte mir dann: „Laß uns doch mal konkret gucken, wie die Situation aussieht. Was brauche ich zum Leben? Wieviel verdiene ich zur Zeit? Was für Aufträge habe ich fürs nächste halbe Jahr? Wie realistisch ist die Angst?

Spätestens dann fiel mir meistens auch ein, daß ich ja noch einen zweiten Beruf hatte, ein zweites Standbein, das mir schließlich auch noch ein bißchen Geld bringt. Bescheidenheit in so einer Situation – wie soll das gehen? Das ist so, als würde man einem Ertrinkenden zurufen, er soll doch mal versuchen, mit weniger Luft auszukommen. Natürlich gibt es die Möglichkeit, aus so einer immer wiederkehrenden Situation zu lernen und zu versuchen, endlich sein Leben und seinen Lebensstil langfristig zu ändern. Das probierte ich dann eine Weile, und es ist bis heute mühevoll, aber an manchen Stellen gelingt es.

In gewisser Hinsicht trifft das auch auf die psychotherapeutische Arbeit zu. Denn als ein in freier Praxis niedergelassener Psychologe ist es auch schwierig, das Maß zu finden, wie viele Patienten man annimmt, mit welchen Patienten man arbeiten will und wo man eine Grenze zieht. Natürlich haben sich nach fünfzehn Jahren mehr oder weniger erfolgreicher psychotherapeutischer Arbeit mit Patienten die Wogen etwas geglättet, aber die Gefahr steht permanent vor der Tür: Nein sagen ist wichtig, auch zu Patienten. Nicht mehr so viel Arbeit annehmen – und vor allem nur solche, die ich wirklich machen möchte.

Ich merke mit der Zeit, daß die Angst, im Armenhaus zu landen, doch nun wirklich absurd ist. Und Angst ist wirklich ein schlechter Ratgeber.

Wie die meisten Reaktionen aus Angst erscheint mir deshalb Bescheidenheit aus Angst keine wirkliche Bescheidenheit. Wirkliche Bescheidenheit kann nur aus einer freien Entscheidung kommen. Was aus Angst geboren wird, ist selten frei.

Fazit: Ein einfaches Leben zu führen ist für mich nicht einfach. Es ist kurzfristig sehr viel bequemer, unbescheiden zu leben. Vieles geht einfacher und schneller, wenn man sich nicht immer fragt und fragen muß: „Ist das wirklich notwendig?", „Brauche ich das wirklich?", „Tut es mir gut?", „Ist es im Interesse anderer?" Man kann bewußt-loser einfach so vor sich hinleben, wenn man sich das nicht immer fragen muß, aber langfristig gesehen führt es einfach den Bach hinunter.

„Derjenige, der mehr hat, als er braucht, besitzt die Güter anderer", schrieb Augustinus schon vor 1 500 Jahren. Und das ist letztendlich auch der Hintergrund zu all den Versuchen, bescheidener zu leben. Nicht aus Angst oder Gier, Überflüssiges anzusammeln, sondern sich nur auf das, was wirklich notwendig ist, was man wirklich braucht, zu beschränken.

Alle sieben Jahre, so sagen die Physiologen, erneuert sich unsere Haut vollständig. Es soll vor der sowjetischen Machtübernahme in Rußland eine nomadisierende Sekte gegeben haben, in deren Regelkodex es hieß, daß man sieben Jahre lang so viel an materiellen Dingen anhäufen dürfe, wie man wollte – Schmuck, Kleider, Bücher, Teppiche, was immer man wollte –, aber am Ende der sieben Jahre mußte man alles verkaufen und noch einmal von vorne anfangen.

Ich erinnere mich genau, daß mich das damals, als ich das zum erstenmal hörte, faszinierte. Und prompt habe ich bei mir zwar nicht alles verkauft, aber immerhin kräftig ausgemistet: Ich habe meinen halben Kleiderschrank, einen Großteil der CDs, viele Bücher und alte Gerätschaften wie Wecker, Plattenspieler und Küchenmaschinen, die in meinem Keller verstaubten, auf dem Flohmarkt verkauft. Und das tue ich inzwischen so alle drei bis fünf Jahre und finde es phantastisch. Ich erinnere mich noch sehr genau an das Gefühl, als ich das zum erstenmal gemacht hatte – am Nachmittag, als ich den ganzen Plunder loshatte und dafür auch noch Geld in der Tasche: Es war so, als hätte man mir einen schweren Rucksack von den Schultern genommen.

Vielleicht hat das nicht so direkt mit Bescheidenheit zu tun – immerhin hat es mir die Augen geöffnet dafür, daß weniger besitzen doch ein Mehr an Freiheit bedeutet. „Freedom is just another word for nothing left to loose", sang Janis Joplin.

„Bescheidenheit ist das Gewissen des Körpers", schreibt Honoré de Balzac, und Bescheidenheit hat für mich vor allem auch mit dem Essen zu tun. Was und wieviel ich in welchen Situationen esse, ist für mich ein Problem. Da der Umgang mit Essen für mich kein unproblematischer ist, habe ich schon alles Mögliche probiert: verschiedene Diäten, FdH – also Friß' die Hälfte – und vor allem Fasten. Ich habe erst mit ein paar Tagen Fasten angefangen und habe schließlich irgendwann einmal drei Wochen durchgehalten. Und das war schon eine intensive und beeindruckende Erfahrung für mich zu merken, daß das Leben nicht etwa leerer wird, wenn man kein Essen zu sich nimmt, sondern ganz im Gegenteil voller, weil man nämlich mehr davon mitbekommt. Das war schon sehr stark. *

Indes – die Hinwendung zu einem bescheideneren und damit sinnvolleren Leben ist nicht neu. Schon 300 vor Christus wurde die griechische und später römische Philosophenschule der Stoa gegründet. In der stoischen Lehre war das Ideal der Weise, der nur tut, was die Vernunft gebietet, der naturgemäß lebt, Affekte beherrscht und Leiden mit „stoischer" Ruhe erträgt. Er findet allein in der Tugend den Quell der Glückseligkeit.

Auch im Christentum zählte die Bescheidenheit schon immer zu den Tugenden, denen man versuchte nachzuleben. Vor allem in den Klöstern gehörten neben Keuschheit und Gehorsam auch die Armut zu den Grundprinzipien des Klosterlebens.

„Die Genügsamkeit lacht häufiger und herzensfroher als die Genußsucht. Genügsame Menschen sind deshalb so angenehm im Umgang, weil sie nicht ständig klagen und jammern über die Not der Zeit", sagte Theresia von Avila. So ein Satz hört sich schön an, finde ich. Aber dahin zu kommen, genügsam zu sein, das finde ich sehr schwer. Zu wirklicher Bescheidenheit zu gelangen ist für mich fast wie das, was das Christentum als „Gnade" bezeichnet.

Zu richtiger Bescheidenheit gehört für mich, angstfrei, ruhig und gelassen zu leben; es gehört dazu, genügend Zeit für sich und andere zu haben und das notwendige Geld dazu. Und wer hat das? Ist Bescheidenheit vielleicht nur etwas für reiche Leute? Und sind nicht sie selbst oder ihre Vorfahren durch ihre Unbescheidenheit – oder die Ausbeutung anderer irgendwann einmal – reich geworden?

Bescheidenheit hat es wohl auch deshalb bei uns so schwer, weil Bescheidene keine Lobby haben. Lobby hat schließlich nur der, an dem man etwas verdienen kann. Und wer wollte an den Bescheidenen etwas verdienen? Wer wollte ihnen etwas andrehen, was sie nicht brauchen?

Es ist immer das gleiche: Als ich vor einiger Zeit eine Woche

---

* Siehe dazu das Kapitel: Leben von Luft und Liebe – Drei Wochen Fasten.

lang in einem Zisterzienserkloster im Westerwald war, ging es mir genauso. Zuerst bewundere ich das sehr, wie einfach und bescheiden, wie ruhig und gelassen dort das Leben verläuft, wie beeindruckend auch der eine oder andere Mönch mit dem Klosterleben zurechtkommt, ja, es als seinen Platz auf dieser Welt angenommen hat. Und nach einer Weile frage ich mich: Könnte ich überhaupt so leben? Will ich so denn eigentlich leben?

Und da komme ich ins Schlingern. Einerseits würde ich schon gern so fernab von aller glitzernden Reizüberflutung meine Wurzeln irgendwo fest eingraben, andererseits macht mir dieses Leben, wie ich es jetzt führe, doch Spaß. Diese Reizüberflutung, dieses unbescheidene Leben, diese Gier ist auch Lust, ist auch intensives Leben. Und so schwanke ich bis heute hin und her zwischen Einsicht und schneller Bedürfnisbefriedigung.

Fazit: Den Spaß am einfachen Leben, wie ich ihn während meiner Fastenzeit im Kloster, oder wenn ich mal wieder ausgemistet habe, kennenlernte, ist für mich schwer durchzuhalten. Dazu, denke ich, müßte ich mein Leben total umstellen. Ich müßte weniger und ganz anders arbeiten, ich müßte ein ruhigeres Leben führen, fernab der Großstadt, und vor allem Angst und Gier müßten noch weniger werden. Ich müßte das Karussell von zu viel und zu hastiger Arbeit und dem kompensatorischen, übermäßigen Konsum, den ich mir sozusagen als Belohnung für den Arbeitsfrust reinziehe, noch mehr bremsen.

Immerhin – einiges ist mir ja schon gelungen: Ich arbeite weniger, habe weniger Hetze, seltener Freß- und Kaufanfälle. Aber natürlich gibt's schon mal Rückfälle.

Bescheidenheit ist für mich eben kein statischer Zustand – ist ein Prozeß. Und wie jeder gute Prozeß ist es ein Kampf mit mir selbst, ein Kampf meiner gesunden, angstfreien Anteile mit meinen gierigen, selbstzerstörerischen Anteilen. Und ich habe es noch nicht geschafft, ein Heiliger zu sein, bei dem immer die guten Teile siegen. Immerhin – ich bemühe mich.

Wie sagten doch die Romantiker: „Nicht das Ziel ist wichtig, wichtiger ist der Weg dorthin."

Was kann man tun? – Aktiv gegen Suchtverhalten

1. *Aufmerksam sein*
   Wichtig ist, nicht erst dann anzufangen, wenn das Kind schon in den Brunnen gefallen ist – der Sohn spritzt, die Tochter kokst und der Mann säuft. Es fängt fast immer mit ganz harmlosen „Alltagssüchten" an. Im süchtigen Umgang mit dem Essen, dem Fernsehen, der Arbeit oder dem Spielen wird eine süchtige Grundstruktur gelegt. Dann müssen nur die gefährlichen Suchtstoffe eingefüllt werden – und fertig ist der Fixer, der Alkoholiker und der Tablettensüchtige.

2. *Wann? Wo? Mit wem?*
   Schauen Sie genau hin – wann, wo, in welchen Situationen, in welcher Verfassung, mit wem Sie vor allem süchtig essen, arbeiten oder fernsehen.

3. *Nicht vorschreiben – vorleben*
   Es nützt wenig, wenn man versucht, den Kindern *vorzuschreiben,* daß sie nicht soviel rauchen, trinken, fernsehen oder essen sollen. Es ist wichtiger es *vorzuleben.* Wenn die Eltern in der Lage sind, für sich selbst ein ehrliches, befriedigendes und sinnvolles Leben zu leben, hat Sucht und süchtiges Verhalten wenig Chancen. Und das ist die beste Vorbeugung dagegen, daß aus Kindern Fixer oder Alkoholiker werden.

4. *Bewußt-Sein*
   Was gibt es bei Ihnen an eingefahrenen, „automatischen" Verhaltensmustern (z. B. in Streßsituationen der Griff zur Zigarette, zur Belohnung Pralinen, nach der Arbeit fernsehen)? Machen Sie sich diese bewußt, und experimentieren Sie damit.

5. *Nervosität*
   Achten Sie darauf, ob es Sie nervös macht, wenn etwas nicht greifbar ist.

6. *Suchtmacher*

Was an Genußmitteln oder Genußverhaltensweisen
möchten Sie auf keinen Fall missen? Gibt es „Suchtmacher" darunter?

7. *Hinlenkung statt Ablenkung*
Achten Sie darauf, wenn Sie etwas in der Hauptsache
oder zum großen Teil zur Ablenkung tun. Was ist es, wovor Sie weglaufen? Gibt es eine sinnvollere Möglichkeit,
damit umzugehen?

8. *Keine Ersatzbefriedigungen*
Machen Sie so wenig wie möglich als billigen Ersatz für
etwas, was Sie wirklich brauchen oder wollen.

9. *Suchtfreie Woche*
Können Sie etwas von dem, was Sie tagtäglich tun, für
eine begrenzte Zeit sein lassen?
Legen Sie periodisch eine suchtfreie Woche ein.

10. *Weniger kann mehr sein*
Achten Sie mehr auf Qualität als auf Menge.

Den Becher des Lebens ganz austrinken oder nur daran nippen? – Positive Seiten des Rausches

Nach etwas süchtig sein, nach etwas süchtig werden, sind (wenn man bei der umgangssprachlichen Bedeutung dieses Wortes Sucht bleibt) ganz normale Erfahrungen:

Der Wunsch, sich mal anders zu fühlen, etwas nicht Alltägliches zu erleben, außer sich zu sein. Der Wunsch nach Hochgefühl, Ekstase ist in jedem von uns. Und genauso das Bedürfnis, einmal erlebte Lust immer wieder erleben zu wollen. Diese beiden ganz normalen Eigenschaften – der Wunsch nach Grenzerfahrungen, nach Zerstörung oder Überwindung der engen Ich-Grenzen und der „Wiederholungszwang" – sind denn auch vielfach die Erde, in denen die alltäglichen Süchte ihre Wurzeln schlagen. So gesehen sind die Ursprünge der Sucht in vielen von uns vorhanden. Die Frage ist denn auch schon fast philosophisch: Trägt das menschliche Leben in sich den Wunsch, sich zu überwinden, die Grenzen zu sprengen?

Vielfach halten wir Rausch und Sucht für eine Panne in der seelischen Ökonomie – Zeichen für Ver- oder gar Zerstörung der Psyche. Vielleicht haben uns das die Psychologen und Psychiater nur eingeredet? Keine Frage: Von einem gewissen Grad an ist Sucht sicher Selbstzerstörung, aber ist es sinnvoll, bei jeder Handlung die Katastrophe, die – wenn man so weitermacht – eintreten würde, mit einzukalkulieren? Macht das nicht sehr ängstlich und führt im Sinne einer „sich selbst erfüllenden Prophezeiung" genau da hin? Ist es hilfreich, eine arglose und spontane Lebenshaltung durch die totale Bewußtheit über Ursachen und Konsequenzen unseres Handelns zu ersetzen?

Wäre unser Leben nicht in vielem „ärmer", ohne unsere Fähigkeit, süchtig zu werden? Denn diese Fähigkeit macht, daß wir nicht nur am Becher des Lebens nippen, sondern ihn – eventuell sogar bis zur bitteren Neige – austrinken, daß wir nicht nur gelangweilte oder gar blasierte Beobachter des Lebens bleiben, sondern engagiert mitsprechen, unseren „Einsatz bringen". Es ist der Janus-Kopf der Sucht, daß sie einerseits kurzfristig eine tiefe Befriedigung zu geben vermag, daß sie langfristig aber auch in die Zerstörung führen kann. Wichtig ist, beides zu können: Intensiv hineinzugreifen ins volle Leben und voll zu genießen, aber auch sich zurückziehen zu können und nicht beteiligter Beobachter zu sein. Beides birgt Gefahren in sich: auf der einen Seite der Süchtige, der von kurzfristiger Befriedigung zu kurzfristiger Befriedigung hüpft und sie immer weniger bekommt und schließlich nur noch vor sich und dem Leid davonläuft, und auf der anderen Seite der ängstlich und vorsichtig dahinlebende Griesgram, der dem Leben nie etwas gegeben hat und auch nie etwas bekommen und genommen hat, immer auf das „Leben danach" gewartet und deshalb so verhärmt und verbittert geworden ist. Ihm täte ein bißchen Rausch vielleicht ganz gut.

> „Die Straße der Ausschweifung
> führt zum Palast der Weisheit".
>
> (William Blake)

Rausch, Ekstase, Begeisterung einerseits und Ernüchterung andererseits scheinen normale Zyklen unseres Lebens zu sein. So wie vieles in unserem Leben, ist auch das eine Gratwanderung. Absturzgefahr besteht nach beiden Seiten. Und wenn man schon mal abgestürzt ist, ist es wichtig zu wissen, daß der gangbare Grat da oben weiterverläuft. „Sorget, doch sorget nicht zuviel", hieß es auf einem gestickten Wandbehang meiner Großmutter. Man könnte ergänzen „Vertrauet, doch vertrauet nicht zuviel". Hinsehen, bewußt akzeptieren, nicht verdrängen und verleugnen, heißen hierzu die Regeln. Und dazu bedarf es der Selbsterkenntnis, des Sich-selbst-Anschauens. Ob Sucht für uns Siechtum bedeutet (so der Wortstamm) oder Suche – Suche nach uns selbst und dem Sinn unseres Daseins, das entscheiden letzten Endes wir selbst.

Und diese Suche ist im Grunde identisch mit der Sehnsucht, die hinter jeder Sucht steht: Die Suche nach Sinn – nach Sinnlichkeit und nach Sinnhaftigkeit.

Danksagung

Dieses Buch ist die vollständig überarbeitete Fassung der Ausgabe, die Mitte der 80er Jahre erschienen war. Bei der Neubearbeitung dieses Buches haben mich verschiedene Personen unterstützt. Es waren neben meiner Partnerin Dipl.-Psych. Gabriele Böhmer, Karin Zuleger M. A., Dipl.-Soz.-Päd. Petra Pfeffermann und vor allem Dipl.-Psych. Kai Dietzemann, die bei der Neuzusammenstellung und der Umarbeitung wesentliche Arbeit geleistet haben. Bei ihnen allen bedanke ich mich.

Weitere Informationen:
Dipl.-Psych. Werner Gross
c/o Psychotherapeutisches Institut
Mittel-Seemer-Str. 4–6
63688 Gedern/Ober Seemen

Erfahrungen

Udo Rauchfleisch
Die stille und die schrille Szene
Erfahrungen von Schwulen im Alltag
Band 4349
Ein realistisches Bild vom Leben Schwuler. Was Homosexualität für
Männer im Alltag unserer Gesellschaft bedeutet.

Josef Mues
Eigentlich hätten wir Sie gerne behalten
Erfahrungen eines Gekündigten und was sich daraus lernen läßt
Band 4342
Die plötzliche Kündigung erzeugt das Gefühl der Sinnlosigkeit.
Beispielhafte Strategien, sich innerlich „wiederherzustellen".

Brigitte Flieger
Beim ersten Kind kam alles anders
Eine glückliche Schwangerschaft und ihr bitteres Ende
Band 4328
Brigitte bringt ihr Kind tot zur Welt. Sie lernt damit zu leben. Ein
Tabuthema wird ehrlich angepackt.

Peter Mannsdorff
Das verrückte Wohnen
Erfahrungsberichte aus einer psychiatrischen
Wohngemeinschaft
Band 4325
Eben aus der Psychiatrie entlassen zieht Peter in ein Wohnheim. Hier
wird mit den „Verrückten", nicht über sie gelacht.

Marco Schnyder
Drogenfeuer
Der Chef der Drogenfahnder gerät in den Sog der Sucht – und
kämpft um sein Leben
Band 4305
Ein schonungslos offener Bericht, der aufdeckt: Niemand ist vor der
Drogengefahr gefeit.

HERDER / SPEKTRUM

Margarete Koppetsch
Der Frosch in der Milchschüssel
Eine Mutter kämpft für ihr autistisches Kind
Band 4300

Markus ist Autist. Das gesamte Familienleben ändert sich – aber die
Familie lernt, mit der neuen Situation umzugehen.

Thomas Alteck
Der Mißbrauch des Mißbrauchs
Ein Vater wehrt sich gegen den Verdacht der
Kindesmißhandlung
Band 4299

Ein Fall, der plötzlich kein Einzelfall mehr ist: Der Vorwurf des sexuellen
Mißbrauchs wird in Scheidungsfällen immer öfter erhoben. Zurecht?

Peter Radtke
Karriere mit 99 Brüchen
Vom Rollstuhl auf die Bühne
Band 4295

Ein Leben mit Glasknochen – und trotzdem erfolgreich und glücklich.
Aus der Optik des „Anderen„: ein befreiendes Buch über ein
erfahrungsreiches Leben.

Wolfgang Lechner
Lach doch wieder, kleiner Rafael
Was ein Vater durch den Unfall seines Sohnes lernte
Band 4294

„Wenn das Kind jetzt stirbt, was hat es dann von mir, seinem Vater,
gehabt?" Nach dem Unfall seines kleinen Sohnes stellt der Vater sein
bisheriges Leben in Frage.

Sonja Auras
Ich bin Ärztin und HIV-positiv
Eine junge Frau kämpft gegen Ausgrenzung und mächtige
Interessen
Band 4280

Eine junge Ärztin infiziert sich in ihrem Beruf mit der tödlichen
Krankheit. Es beginnt ein mutiger Kampf gegen die gesellschaftliche
Ausgrenzung und das persönliche Schicksal.

HERDER / SPEKTRUM

Michaele Linder
Sucht und Sehnsüchte
Ein Erfahrungsbericht zur Bulimie
Band 4235

Hungern, Fressen, Kotzen: Alltag einer Bulimiekranken. 15 Jahre lang.
Erst dann kann sie den Teufelskreis durchbrechen. Ein packendes,
auswegweisendes Protokoll.

Marlies Kemptner
Nie wieder Diät
Eine Erfahrung
Band 4226

Weg mit dem Speck: Unsinn mit Methode? Zu Risiken und
Nebenwirkungen von Abmagerungskuren fragen Sie Ihren Arzt – oder
lesen Sie die Geschichte dieser Frau.

Bill B.
Ich bin Bill und eßsüchtig
Ein Weg zur Genesung mit den „Zwölf Schritten„
Band 4205

Der Teufelskreis von Freßanfällen und Diäten zerstört das
Selbstwertgefühl. Ein Ausweg anhand der „Zwölf Schritte", die sich auch
bei anderen Suchtarten bewährt haben.

Evelyne Buchmann
Mein Sohn – ein Fixer
Erlebnisbericht einer frustrierten Drogenmutter
Band 4201

Es genügt nicht, Fixer als „arme Opfer" zu bedauern und die Beschaffung
des Rauschgifts zu erleichtern. Dadurch kommt keiner von seiner Sucht
los.

Irmgard Johannis
Das siebente Brennesselhemd
Aufzeichnungen einer Alkoholkranken
Band 4101

Tagebuchaufzeichnungen einer Frau: von der Verzweiflung zum Begreifen, daß die Erlösung aus der Abhängigkeit von ihr selbst zu leisten ist.

HERDER / SPEKTRUM

Gunda Schneider
Noch immer weint das Kind in mir
Eine Geschichte von Mißbrauch, Gewalt und neuer Hoffnung
Mit einem Nachwort von Irene Johns
Band 4097
Alle haben es gemerkt, und jeder hat geschwiegen – auch Gunda selbst.
Erst als erwachsene Frau kann sie die Erfahrung des Inzests in Worte
fassen.

Gerhard Bühringer
Drogenabhängig
Wie wir Mißbrauch verhindern und Abhängigen helfen können
Band 4064
„Erfolgreich erprobte Hinweise. Ein Buch, das Vorbeugung ermöglicht
und Betroffenen Mut macht" (Aufbruch).

Aimé Duval
Warum war die Nacht so lang
Wie ich vom Alkohol loskam
Band 4052
Keine sentimentale Lebensbeichte, sondern eine Rechenschaft: „Ein
erschütternd detailgenau bobachtetes Panorama menschlicher
Abgründe" (FAZ).

Margot Dombrowe
Ab morgen nie wieder
Der verzweifelte Kampf einer Mutter um ihr drogensüchtiges
Kind
Band 4028
Wie eine Mutter die Sucht ihres Sohnes erlebt. Ein Buch, das Mut macht.

Irmhild Söhl
Tadesse, warum?
Das kurze Leben eines äthiopischen Kindes in einem deutschen
Dorf
Band 4005
„Das Protokoll eines Lebens zwischen allen Fronten. Ein erschütterndes
Dokument" (ZEITmagazin).

HERDER / SPEKTRUM